墨香财经学术文库

"十二五"辽宁省重点图书出版规划项目

U0656997

An Empirical Study on the Effects
of RMB's Real Effective Exchange Rate on China's
Major Macroeconomic Variables

人民币实际有效汇率对我国主要宏观经济变量影响的实证研究

郑鹏程 ◎ 著

东北财经大学出版社
Dongbei University of Finance & Economics Press

大连

图书在版编目（CIP）数据

人民币实际有效汇率对我国主要宏观经济变量影响的实证研究 / 郑鹏程著 . 一大连：东北财经大学出版社，2020.11

（墨香财经学术文库）

ISBN 978-7-5654-3922-3

Ⅰ.人… Ⅱ.郑… Ⅲ.人民币汇率-影响-宏观经济-经济发展-研究-中国

Ⅳ.F832.63

中国版本图书馆CIP数据核字（2020）第137186号

东北财经大学出版社出版发行

　　大连市黑石礁尖山街217号　邮政编码　116025

　　网　　　址：http：//www.dufep.cn

　　读者信箱：dufep @ dufe.edu.cn

大连永盛印业有限公司印刷

幅面尺寸：170mm×240mm　字数：205千字　印张：14.25　插页：1

2020年11月第1版　　　　2020年11月第1次印刷

责任编辑：李　彬　孟　鑫　　责任校对：孙冰洁

封面设计：冀贵收　　　　　　版式设计：钟福建

定价：49.00元

前言

　　随着21世纪的到来，我国经济、政治以及文化的发展也进入了一个崭新的阶段，这源于20世纪七八十年代我国的改革开放，为新世纪的经济高速发展提供了基础和保障。2001年我国成功地加入了世界贸易组织，并逐步成为国际经济构成的重要力量之一，在世界经济中既面临机会也面临挑战。在我国经济日益开放和经济总量日益增长的国内形势下，以及世界性金融危机的发生逐渐频繁和经济金融冲击越来越明显的国际形势下，我国的人民币汇率水平已经成为国内外理论界、实业界、政府以及我国民众高度关注的一个核心经济变量。因此，保持合理的人民币汇率水平，不仅有助于我国与世界各国之间进行经济与贸易往来，也有助于我国经济保持长期的稳定、持续以及高效发展。新千年以来我国经济出现了持续高速的增长，国际社会中以美国为首的国家强烈要求人民币升值，人民币升值预期不断强化，人民币汇率单边升值已成为我国一段时期内的发展路径。人民币作为我国与世界各国经济交流的桥梁和媒介，其汇率变动水平对我国的宏观经济将产生重大影响。我国宏观经济发展的四个基本目标是保持物价稳定、增加社会就业、保持国际收支平衡和促进经济增长。在这四个基本目标中虽然促进经济增长是最重要的目标，但是这个最重要目标的实现要依靠物价稳定、社会就业增加以及保持国际收支平衡。所以在我国对外开放不断深化的形势下，保持我国物价水平稳定、增加社会就业以及保持国际收支平衡变得更加复杂，因为实现这三个宏观经济目标不仅要保持我国内部经济的均衡，同时也要维持我国外部经济的均衡，内外均衡同时实现的过程中汇率这个核心经济变量在其中起着决定性的作用。因此，研究汇率对主要宏观经济指标的影响，将对我国有着重要的现实意义。

从我国的汇率与经济发展之间的联系上看，汇率能够成为我国经济的重要经济变量，也是源于我国对人民币汇率制度和政策的不断调整和完善，使汇率对我国的宏观经济的调控影响不断加强。但是世界经济的发展使经济中的不稳定因素加强，世界经济的变化性与动荡性呈不断加剧的趋势，在我国汇率改革的过程中，不断有世界性的经济动荡冲击着我国的经济，并且使我国人民币汇率变动频率加快，汇率的波动性加强是我国宏观经济面临的严峻考验。1994年是我国汇率改革的关键点，汇改以后我国经历了亚洲金融危机，在危机中我国保持人民币不贬值，为亚洲经济的复苏做出了贡献。2001年后我国的贸易额以及国际投资交流增长迅猛，以美国为首的西方国家对我国人民币的升值预期施加压力。2005年7月，我国政府对汇率制度又进行一次改革，实施以市场供给与需求为导向，参考一篮子货币的有管理的浮动汇率制度。这次汇率改革后我国的人民币不断升值，从2005年7月到2008年6月人民币对美元升值幅度在15%左右，这一波的升值基本保持到2010年6月，在2010年6月到2011年末人民币对美元汇率又持续升值到6.3115，人民币对美元的累计升值幅度达47%左右，2012年开始我国人民币对美元的汇率在6.3左右波动。到2014年1月，我国人民币对美元汇率升值到最高点6.1043，在6.1~6.2之间波动，直到2015年8月我国实行"8·11汇改"，人民币汇率的中间价确定机制调整，并增加人民币汇率的波动幅度，我国人民币对美元汇率持续贬值，到2017年3月人民币对美元汇率贬值到6.8932，随后人民币汇率双向波动预期提高，在 2018 年 4 月人民币对美元汇率升值至 6.2975，之后人民币对美元汇率出现贬值并在 2019 年 8 月突破 7 的水平，人民币汇率在 "8·11 汇改" 后改变了单边升值走势，进而形成双向波动并且波动幅度加大，因此人民币汇率问题再次成为国内外学术界、政界关注的焦点。

汇率的种类有很多，人们平时所说以及大部分时间接触到的汇率是指名义汇率，但就汇率实质而言实际汇率代表国家之间相同产品和服务购买力的对比，它不仅在定义上与名义汇率有差别，而且在内外经济影响因素方面与名义汇率截然不同。名义汇率和实际汇率在概念上就是相互对立的，实际汇率所体现的是在现实经济交往中贸易商品的价值比例，是在名义汇率的基础上排除了通货膨胀因素的汇率。考虑一篮子货币而形成的汇率，在排除价格因素影响之后就被定义为实际有效汇率。实际有效汇率与我国的贸易交往、国际资本流动、物价水平、就业状况等经济指标有着密切的联系。因此，研究人民币实际有效汇率的波动对我国主要经济指标的影响，有利于我国掌握现今的汇率运行状态以及存在的问题，为我国人民币汇率的发展路径指明方向，使其更加能调节我国的主要宏观经济指标，最终促进我国宏观经济持续稳定发展。

人民币实际有效汇率与我国主要宏观经济变量的关系也就体现在四个主要方面，即人民币实际有效汇率与物价水平的关系、人民币实际有效汇率与充分就业的关系、人民币实际有效汇率与贸易收支的关系以及人民币实际有效汇率与外国直接投资的关系。本书在实证研究人民币实际有效汇率与这四者关系之前，详细地研究了汇率本身的决定机制和运行规律。首先，本书依据现行的汇率制度和汇率政策对我国 1994 年到 2018 年的人民币实际有效汇率的月度数据进行度量，人民币实际有效汇率能够真实地度量我国人民币的实际价值以及与外币对比关系。采用我国与主要的贸易伙伴国之间变化的贸易量占我国总贸易量的份额来衡量其外币在人民币实际有效汇率形成中的权重，这种以动态变化度量的人民币实际有效汇率对我国利用汇率水平来调节宏观经济中的主要经济变量具有重要的参考价值和借鉴意义。

　　人民币实际有效汇率作为汇率真实价值的体现，其本质是度量外币价值的具有价格特性的经济变量，这一本质就决定了人民币实际有效汇率本身具有波动性，并在长期内有趋于均衡的目标路径，因此要保持我国人民币汇率在经济运行中处于合理和可控的范围，才能保证我国经济高效平稳发展。本书在综合考虑均衡实际汇率理论的基础上，以实际测算的我国1994—2018年的人民币实际有效汇率的月度数据为基础，对我国的人民币实际有效汇率的短期均衡与失调以及人民币实际有效汇率的长期均衡与失调情况进行了详细分析。在充分地了解人民币实际有效汇率自身波动性和失调性的基础上，更切合实际地研究人民币实际有效汇率与我国主要宏观经济变量的影响作用关系。在我国汇率自身的波动以及汇率对其他经济变量的影响中，能更加准确地把握我国人民币汇率对各个经济变量的传递影响关系，为我国制定宏观经济调控政策和调节手段提供基本的理论依据和实证检验。

　　物价水平的稳定是我国宏观调控的关键性目标之一，人民币实际有效汇率作为衡量本国货币真实价值的经济变量，其汇率自身的波动一定会经过传导机制最终作用于经济运行中价格水平这个主要的经济变量。衡量我国价格水平的主要价格指数是进口价格指数和消费者价格指数，这两个指数的变化直接影响着我国整体价格水平的变动。因此，根据开放经济宏观经济学的基本理论，建立人民币实际有效汇率与价格水平的理论模型，从模型中选取主要的影响经济因素变量来分析人民币实际有效汇率对我国物价水平的影响。

　　就业是我国利民之本，是人民群众改善生活的基本前提和根本途径。我国就业状况关系到人民的切身利益，关系到改革、发展、稳定的全局，关系到我国全面建成小康社会的宏伟目标实现。我国的就业形势目前十分严峻，主要表现在一方面我国现在存在大量剩余劳动力，随着农业生产力的提高，大量闲置农村劳动力从农村转移到城市；另一方面我国目前的产业结构吸纳劳动力的数量有限，劳动力需求和供给的失衡导致我国的就业形势不容乐观。本书通过建立适合我国宏观经济发展形势的一般可计算均衡模型，分析了人民币实际有效汇率的变动对我国产业结构中的第一产业、第二产业以及第三产业劳动力就业的影响，进而为我国通过人民币汇率变动实现增加就业，缓解严峻就业形势，最终实现我国宏观调控目标提供政策性的模拟分析。

国际收支是国与国因经济贸易交易而产生的货币收付或以货币表示的财产转移。影响开放国家国际收支的两个主要因素是进出口贸易状况和资本流动状况。而汇率是国际收支账户活动的主要交换媒介，人民币实际有效汇率的变动将对我国的贸易收支和资本流动有着重要影响。本书在总结和归纳国际收支相关理论后，结合我国贸易收支和外国直接投资的主要特征和表现，对人民币实际有效汇率对我国贸易收支和外国直接投资的影响进行实证分析。

本书的结构安排如下：

第1章，汇率与主要宏观经济变量的研究综述。本章主要从五个方面进行综述：汇率测算的相关研究方法以及实证研究综述；汇率与价格水平的研究综述，主要对一价定律、购买力平价、汇率传递以及汇率传递的不完全性方面进行综述；汇率对就业影响的CGE模型研究综述；汇率与国际收支的研究综述；汇率与外国直接投资的研究综述。

第2章，主要阐述人民币实际有效汇率的度量及波动性分析。本章根据我国当前的经济发展形势，选择适当的测算汇率的方法，对我国实际有效汇率进行了测算，实际有效汇率更加能体现一国汇率的真实变化程度，也是汇率最有效的度量方法。本章同时对测算出的人民币实际有效汇率的波动性进行分解，主要从价格分解和区域分解两方面原因来分析。

第3章，分析人民币实际有效汇率的均衡与失调。本章根据汇率的均衡理论和国内外学者的实证研究，以均衡实际汇率理论为基础，并在对该理论模型改进的基础上分析了我国实际有效汇率的短期均衡与短期失调，以及在长期内的均衡与失调。充分了解实际有效汇率自身的变动与波动性，为分析实际有效汇率对主要宏观经济变量的影响奠定基础。

第4章，研究人民币实际有效汇率对价格水平的影响。本章主要研究人民币实际有效汇率对我国价格水平的影响作用，根据国家宏观经济的内外均衡来建立价格水平与汇率的理论模型,先是实证分析人民币实际有效汇率对我国进口价格指数的影响,通过汇率的传导再进一步分析人民币实际有效汇率对我国消费者价格指数的影响,从这两方面分析出实际有效汇率对我国总体价格水平的影响程度。

第5章,主要研究人民币实际有效汇率对就业的影响。本章通过核算社会矩阵以及构建可计算一般均衡模型来分析人民币实际有效汇率的变动对我国就业形势的影响,综合分析人民币实际有效汇率升值的不同幅度,对我国三大产业结构和就业的影响。本章能够为我国的就业劳动力的转移和劳动力的需求变化提供参考。

第6章,主要研究人民币实际有效汇率对贸易收支的影响。贸易收支账户是我国国际收支账户的主要组成部分,对我国的国际收支整体平衡有着决定性作用。本章从汇率的变动和波动性两个角度阐述了汇率对国际收支的影响理论,详细地分析了我国贸易收支的主要特征和表现,最后实证检验了人民币实际有效汇率对我国贸易收支的影响。

第7章,主要研究人民币实际有效汇率对外国直接投资的影响。外国直接投资是我国国际收支账户金融资本账户的主体,对我国国际收支整体的平衡也有着决定性作用。本章分别依据汇率变动与波动性两方面的基础理论,在详细分析我国的外国直接投资的特征和表现的基础上,建立适合研究我国的外国直接投资流向的实证模型,检验分析出人民币实际有效汇率对我国的外国直接投资的影响。

第8章,结论。人民币实际有效汇率已成为我国宏观经济重要经济指标,其对我国宏观经济的调节作用以及世界经济的影响逐步增强,影响人民币实际有效汇率波动和均衡的主要因素更加显著,人民币实际有效汇率对价格水平、就业率、贸易收支、资本投资等主要经济变量的价格传递作用日趋明显,对我国宏观经济调控方向以及目标的实现具有重要现实意义。

综合各章的理论分析和实证研究,可以看出我国的实际有效汇率对我国主要宏观经济变量有着重要的影响,我国的人民币汇率已经成为我国宏观经济发展主要经济变量以及调控参考经济指标。本书的理论和实证分析不仅为我国的汇率政策的制定与完善提供历史借鉴经验，同时为我国的经济发展规划以及国家在今后的宏观调控中确立主要目标提供理论依据和实证参考。

郑鹏程

2020 年 5 月

▌目录

第1章 汇率与主要宏观经济变量的研究综述

1.1 汇率与均衡汇率的研究综述

1.1.1 汇率测算研究综述

李亚新、余明（2002）采用双边贸易模型，分别选择对我国进口和出口比重最大的4个国家作为样本国，采用季度数据的贸易权重和国内季度消费者价格指数，对我国20世纪90年代的人民币名义有效汇率和人民币实际有效汇率进行度量。

范从来、曹丽（2004）根据我国进出口统计数据，选择与我国贸易往来最密切的14个国家为样本国，以样本期的平均进出口额为权重，度量了我国20世纪90年代中后期的人民币名义有效汇率和人民币实际有效汇率。

万正晓（2004）以2002年为研究基期，选择15个与我国贸易比重较大的国家为样本国，采用研究总跨度内每5个时期的平均贸易份额为权重，并结合我国消费者价格指数，度量了我国20世纪90年代中后期的月度人民币名义有效汇率和人民币实际有效汇率。

张斌（2005）选用12个与我国有主要贸易往来的伙伴国，以2002年为基期，以双边贸易额权数为基础，分别采用我国消费者价格指数指标、国内生产总值平减指数指标以及贸易品价格指数指标，度量了我国价格法、成本法、贸易法的季度人民币实际有效汇率。

许少强、马丹、宋兆晗（2006）按贸易量选择了16个主要贸易国家为样本国，以每年的双边贸易额计算出贸易权重，分别应用我国消费者价格指数指标、国内生产总值平减指数指标以及要素成本指数指标，度量了我国价格法、成本法、贸易法的年度人民币实际有效汇率。

综上可以看出，学者们基本都采用双边贸易加权模型来计算权重，并选择研究对象国的国内消费者价格指数为主要折算指数，在加权方法上主要采用几何加权平均法来对人民币实际有效汇率进行测算。本书根据当前我国经济发展的国际地位，以及我国从1994年到2018年的贸易发展情况，结合有效准确的数据来源，同时依据我国现行汇率制度下的汇率决定和测算方法，采用月度贸易数据对我国的月度实际有效汇率进行度量。

1.1.2　均衡汇率理论的发展以及分类综述

均衡汇率理论的萌芽是卡塞尔（Cassel，1918）提出的购买力平价理论，该理论的核心思想是，国家之间的贸易汇率是由两国货币在商品和资本市场的货币购买力决定的，然而从贸易商品角度来说，该商品的价格水平实际上就是购买力的主要体现，所以均衡汇率实质上是由国家之间的各自商品市场价格水平决定的。

凯恩斯（Keynes，1935）在《国外汇兑的前途》一文中明确提出了均衡汇率的概念，凯恩斯的主要思想是在现有的生产力水平和经济政策条件下，经济的整体运行长期处在国际收支平衡状态下，很长一段时期内均衡汇率是固定不变的。后来经过发展，纳克斯（Nurkes，1945）提出了关于均衡汇率比较完整的定义，主要思想是均衡汇率是一国国内经济运行在物价稳定、充分就业的理想条件下，并且国际贸易中的国际收支处于均衡时的汇率。

斯旺（Swan，1963）在前人研究的基础上，指出均衡汇率应该建立在一国宏观经济的内部和外部同时实现均衡时，这也就是汇率的宏观经济均衡分析法。该方法的内部均衡是指国内的商品市场实现平衡，外部均衡是指国际贸易的国际收支实现平衡。

斯旺把实际汇率变量作为纵坐标，把国内实际需求变量作为横坐标，建立起实现内部和外部的同时均衡模式（如图1-1所示）。内部均衡用曲线S表示，是总供给和总需求出清条件下实际汇率和实际国内需求的所有组合。当实际汇率上升时，国内商品和国外商品相比，国外商品相对便宜，对国外进口商品的需求增加，而对国内商品的需求减少，为了保持内部商品市场的均衡就要增加国内需求，因此实际汇率同国内实际需求（商品需求）呈正向的线性关系。S曲线下方的点表示国内实际需求超出本国的供给量，本国经济处于通货膨胀状态；反之，S曲线上方的点表示国内实际需求低于本国的供给量，本国经济处于通货紧缩状态。外部均衡用曲线D表示，是国际贸易收支平衡时的实际汇率和国内实际需求的所有组合。当国内实际需求增加时，国际收支不平衡，为了保持经济的外部均衡，要求本国的实际汇率下降，因此曲线D的斜率为负。D曲线上边的点表示本币实际汇率高于外部均衡所要求的汇率水平，因而出现国际收支逆差；反之，D曲线下边的点表示本币实际汇率低于外部均衡所要求的汇率水平，因而出现国际收支顺差。

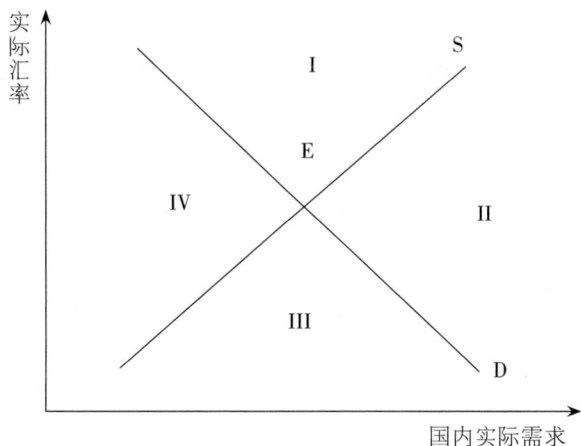

图1-1　实际汇率与国内实际需求

在S曲线和D曲线的交点E处,该国经济同时实现内外部均衡,所以该点就是均衡汇率点。同时,经济也存在四种非均衡状态,分别为第Ⅰ象限通货紧缩与国际贸易逆差并存;第Ⅱ象限通货膨胀与国际贸易逆差并存;第Ⅲ象限通货膨胀与国际贸易顺差并存;第Ⅳ象限通货紧缩与国际贸易顺差并存。

基本要素均衡汇率(FEER)理论。威廉姆森提出基本要素均衡汇率(Fundamental Equilibrium Exchange Rate)概念,并指出宏观经济的外部均衡应该是国际收支账户中经常项目CA和资本项目KA总和处于零点均衡。经常项目CA的决定性变量为国内外实际需求和实际有效汇率;KA的均衡值根据经济形势主观判断。基本要素均衡汇率的表达式为:

$$FEER = FEER(\bar{Y}_d, \bar{Y}_f, \overline{KA}) \tag{1.1}$$

其中,$\bar{Y}_d$表示内部均衡条件下的需求,$\bar{Y}_f$表示外部均衡条件下的需求,$\overline{KA}$表示资本账户余额均衡值。

从(1.1)式的推导原理可以看出,经常项目的收支差额要完全对冲资本流动,是实现汇率均衡的主要路径,因此经常项目是能否计算出均衡汇率的先决条件。本理论特别强调经常项目的连续性,这能有效地阻止资本市场上对经常项目的冲击影响。在短期内经常项目的巨大顺逆差暂时可以维持,但是长期来看最终还是要通过政府干预等途径来解决。

从模型可以看出该模型剔除了暂时性因素对均衡汇率的影响,把重点放到中长期才可能变化的基本要素上,体现出基本要素的均衡汇率是长期性宏观均衡汇率。对FEER的计算要求对所涉及的经常账户、本国和贸易伙伴的国内外需求以及资本账户余额的评估。威廉姆森(Williamson,1994)、Faruqee和Masson(1996)都应用各自的方法对经常项目的目标值进行了估算,但是都避免不了主观上对经常项目值的估计和判断。由于基本要素均衡汇率理论在实际应用中受到经济数据的限制,同时也就限制了本模型在经济中的实际应用。

自然均衡汇率(NATREX)理论模型。自然均衡汇率(Natural Real Exchange Rate）理论由 Stein（1994）系统提出并由其本人和其学生对它进行扩展。自然均衡汇率，是指在剔除影响经济循环因素、外国直接投资自由进出以及国际收支不确定的三方面假设下，由现实基础经济因素所确立的，并促使贸易收支回归中期均衡路径的实际汇率。经济全球化、国家之间投资流动性、劳动生产效率、资本集聚程度以及国际债务等因素都会影响资本市场的长期投资流向，要实现宏观经济的调控目标要求下式成立：

$$I - S + CA(q^*) = 0 \tag{1.2}$$

公式（1.2）中每个变量都是经济均衡条件下的组合，q^* 是自然均衡实际汇率。I–S 表示金融市场供给和需求的平衡关系，其影响资本的长期流向，自然均衡实际汇率 q^* 保证商品市场供求平衡，同时也保证国际贸易收支平衡。在商品市场供求平衡的过程中，贸易的顺差或者逆差会随着自然均衡实际汇率的变动而变动，同时实际汇率与投资和储蓄没有相关关系。自然均衡汇率模型通过 I–S 和 CA 的变化而互相影响，只有双方都处于均衡的状态才能确定出自然均衡汇率。由于经济运行中影响 I–S 和 CA 的因素非常多，这些因素间接会对均衡汇率产生传导性影响作用，所以只有经济处于相对静止的理想均衡状态下，自然均衡实际汇率才会处于长期均衡路径上。

自然均衡汇率理论模型可以描绘出中期实际均衡汇率以及长期均衡汇率的运动路径。但是，实际的经济运行中模型的经济变量处于不断变化中，致使自然均衡汇率不断向长期均衡汇率点的路径逼近，却没有一个平稳的长期均衡点。自然均衡汇率的形成是一个经济运行在理想状态下的结果，现实中要想使实际汇率达到长期均衡状态，需要实际汇率不断向均衡汇率逼近，同时均衡汇率也需要不断向长期均衡点逼近。

综上，自然均衡汇率理论需要通过一系列的约束方程来分析，约束方程对现实经济运行有很好的拟合性，所以该理论模型有较强的实际应用性，很多国家都应用此模型来预测本国的均衡汇率，但是，约束方程的数量过多会导致参数估计存在数据缺陷，对于短期来说实际操作性不强，从而使自然均衡汇率理论没有指导性的意义。

行为均衡汇率（BEER）理论。Clark 和 MacDonald（1998）运用线性理论方法，对实际有效汇率行为进行直接的经济计量分析，从而估计出均衡汇率水平，这就是所谓的行为均衡汇率（Behavioral Equilibrium Exchange Rate，BEER）方法。①

行为均衡汇率理论的核心思想是将现实的实际有效汇率解释为具有长期持续效应的经济基本因素向量(L_t)、中期影响实际汇率的经济基本因素向量(M_t)、短期影响实际汇率的暂时性因素向量(S_t)和随机扰动项(ε_t)的函数。实际有效汇率是由这四个部分共同决定的，因此行为均衡汇率理论的数学表达式可以定义为：

$$q_t = \alpha_1'L_t + \alpha_2'M_t + \alpha_3'S_t + \varepsilon_t \tag{1.3}$$

假设一国经济发展中当前的均衡汇率为 q^* 并由此阶段的 L_t 和 M_t 决定，那么有：

$$q^* = \alpha_1'L_t + \alpha_2'M_t \tag{1.4}$$

知道当期的实际汇率与均衡汇率，就可以推算出当期的汇率失调（Current Misalignment），记为 CM_t，则其表示为：

$$CM_t = q_t - q_t^* = q_t - (\alpha_1'L_t + \alpha_2'M_t) = \alpha_3'S_t + \varepsilon_t \tag{1.5}$$

如果把当期 L_t 和 M_t 的均衡水平记为 $\overline{L_t}$ 和 $\overline{M_t}$，就可以表示出总的汇率失调水平（Total Misalignment），记为 TM_t，并整理得到：

$$
\begin{aligned}
TM_t &= q_t - (\alpha_1'\overline{L_t} + \alpha_2'\overline{M_t}) \\
&= (q_t - q_t^*) - [\alpha_1'(L_t - \overline{L_t}) + \alpha_2'(M_t - \overline{M_t})]
\end{aligned} \tag{1.6}
$$

由（1.6）式可以总结出总的汇率失调是由短期经济因素和中长期经济因素的失调共同决定的，对上式作进一步变化替换出 $(q_t - q_t^*)$ 得：

$$TM_t = \alpha_3'S_t + \varepsilon_t - [\alpha_1'(L_t - \overline{L_t}) + \alpha_2'(M_t - \overline{M_t})] \tag{1.7}$$

通过本模型的推导过程以及结果可以看出，TM_t 主要取决于长期和短期因素以及随机干扰因素，但是因素的确定主观性太强，模型解释变量的外生性不能追踪到均衡汇率的运动规律，该模型没有引入国内外的宏观均衡，并且对汇率失调的原因解释得不够全面，模型的实际测算和

① CLARK, MACDONALD. Exchange rate and economic fundamentals: a methodological comparison of BEERs and FEERs [R]. Washington: IMF Working Papers, No.9867, 1998.

估计检验却有统计方法上的障碍，并且不能对统计障碍做出完善的经济分析。

均衡实际汇率理论（ERER）。前面所描述的汇率均衡模型主要适用于商品市场和资本市场完全开放的经济体，而对于逐步扩大开放的经济体应用基本因素均衡汇率理论、自然均衡汇率理论以及行为均衡汇率理论都会发生模型的假定与经济状况相背离的问题。因此，均衡实际汇率理论由 Edwards（1989，1994）提出并逐步发展完善，该模型的前提假设条件和模型主体方程的建立均具有较强的灵活性，可根据发展中国家宏观经济的现实运行方式，对发展中国家的均衡汇率模型提出限制性的假定。

均衡实际汇率模型的主要限制条件和假定如下：国家的开放程度不高，本国的商品市场和贸易品市场分割明确；国家经济运行存在双重汇率，即对商品交易执行固定汇率，对金融资本交易执行浮动汇率；国内消费者和非政府部门都存在一定量的外币资本；政府的财政收支状况平衡，并且政府对国内和国外都存在转移支付；国家存在贸易壁垒，国家的资本市场没完全开放，市场对经济形势具有正确预测。

在上述假设条件下，Edwards 的均衡实际汇率模型可以推导表示为：

（1）资产组合决策

$$A = M + \delta F \tag{1.8}$$

$$a = m + \rho F \tag{1.9}$$

其中，$a = A/E$，$m = M/E$，$\rho = \delta/E$，$M = \sigma(\dot{\delta}/\delta)\rho F$，$\dot{\delta} < 0$，$\dot{F} = 0$。方程把总资产 A 分成两个部分：一部分为 M，是用本国货币表示的资产；另一部分是 δF，为用外币表示的资产以 δ 折算成本币的价值形式。a 表示用外贸品衡量的总资产真实价值，ρ 体现的是两种汇率之间的比率。m 是资产组合假定，假定预测完全下预期贬值和实际贬值之间是可以替代的，本国货币资产同外币表示资产真实价值的稳态比率是 δ 的预期升值率的正函数。$\dot{F} = 0$ 表示国内资本是完全不流动的，并且商品交易都是以 E 汇率折算交易，初始的外币资产 $F_0 > 0$。

（2）产品需求方面

$$P_M = EP_M^* + \tau, \ e_M = P_M/P_N \tag{1.10}$$

$$e_M^* = (P_M^* E)/P_N, \ e_X = E/P_N \tag{1.11}$$

$$C_M = C_M(e_M, a), \ \partial C_M/\partial e_M < 0, \ \partial C_M/\partial a > 0 \tag{1.12}$$

$$C_N = C_N(e_M, a), \ \partial C_N/\partial e_M < 0, \ \partial C_N/\partial a > 0 \tag{1.13}$$

其中，e_M 表示进口贸易商品相对于国内消费商品的比价，而 e_X 表示出口贸易商品相对于国内消费商品的比价，e_M^* 表示剔除贸易壁垒因素后进口贸易品相对于国内消费商品的比价。从需求和供给两方面看，社会总需求要考虑收入效应和商品的比价两个变量函数，而在供给方面是相对于外部的需求，因而就只有商品的比价作为决定因素。

（3）产品供给方面

$$Q_X = Q_X(e_X), \ \partial Q_X/\partial e_X > 0 \tag{1.14}$$

$$Q_N = Q_N(e_X), \ \partial Q_N/\partial e_X < 0 \tag{1.15}$$

（4）政府部门

$$G = EP_M^* G_M + P_N G_N \tag{1.16}$$

$$EP_M^* G_M/G = \lambda \tag{1.17}$$

$$G = t + \dot{D} \tag{1.18}$$

其中，G_M 表示政府部门对贸易品的支出，G_N 表示政府部门对国内消费品的支出，λ 表示政府总支出中贸易品所占份额。公式（1.16）~公式（1.18）表示政府在市场消费中的贡献，以及政府财政的限制约束条件，t 是税收总额，$\dot{D}$ 是国内信贷扩张。

（5）贸易部门

$$CA = Q_X(e_X) - P_M^* C_M(e_M, a) - P_M^* G_M \tag{1.19}$$

$$\dot{R} = CA \tag{1.20}$$

$$\dot{M} = \dot{D} + \dot{E}R \tag{1.21}$$

$$e = \alpha e_M^* + (1-\alpha)e_X = \frac{E[\alpha P_M^* + (1-\alpha)P_X^*]}{P_N} \tag{1.22}$$

从贸易部门的方程可以看出，国际收支的盈余状态取决于进出口贸易品的缺口，在不存在外国投资行为时，国际收支账户中只存有贸易收支账户，形成货币体系内外的相互影响关系。汇率完全反映国内价格水平与国外价格水平之间的对比关系。

当国内外市场同时达到均衡时，实际汇率就运动到长期稳定均衡的路径上来，其中需要国内商品市场供需平衡，表示为：

$$C_N(e_M, a) + G_N = Q_N(e_X) \tag{1.23}$$

因为 $G_N = e_X g_N$，g_N 表示用贸易品衡量的政府对国内消费品的支出，国内商品市场出清的价格就由 a、g_N、P_M^* 和 τ 因素决定，有：

$$P_N = \nu(a, g_N, P_M^*, \tau) \tag{1.24}$$

这里 $(a,\ g_N,\ P_M^*,\ \tau)$ 中的每个变量对 P_N 的边际效应都是正向的，也就是其一阶偏导数都大于零。其中变量 a 同其他三个变量之间有相互作用关系，要确定它们之间的函数关系需要假定汇率是官方公布的，并且把资产的折算变化率与汇率比价的相对变化率进行替代，则有：

$$\dot{\rho} = \rho L(\frac{m}{\rho F}),\ L' < 0 \tag{1.25}$$

综合（1.8）~（1.25）的函数方程可得：

$$\dot{m} = Q_X(e_X) - C_M(e_M, a) + g_N - t / E \tag{1.26}$$

当政府部门的收支与国际收支同时均衡时，才能确定长期均衡汇率的取值，这需要 $\dot{m} = \rho = 0$ 在同一时刻都为 0，得到：

$$\bar{e}_{LR} = \nu(m_0 + \rho_0 F_0, g_{N_0}, \tau_0, P_{M_0}^*) \tag{1.27}$$

长期均衡汇率 $\bar{e}_{LR}$ 的确定是一国经济运行的主要经济变量相互作用的结果，长期均衡汇率与经济运行当中的短期货币因素没有直接影响关系。

1.2 汇率与价格水平的研究综述

一国宏观经济调控的主要目标之一就是要保持国内物价水平的稳定，价格水平的波动将会对一国经济的稳定性产生巨大影响。鉴于一国价格水平在宏观经济中如此重要，本书对影响价格水平的主要因素进行分析，进而研究这些因素与价格水平的变动关系，从而更好地对本国宏观经济价格水平的波动进行调整和控制，促使一国宏观经济高效、有序、平稳地运行。

1.2.1　一价定律、购买力平价与汇率传递

对于汇率与价格水平的传递效应的理论和实证研究都是以一价定律和购买力平价理论为基础的，并且一价定律是购买力平价的基本前提条件。一价定律的绝对形式是：

$$P_{i,t} = S_t P_{i,t}^* \quad (i = 1,2,\cdots,N) \tag{1.28}$$

其中，$P_{i,t}$代表贸易品i在t时期内以本国货币衡量的价格，$P_{i,t}^*$代表贸易品i在t时期内采用他国货币衡量的价格，S_t代表在t时期内用直接标价表示法反映的他国货币的本国价值。由（1.28）式可以看出，一价定律的绝对形式实际上是假定如果价格用同一国货币表示，则同一商品在不同国家应有相同价格。一价定律成立的基本要求是建立在无摩擦的商品套利基础上的。而在相对的形式中，一价定律假定了相对较弱的条件：

$$\frac{P_{i,t+1}^* S_{t+1}}{P_{i,t+1}} = \frac{P_{i,t}^* S_t}{P_{i,t}} \quad (i = 1,2,\cdots,N) \tag{1.29}$$

在（1.29）式中很明显，绝对一价定律隐含着相对的一价定律形式，而相对的一价定律没有隐含绝对一价定律形式。一价定律只有在各国间商品能够完全替代的情况下才能得到检验。如果这样的话，则无获利的套利条件应该确保高度统一的商品市场上商品价格相等。然而各种形式的关税、运输费用以及非关税壁垒的存在都导致对无套利条件的违反，从而不可避免地导致对一价定律的违反。再则，通常情况下各国商品价格的差异正好提供了一种商品的本国价格和外国价格区分的依据，从而使商品能够在国与国之间进行自由交易。对于一价定律的计量经济学检验动机常常是在世界范围处在浮动汇率制度条件下对购买力平价理论的拒绝，从总体来说，计量经济学的研究表明购买力平价理论是对一个非常广泛的系列商品一价定律的拒绝。同时，实证研究也提供了两方面强有力的证据：一方面是对一价定律的偏离程度高度不稳定；另一方面是相对价格的变动明显低于名义汇率的变动。吉瓦尼尼（1988）使用一个垄断公司决定本国商品和出口商品价格的局部均衡模型，得出对一

价定律的背离随机特性很大程度上受出口商品价格的面值货币影响，也就是主要源于汇率的变动结论。帕斯利（Parsley）和魏（Wei）（1996）通过对美国48个城市的51种商品价格的面板数据进行实证分析，证明一价定律在不存在贸易壁垒或名义汇率波动的情况下是收敛的。国际货币基金组织（IMF，1994）分析了由运输成本所导致的价格背离，并测算出世界出口价值与世界进口价值之差应该在10%左右。赫克希尔（Heckscher，1916）认为，国际商品套利摩擦对一价定律的偏离存在潜在的非线性特征，对一价定律的背离是由于每个分割的市场间存在国际交易的成本。

购买力平价理论是在古典经济理论的基础上加以扩展和充实，由瑞典经济学家古斯塔夫·卡塞尔（G.Cassel，1918）总结出的。购买力平价的基本原理是依据每个国家的价格水平差异来测算出各个国家之间的等价值比率，从购买力平价的定义可以衡量出每个国家的经济规模以及各国间的经济规模对比关系。购买力平价的汇率是指使两个相关国家的价格水平以同一货币表示时取值相等的汇率水平，因此购买力平价的汇率和实际经济运行中公布的汇率之间会存在很大不同。购买力平价假设的基本理论和对这一理论各种变化形式的广泛研究，表明该理论在汇率的决定中占有重要的地位。其原因主要体现在：每个国家的货币都有购买力的特性，这表现在经济活动中就形成国家之间对不同货币的需求偏好；而购买力平价就是两国之间汇率形成的基础；国家之间汇率水平的变化也是依据不同国家货币购买力的变动，因此汇率水平的变化是不同国家货币的购买力水平变化的体现。购买力平价概念主要区分为绝对购买力平价和相对购买力平价两种。

绝对购买力平价汇率是指能使两个国家的价格水平以同一货币表示相等时的汇率，因此一种货币的单位购买力在两个国家所展现的效用应当一致：

$$R_a = P_a/P_b \tag{1.30}$$

其中，R_a表示一国货币表示他国货币的汇率，P_a表示一国的整体物价指数，P_b表示外国的物价指数。该汇率集中体现了衡量汇率及其变动的主要因素是两国物价水平的对比关系。

相对购买力平价汇率是指一种货币相对于另一种货币的贬值率，与其相关的两个国家总物价的通货膨胀率之差相一致。该指标用于衡量国家之间购买力的相对变化，这种相对变化也是汇率变化的决定因素，用公式表示如下：

$$
\begin{aligned}
\text{本国货币新汇率} &= \text{本国货币旧汇率} \times \frac{\text{本国货币购买力变化率}}{\text{外国货币购买力变化率}} \\
&= \text{本国货币旧汇率} \times \frac{\text{本国物价指数}}{\text{外国物价指数}}
\end{aligned}
\tag{1.31}
$$

购买力平价理论的主要思想是国家之间之所以进行货币的交换是源于国家的货币都存在购买力特性。因此，在不同国家的货币购买力水平不一致的情况下，国家之间的经济交往媒介汇率的决定就应该依据交换国家双方货币购买力的对比度。在国家宏观经济发展中，根据购买力平价理论来度量的是国家之间的真实汇率，真实汇率是国家之间的名义汇率排除价格因素或者通货膨胀因素的影响而确定的汇率。所以，在实际经济运行中国家之间的名义汇率是处于不断调整变化之中的，但是调整和变化的最终路径是依据购买力平价对比变化度而随机游走的。依据购买力平价而随机游走的汇率变化路径，在经济活动中表现为纸币和货币价值之间的相互影响以及相互对比关系。

汇率传递（Exchange Rate Pass-through，EPT）是在大量学者研究汇率对价格水平影响关系的基础上，定义出贸易进出口商通过改变外贸市场上商品的价格，来传递汇率变动对其生产产品的边际影响作用。同购买力平价理论比较而言，其只是片面强调了价格水平的变动对汇率产生影响，然而价格水平和汇率之间的影响是相互的，并以螺旋推进方式不断变化和发展的。Einzig（1935）最先提出汇率与价格水平具有反向的影响关系，其主要思想是假设一国的货币出现升值的趋势，直接导致进口贸易品价格的下降，从而冲击国内价格水平并使其下降，尤其在一国存有劳动力工资目标时，进口贸易品价格的下降将下调工资水平，因此在叠加程度上促进国内价格水平和工资水平的不断下降。麦金农和大野健一（Mckinnon and Ohno，1997）以欧洲七国为研究对象，通过分别参照对美国进出口价格指数进行回归检验，实证检验的结论是汇率的变动确实对价格水平的变化有显著的影响效应。Menon（1995）定义汇率传递是贸易各国之间汇率的变动水平对贸易各国货币购买力的影响程度。所以，对于进出口国家而言其都站在自己国家货币收益的立场上，这必然会出现汇率变动所带来的价格调整成本由何方来承担的问题。根据对一价定律的分析，我们知道在一价定律成立的情况下，对于出口国家来说，假如本国货币价格不变，则本国货币的升值将同比例地提高出口贸易品的外币价格；对于进口国家来说，假如外币价格不变，则本国货币的升值将同比例地降低以本币表示的进口贸易品的价格。从上述两个角度来说汇率的变动是被完全地传递到进出口贸易品的价格上。但是，一价定律本身在现实中很少能够被验证，所以汇率的变动对价格的影响不可能是完全传递的。完全的汇率传递要同时具备两个条件：一是进出口企业商品定价的边际成本为固定数值；二是进出口企业生产的边际成本固定不变。在现实中这两个条件很难同时成立，对于一个进出口企业来说，汇率对进出口企业商品价格具有导向性，汇率的变动必定引起进出口企业商品价格的变动，同时进出口成本的上升一定会影响企业微观经济生产体系中边际成本的变化。因此，汇率对价格水平传递的不完全性，才更加符合现实的国家之间经济贸易交往的运行状况。

1.2.2　汇率传递的不完全性

20世纪中后期以来世界的汇率制度基本以自由浮动制为主导，这也从客观上促进了对汇率对价格传递效应的研究，使学界由仅从需求的角度片面地来分析汇率传递效应，转变为基于国际经济结构的调整变化，从供给的角度来分析汇率的传递效应，综合需求和供给两方面对汇率传递的不完全性做出全面和深入的诠释。

（1）不完全竞争、产业组织与汇率传递的不完全性

在实际的研究中，我们发现即使在本国的经济内部，不同的产业组织中汇率波动的调节效应也是有差别的。许多实证研究都得出了同样的结论，Wang和Wu（1999）把垄断程度最高的石油行业作为研究

对象，该行业的垄断性使产品市场几乎不存在竞争性，并且该行业在产业组织中占有非常重要的位置，对这样特殊行业的实证分析印证了市场竞争性以及产业组织在影响汇率传递方面有着显著的影响。Dornbusch（1987）、Krugman 和 Baldwin（1987）研究得出不同的产业组织在竞争程度不同的市场中，汇率的传递效应是存在差异的，在市场竞争程度高的产业组织中汇率的传递效应强，反之汇率的传递效应将受很大限制。

（2）市场分割、价格歧视与汇率传递的不完全性

汇率作用于不同市场区域，如果两国市场的相互依存度很高，那么汇率的变动会被依赖性所抵消，国内价格水平的变动明显弱于汇率变动的幅度，这是一种汇率传递不完全性的价格体现。Dornbusch（1987）指出，进出口商品的生产商之间对产品生产的结合程度越密切，价格对汇率变动的影响传递作用越弱，尤其体现在世界范围内商品市场上有垄断地位的厂商中，厂商把世界商品市场进行目标和区域性的划分，目的是获取更大的利润，对不同目标和区域都执行歧视性的市场定价策略，以及对不同的贸易品进出口市场采用不同的定价标准。Krugman（1987）将这种现象定义为"按市场定价"（pricing to market，PTM）。以中国和美国的贸易为例，即便人民币对美元升值，中国的出口商品用美元衡量的价格也不一定以相同的比例上涨，中国出口商为了保持自己产品在美国市场的占有率，会自觉降低出口商品的人民币定价，所以对美国来说其汇率的贬值对美国商品价格的传导作用就很小。Knetter（1989）通过建立固定效应模型，把进出口厂商的成本变化区分为真实生产边际成本和引致成本加成两个组成部分，在对日本很多种类商品的实证检验中得出结论：当日元汇率变化时日本厂商自身会自觉调整本国出口商品的价格，从而抵消了以外币表示的商品价格的变化，进而认为汇率传导是具有不完全性特征的。Marston（1990）建立一个按市场定价的模型，对具有垄断地位和对世界市场进行价格歧视厂商的市场行为进行研究，得出汇率对价格传导强弱的影响因素主要取决于需求弹性和边际成本两个方面的结论。

（3）沉没成本、迟滞效应与汇率传导的不完全性

Baldwin 和 Krugman（1989）建立了汇率传递的沉没成本模型来研究沉没成本对汇率传导的影响。当今，进出口厂商世界性的供给和需求已经基本处于饱和的状态，通过扩展外部市场和深度拉动内部市场的需求来提高厂商的现有利润是非常困难的。如果要想在世界市场上始终保持竞争优势地位，就得不断提高产品的质量并降低厂商自身的生产成本，使自己的产品在同类产品中形成质量优势和价格优势。为了保持自身在世界市场中的竞争优势地位，生产厂商要扩大自己的生产规模，要在世界范围内以最低的成本来采购原材料，在生产设备上要不断投入资金来重置和更新，在营销方面要不断扩展渠道和提高营销的效率。进出口厂商在生产和运营中，初期需要大量资金进行设备和厂房投入，随后根据生产的需要不断地增加新的投入，这种大规模的投入在生产以后就变成沉重的沉没成本。然而沉没成本具有付出且不可收回性质，根据微观经济学的厂商理论，当产品的预期价格能够弥补沉没成本时，厂商才会开辟新市场；进入新市场后的厂商要承担沉没成本，只要产品的价格能够弥补生产时的可变成本就会仍然继续生产。由此可知，进出口厂商在产品生产上的转移是受沉没成本约束的，不会轻易地决定进入和退出某个产品生产领域，所以在汇率发生波动时，进出口厂商因初期投入而形成沉没成本的约束限制，不能随便地进出某个商品市场领域。从进出口厂商的生产成本角度来说，其对汇率的正常波动的反应是迟钝的，进而导致汇率传导的不完全性。

从进出口厂商的实际运行来看，厂商为了补偿沉没成本，需要对企业未来利润的现值进行估算，根据现值和沉没成本的大小来决定产品的价格策略。假设厂商未来收益的现值低于扩展商品市场的沉没成本，在发生本国货币贬值时，进出口厂商不愿意降低价格来增加销售量，而是保持现有的价格水平和销售量，这样就更加阻碍了汇率的传导性。然而，要是厂商对汇率的波动做出调整的选择，就会产生汇率传导的回滞效应，回滞效应的简单解释就是经济变量由于某种原因而发生调整，但是这种调整会在很长一段时期内不会因这种原因的改变而回调。反映在经济行为上就是如果汇率的变动致使厂商做出了反应，调整商品的价

格，但这种价格的调整具有很强的时滞性，即使汇率经过一段时间后回到原水平或更低的水平，厂商的商品价格也仍然处于调整后的水平而不发生回调，这种汇率传导产生的回滞效应进一步强化了汇率传导的不完全性。

（4）结算币种选择与汇率传递的不完全性

在国家与国家之间进行贸易品进出口时，通常采用进口国家的货币作为贸易结算交易的度量工具，这通常被称为"Grassman"法则。Giovannini（1988）又从理论数学模型上推导出这种情况是由进出口商的利润函数与汇率变量的凸凹性决定的。Fukuda 和 Cong（1994）实证揭示出国际市场的供需机制决定本国进出口厂商的结算币种选择。Viaene 和 Vries（1992）从博弈论的角度对世界市场上进出口厂商的竞争性做出解释，从而得出贸易货币结算币种的博弈选择规则。Bacchetta 和 Wincoop（2001）的实证研究结果表明，相对于进口国来说如果进口的商品在本国市场上占有率提高，那么本国的替代产品市场占有率变小，出口商的产品在进口国的竞争力愈来愈强，继而进口国被迫屈服用出口国货币结算，而本国承担了汇率的波动风险，本国的汇率波动的传导要比出口国的反应强烈。这种进出口国对汇率波动反应的不均衡和非一致协调性，是造成汇率传导不完全性的主要原因。

（5）当地通货定价（Local Currency Pricing，LCP）与汇率传导的不完全性

新开放宏观经济学基本上是应用数学公式化的模型来分析宏观经济的动态均衡，其中市场价格的黏性和工资的刚性对宏观经济的影响分析占主体，各种不同的价格和工资假定，会给宏观经济的调控手段与方式带来巨大变化。Engel（1999）指出，如果一国的双边汇率出现大幅度的波动，则该国出口商品的价格和国内市场消费品的价格在变动幅度上基本保持一致。实际有效汇率对于出口商品和国内商品价格的区分没有实际意义。原因可能是出口厂商在世界市场进行市场分割，对不同区域的市场采取价格歧视，在出口前把出口商品的价格用贸易伙伴国的货币进行定价，提供相应需求的出口量。假设该国国内商品的价格水平也由本国货币定价，那么该国的名义汇率与实际汇率高度相关。进出口厂商

的定价标准对汇率的影响具有重要的决定作用。如果本国货币升值，进出口厂商的商品价格都具有黏性，汇率的波动不会影响商品需求的转移，变动的需求主要影响本国的出口厂商。如果本国的出口厂商以贸易国的货币定价，那么本国货币的升值会使以本国货币定价的企业利润下降。不管以何种货币定价，如果贸易品对国内商品的替代弹性很小，一国的价格水平不会受到短期汇率波动的冲击。

（6）价格刚性、工资刚性与汇率传导的不完全性

柯尔曼（Kollman，1997）对价格刚性和工资刚性的动态开放经济模型进行了测量，从而仔细考察了在工资和物价事先决定的情况下，汇率的波动和物价对货币冲击做出的反应。研究结果表明，价格刚性和实际有效汇率的平滑调整之间具有高度相关性，但是与其他几个宏观经济变量不相关。查理、基欧和马克莱顿（Chari，Kehoe，McGrattan，1998，2000）在新开放宏观经济学模型当中，将价格刚性与实际有效汇率行为联系起来。研究得出，发达国家的数据显示出实际有效汇率对购买力平价有较大的、持续的偏离。这种偏离主要是贸易品对一价定律的偏离所引起的。实际有效汇率的波动幅度大约是相对价格水平波动幅度的 6 倍。杰恩内（Jeanne，1998）应用动态一般均衡模型，研究了工资刚性和汇率波动小而持久的反应，更好地印证了价格和工资刚性对汇率传导的不完全性。

1.3 汇率对就业影响的 CGE 模型研究综述

可计算一般均衡模型（Computable General Equilibrium，CGE）是一种最新发展起来的经济模型，是现在国际上流行的经济学和公共财政政策定量分析的主要工具模型，它的特点是描述国民经济各个部门、各个核算账户之间的相互关系，并且可以对政策和经济活动对这些关系的影响做描述、模拟和预测，因此它在国民经济、贸易、环境、财政税收、公共政策方面应用非常广泛。一个基本的 CGE 模型主要包括三个部分：第一，一个详尽的数据库。这个数据库能为模型提

供基本结构信息，主要包括一个国家或区域的国民收入和生产数据、投入产出核算数据以及关于模型中经济结构参数的计量估计数据。第二，一个核心模型。通过对实际问题的研究，对核心模型不断扩展来符合研究的需要。原模型一般都是采用集合的方式进行部分设定，这样就可以根据实际研究需要对这些部门进行集结、细化或替代。第三，部门集结准则。原模型不但要非常灵活，还要具有较为详细的生产部门划分，由于研究关注的部门不一样，要对详尽的部门划分进行集结，可以根据需要重点分析关注的部门，从而保证问题分析的准确性。

对一般均衡进行研究的国内外学者很多，Borges（1986），Dervis、de Melo（1988），Shoven 和 Whalley（1986），以及 Whalley（1986b）都对有关 CGE 模型应用在贸易方面进行了分析，并对模型进行了综述。Balladd（1985），Henderson（1989），以及 Shoven 和 Whalley（1984）对 CGE 模型应用在财政方面进行了实证分析，并对模型进行改进，阐述了财政政策的影响效用。de Melo（1988），de Varajan（1987），de Varajan、Lewis 和 Robinson（1986，1989）对有关 CGE 模型在发展中国家的应用进行研究。Hertel（1898）对 CGE 模型在农业方面进行应用和研究。我国应用 CGE 模型进行的研究主要有胡宗义、刘亦文（2008）对人民币汇率变动对就业影响进行动态 CGE 研究。本书采用的 MCHUGE 模型是单国多部门动态模型，通过引入资本积累和金融资本积累以及劳动力市场的变动建立一般均衡模型，实证检验人民币汇率波动对我国就业的冲击影响。研究结果表明：人民币不断升值使劳动力成本上升，对劳动密集型企业带来很大冲击并使失业增加；人民币升值对不同行业结构影响不一样，对外贸企业中的进口行业、服务业以及第一产业的影响是正向的效用，而对劳动密集的出口型企业来说汇率变动的冲击影响很大。

胡宗义、刘亦文（2008）对人民币汇率变动的动态 CGE 分析，采用 Edwards 的均衡汇率模型，模拟出 1981—2006 年人民币均衡汇率水平，并对 2007—2012 年的人民币均衡汇率进行预测，认为人民币的升值压力非常大。采用一般均衡模型模拟 2007—2010 年人民币升值对我国产业经济的影响，表明在人民币升值的幅度不大的情况下，我国宏观经济的自身运行会吸收人民币的小幅升值压力，有利于调节国际收支状况，促进外贸企业的发展，但是第一产业在人民币汇率升值下的产出水平和就业都有所下降。谢杰（2010）研究了人民币实际汇率升值对我国经济各产业的影响。该文建立一个可计算一般均衡模型，估计人民币实际有效汇率升值对我国主要部门的影响，表明人民币实际有效汇率的升值对服务业和建筑业产出有正效应，对其他产业的产出都是负效应；人民币实际有效汇率升值对劳动力需求的影响是对农业劳动力和城镇劳动力的需求都减少，只是对服务业和建筑业的劳动力需求增加。

Campa等（1998）分别从劳动供给和劳动需求两个方面研究汇率的变动对就业的影响。对于劳动的需求方面从进出口渗透率、出口导向和进口导向三个方面分析汇率对其影响程度的强弱。对于劳动供给方面从工资弹性、产品需求弹性、价格黏性三个方面分析汇率对其影响的大小。Doldberg（2001）采用1976—1998年的人口数据对汇率变动对劳动者工资的影响进行研究。研究结果表明，岗位工资和受教育程度对汇率的影响具有联动效应，进而汇率对就业的传递影响作用比较显著。Galindo（2006）把负债因素引入到汇率对就业的影响路径当中，研究表明负债会增加企业外部融资的成本，进而对企业的雇员产生负面影响。Belke（1999）利用经济中的回滞效应来分析汇率对就业的影响，研究结果表明汇率变动对就业的影响存在弱反应区，在弱反应区汇率对就业的作用不明显，但是一旦超出弱反应区汇率变动将对就业产生很强的冲击影响。Dixit（1989）从汇率的沉没成本角度得出汇率的传导机制的沉没成本性，对就业的影响也就具有回滞效应。Klemperper（1989）从市场的竞争状况和企业的策略等方面解释了汇率对就业的传导影响不敏感。

Branson和Love从行业的层面上建立可计算一般均衡模型，来分析汇率变动对就业的影响效应。其利用1963—1985年的美国制造业季度数据，研究贸易品行业和非贸易品行业的就业对汇率的反应程度，总体上汇率变动对制造业的就业有显著的影响。Revenga（1992）重点分析了进口的竞争性对美国制造业就业和工资的影响，实证结果表明汇率所导致的进口贸易品的价格波动对就业和工资有显著影响。Lebow（1993）把贸易部门和非贸易部门一起纳入到实际汇率的变动对就业的影响分析当中，实证结果表明在贸易部门中汇率对就业的影响具有不确定性，而其对非贸易部门的就业具有促进作用。Gourinchas（1998）以行业实际汇率的就业弹性作为依据划分出出口部门、进口部门和非贸易部门，并对这三个部门的就业效应进行分析。Klein（2000）建立一个就业创造和就业破坏模型来分析实际汇率变动对就业的影响，研究显示汇率的变动对就业创造和就业破坏有根本性影响，对劳动力就业市场既有结构效应也有总量效应。Goldberg（1997）等把汇率变动的方式分为暂时变动和持久变动两个部分，利用美国数据进行实证分析，认为汇率的变动对就业市场的需求量几乎没有作用，只是对企业的内部生产方式有影响，包括上班的时间、额外的工资和整体行业工资水平，只有内部的整合影响效应而没有外部的总体数量效应。

Laursen（1950）首先提出了不同汇率制度下，在不同的经济区域之间的相互隔阂程度对就业的影响，但是这种分析还是在凯恩斯的宏观经济学理论范畴内的。Mundell（1961）深入分析了两种汇率制度对就业水平的影响，指出在生产要素可以自由流动的区域内，固定汇率制是解决就业问题的最优汇率制度；在生产要素不能自由流动的区域内，需要以货币币值的变动去促使生产要素流动、发展经济和解决就业问题，所以浮动汇率制度更合意。Buscher和Muler（1999）认为汇率经过出口、经济增长和投资三个主要渠道的传递，对就业市场的影响是负向的。Roberto（2004）把汇率的波动影响就业的路径归纳为三个，分别是宏观层面上路径、发展路径和劳动密集路径，并且实证验证了这些路径的存在。Oslington（2001）把要素市场的扭曲引入可计算一般均衡模型，在浮动汇率制条件下，研究了人口流动、转移支付、劳动合同的变更、贸易壁垒、贸易冲击和贬值对就业的影响效应。

1.4 汇率与国际收支的研究综述

国内外学者对汇率与国际收支的关系的分析主要集中在汇率自身的变动以及汇率变动的幅度两个方面。

（1）汇率自身的变动与国际收支

按照国际贸易的相关理论，我们知道直接标价的汇率上升，本国货币贬值应该有利于出口的扩大，外国商品的价格上升从而抑制进口，进而调节国际收支的盈余。Boyd（2001）以经济合作与发展组织中8个国家为样本进行研究，以1975—1996年的季度数据为样本，采用向量自回归计量模型对每个国家的实际汇率与国际收支的关系进行实证检验，检验的结果都印证实际汇率对国际收支有显著影响。Kyereme（2002）对美国和澳大利亚之间的贸易情况进行实证分析，利用名义利率、国民收入、货币供给、实际汇率以及国际收支5个变量建立误差修正模型，结论是实际汇率对国际收支有显著影响。Bahmani-Oskooee（2001），Singh（2002）以及Brahmasrene（2002）分别对中东地区、印度和泰国进行分析，得出汇率的变动对国际收支有影响。但是也存在不支持上述观点的实证研究：Miles（1979）研究了10多个国家的汇率变动与国际收支之间的关系，结果表明汇率与国际收支之间的关系不显著。Rose和Yellen（1989）对美国与加拿大、法国、德国、英国等7个主要国家之间贸易进行实证分析，结果表明汇率的变动与国际收支之间没有长期的影响效应。Rose（1991）对经济合作与发展组织中5个主要的国家进行实证检验，采用的时间段是布雷顿森林体系时代，最后得出汇率对国际收支没有决定性影响的结论。Wilson（2001）对东南亚的主要国家与美国和日本的贸易进行实证研究，结论是经济体之间汇率的变动对贸易收支没有实质性影响。

（2）汇率的波动幅度与贸易收支

对于汇率变动幅度与国际收支之间的关系也没有一个确定性的结

论。Thursby（1987）利用1974—1982年17个国家的样本数据进行实证分析，采用国民收入、贸易条件、贸易品价格以及物价指数作为解释变量，验证了汇率的波动对国际收支的影响，结果显示几乎所有国家的汇率变动幅度的大小与贸易收支之间都具有负向的效应关系，因此汇率的变动幅度影响了贸易交往的扩大。Cushman（1988）对美国和其主要的贸易伙伴国之间的汇率变动幅度与贸易收支的影响进行实证研究，结果表明汇率的变动幅度对贸易有负效应。Ito和Bayoumi（1996）以亚太经济合作组织的成员为研究对象，结果得出各国汇率的波动对国际收支在中长期产生不利影响，破坏贸易伙伴国之间的贸易交往。相反一些学者的研究结论与上面结论相背离，Asseery和Peel（1991），Franke（1991），Viaene和de Vries（1992）以及Gagnon（1993）等研究的结论是汇率的波动幅度不会对贸易收支有负的影响效果，反而会促进国际贸易的发展并改善国际收支状况。Daly（1998）指出汇率波动幅度对各国贸易收支的影响效应，在不同的世界经济环境和经济发展状况下是不一样的，要根据本国当时所处的国际经济背景，以及国家内部的经济结构，确定汇率波动幅度对贸易收支影响的不同效果。Sauer和Bohara（2001）分别研究了发达国家和发展中国家的汇率波动与贸易收支的关系，结果表明汇率的波动幅度对发展中国家的贸易收支具有明显的负效应，而对发达国家的贸易收支没有负向作用。

（3）关于人民币汇率与中国贸易收支关系的研究

我国学者对人民币汇率与中国贸易收支关系也做了大量的研究。戴祖祥（1997）、卢向前和戴国强（2005）等研究指出，我国的国际贸易当中马歇尔-勒纳约束成立，人民币实际汇率对我国的国际收支有很大影响。Wei（1999）、谢建国和陈漓高（2002）研究得出人民币汇率的变动对我国的国际收支没有显著效果。叶永刚（2006）对美国和日本与中国的进出口贸易进行实证分析，研究结果表明我国和美国的贸易之间汇率对国际收支有确定性的影响关系，我国和日本之间国际收支与汇率的变动有因果联系。辜岚（2006）对我国同很多贸易伙伴国之间的贸易收支与汇率变动进行因果关系研究，结果表明我国与主要贸易伙伴国之间的汇率波动与国际收支有长期稳定的因果关系。Chou（2000）对人民币汇率波动幅度对我国的主要产业部门影响进行研究，结果表明汇率波动对我国的贸易收支有负面影响，因而阻碍我国国际贸易的发展。李广众（2004）对我国制造产业的实证分析得出，我国的人民币实际汇率的波动冲击应视具体商品和具体国家的不同而不同。曹阳和李剑武（2006）研究了我国人民币汇率变动的影响时效，得出人民币汇率的变动对我国国际收支的影响具有长期的效应，而对我国国际收支的短期影响效果不显著。

从以上文献可以看出，由于在研究的角度、理论的设定、影响因素的选取、研究的时段、数据的设定，以及计量模型的选择等方面存在差异，对人民币汇率对国际收支的影响得出不一致的实证结果。为此，应该对人民币汇率对我国贸易收支的影响这一问题进行深入研究。本书以1995—2018年的月数据为样本，运用向量误差修正模型（VEC），对我国人民币实际有效汇率与我国国际收支的关系进行实证研究。

1.5 汇率与外国直接投资的研究综述

1.5.1 汇率水平变动与外国直接投资

传统的贸易理论认为，一国的货币升值也就是直接汇率表示法的汇率下降，将阻碍外国直接投资的流入，而货币贬值也就是直接表示法的汇率上升，将促进外国直接投资的流入。所以从货币币值的升降与外国直接投资的流向可以总结出，汇率是通过相对生产成本效应和财富效应两个方面影响外国直接投资的。

（1）汇率水平变动的相对生产成本效应

汇率水平变动会对出口生产厂商的生产成本带来影响，这就是相对成本效应。对于一国的出口厂商来说，在国内和国际的生产因素不变的条件下，该国货币升值将使生产商的生产成本尤其是劳动要素的成本上升，同时也使外国投资到该国的原始投资成本上涨，最终促使外国直接投资到该国的企业注册资本用外币表示量上升，引发外国公司不断向外部融资来获得资金，从而提高了融资成本。这两项成本的上升都会降低外国直接投资以及投资回报率，最终促使大量外国直接投资外流。

从外国直接投资国的立场来看，被投资国的货币贬值使该国出口厂商的生产成本降低，则外国直接投资在其他国的生产成本上升了。当货币的贬值导致被投资国生产成本与外国生产成本之间的差额小于外国直接投资与本国内的沉没成本时，就会不断地产生对外直接投资。在被投资国货币不断贬值的心理预期下，更加促进国外直接投资的流入来减轻本币贬值带来的比较成本劣势，扩大企业规模，增加企业利润。

Cushman（1985，1988）指出，汇率波动的幅度对外国直接投资的影响受制于贸易厂商的产品市场中心是放在本国还是东道国或第三国。当厂商的主要销售市场是东道国或第三国的市场时，东道国的货币的贬值会增加外国直接投资。当厂商的主要销售市场是本国市场时，外国直接投资对汇率的波动幅度没有显著的反应。

（2）汇率变动的财富效应

20世纪中后期以来，外国直接投资不仅在规模上迅速扩大，而且短期波动幅度加大，这一现象是与早期的外国直接投资理论相背离的。所以很多经济学家认为，外国直接投资的短期波动幅度加大是汇率变化造成的，即汇率的变化能够引发财富效应。汇率的财富效应是指被投资国的货币升值，相对增加了外国投资者的财富，使得被投资国的资产价格下降，从而进一步推动外国直接投资的企业吞并被投资国的企业，促使外国直接投资的流入增加。这种现象一般都发生在双边汇率持续不断地升值或贬值的过程中，货币相对升值的国家的投资者不断去收购和兼并货币相对贬值的国家的企业，使得外国直接投资的波动幅度加大，进而体现出汇率的财富效应。

Froot 和 Stein（1991）提出，假设某国货币升值，这样相对地降低了其他国家的财富水平，在资本市场追逐利益的引导下，货币升值国的投资者比其他国家的投资者有更强的意愿通过并购来扩大规模，增加自身的财富，其他国家的外国直接投资在某段时期内不断地递增。

研究者从三个细分的角度（外国直接投资的主体角度、外国直接投资的行业角度以及外国直接投资的类别角度），都证实汇率具有明显的财富效应。

Blonigen（1997）从企业的投资竞标的角度实证分析了汇率变化的财富效应。当本国的企业和外国企业同时对某项资产竞标时，外国的货币升值使外国投资者相对本国国内投资者更愿出更高的价格。外国投资者中标的概率提高了，所以外国直接投资额会随中标合同量的上升而上升。加上国内外的投资主体在国际贸易市场的资本运作自由度不一样，外国投资者一般比本国的投资者有更多的投资选择，所以投资市场范围的限制致使本国的投资者在资产竞标中处于劣势。

Klein 和 Rosengren（1994）对汇率的相对生产成本和财富效应对外国直接投资的影响程度强弱进行了分析，选择与美国相关的主要贸易国家作为样本国，综合研究得出财富效应不管是在创建投资还是并购投资中都比相对生产成本效应更重要。

Campa（1993）研究的结论与本国货币贬值促进外国直接投资的观点相反，原因是投资决策的原则之一是投资未来收益的预期值最大化，本国货币升值从侧面反映出本国货币在相当长的一段时期内坚挺，投资该市场的预期收益会更大，进而会吸引更多的外国直接投资流入。相反，本国货币的贬值说明本国货币在一段时期内疲软，投资该市场预期会带来更大的风险，进而会导致越来越多的外国直接投资流出。

1.5.2　汇率的波动幅度与外国直接投资

汇率的波动幅度对于国内外投资者来说是汇率风险，由于国内外投资者对汇率波动幅度的风险偏好不一样，尤其对于风险厌恶型的外国直接投资者来说，汇率的波动幅度越大，对外国直接投资的负效应越强。

Benassy（2001）研究指出，汇率的波动幅度越大对外国直接投资的影响越大，并给贸易伙伴国的经济金融稳定带来冲击。由于汇率对各国的影响具有外部性，因此，应该加强新兴经济区域的汇率体系的健全，经济体的区域化联盟是促进外国直接投资的流入流出的新载体。

然而，也有很多学者研究得出汇率的波动幅度也可能增加外国直接投资。Cushman（1985，1988）研究指出，汇率波动的幅度对外国直接投资的影响受制于贸易厂商的产品市场中心放在本国还是东道国或第三国。当厂商的主要销售市场是东道国或第三国的市场时，东道国货币的贬值会增加外国直接投资。当厂商的主要销售市场是自己本国的商品市场时，外国直接投资对汇率的波动幅度没有显著的反应。

Jie Qin（2000）指出，汇率的波动幅度是国与国之间对外直接投资的流向的原动力，国与国之间的对外直接投资能够降低生产厂商的汇率风险，所以汇率的波动幅度对国与国之间的对外投资流入与流出具有积极的促进作用。

Sung 和 Lapan（2000）建立了一个在汇率自由浮动的条件下，生产厂商无限制地选择投资生产地模型，并由模型证实外国直接投资能够被看作一种衍生期权，生产厂商利用该期权来防范市场的汇率风险，在竞争中对汇率风险偏好中性的进出口厂商能够获得最大收益。汇率有幅度的波动能够给厂商提供资产优化配置的机会，重新把资产分配到成本最低的国家，增加了外国直接投资的期权价值。如果国内外的生产厂商之间存在较激烈的竞争，汇率的波动就会提升外国直接投资对创建投资的期权价值，还会在竞争策略上给予外国厂商竞争优势，并在竞争中优化资源配置，把本地的企业排挤出当地的市场。

第 2 章　人民币实际有效汇率的度量及波动性

汇率是一国开放经济中的核心宏观经济变量，与其他主要宏观经济变量紧密相关。汇率的变动对物价水平、国内充分就业以及国际收支等都有着重大的影响，但是研究汇率对我国主要宏观经济指标影响的前提是对我国汇率的度量及波动性进行分析，只有在充分了解我国汇率自身特点的基础上，对于我国汇率对国家主要宏观经济指标影响的研究才能更加透彻。因此，本章将对人民币实际有效汇率的度量和波动性进行分析。

2.1　重要汇率概念的界定与说明

本章首先对汇率重要概念进行区分和说明，主要涉及名义汇率与实际汇率、双边汇率与有效汇率、均衡汇率与汇率失调的概念与区别。

（1）名义汇率与实际汇率

名义汇率（Nominal Exchange Rate）是指经济发展中一国货币同另

一国货币的比价，是由两国外汇市场的供需关系以及政府的政策性规定两方面因素综合而形成的市场汇率。

实际汇率（Real Exchange Rate）是对名义汇率进行调整后的汇率，不同的调整方法对应不同的实际汇率，通常可以分为外部实际汇率和内部实际汇率。外部实际汇率是在名义汇率的基础上经过本国和外国价格水平调整后的汇率，实质上是用同种货币衡量的两国货币的价格水平。内部实际汇率是一国内部进出口商品的价格与国内商品价格的比值。从两种实际汇率的定义可以看出两种实际汇率的变动对一国的经济将产生重要影响。

（2）双边汇率与有效汇率

双边汇率（Bilateral Exchange Rate）是一国货币同另一国货币的名义汇率，体现两种货币之间的价值对比。由于世界各国的货币种类众多，每个国家都有自己的流通货币，国家之间的贸易中货币的升值和贬值交错存在，所以双边汇率不能真实地度量国家货币的变动幅度以及在国际市场的竞争地位。

有效汇率（Effective Exchange Rate）是一种以某个变量为权重计算的加权平均汇率指数，它是用报告期一国货币对各个样本国货币的汇率，以选定的变量为权数计算出与基期汇率之比的加权平均汇率的总和。通常可以一国与样本国双边贸易额占该国与所有样本国全部对外贸易额比重为权数。有效汇率能够反映一国货币的整体波动幅度以及国际竞争力。有效汇率也分为名义和实际两种，实际有效汇率同样也是剔除价格因素影响对国家货币的实际价值进行度量，能够综合地反映本国货币的外部价值和竞争力。

（3）均衡汇率与汇率失调

均衡汇率早期是指能够达到国际收支平衡的汇率，这种表述其实隐含有内部均衡的意义，后来纳克斯完善了均衡汇率的内涵，指出均衡汇率是在国内实现均衡达到充分就业，以及在外部也同时实现均衡达到国际收支平衡的汇率。

汇率失调（Current Misalignment）是指现实中客观存在的汇率偏离了理想的均衡汇率水平，一般分为汇率高估和低估两种情况。汇率的长期失调会给一国的宏观经济带来冲击，影响经济高效、有序以及健康发展。本章主要研究人民币实际有效汇率的构建与度量，并实际测算出我国1994年到2010年的月度实际有效汇率以及其变动趋势，通过变动趋势研究我国实际有效汇率的波动情况以及波动的主要原因。

2.2 实际有效汇率的构建方法

2.2.1 实际有效汇率的度量方法

（1）贸易样本国的选择

我国的国际经济贸易已经涉及世界的每一个国家，理论上绝对精确度量实际有效汇率应该涵盖所有经济贸易交流国家，但是这在实际计算中由于统计难度太大而很难实现，而且在实际应用中选择同本国贸易额所占比重比较大的国家作为样本国，就能基本从整体上衡量实际有效汇率的真实值，因此我们只要选择在我国贸易交往中的主要贸易国为样本国就能准确度量我国的人民币实际有效汇率。

（2）货币权重的选择

权重的选择涉及权数的选择，一般权数有三种形式：固定权数、变动权数、半可变权数。固定权数指经济发展的一段时期内使用不变的权数，经济形势变化以后才调整基期权数。变动权数指在一定时期内，权数随统计数据的变化而变化。半可变权数是指权数瞄准其决定因素，按某个因素的变动而变动调整的权数。实际计算中普遍采用变动权数，目的是及时地反映货币价值的变动情况，测算出更加精确的汇率。

使用权重度量一国同其贸易伙伴国之间的经济联系主要有四种方法，分别是：双边贸易加权模型、IMF的多边汇率模型、全球贸易加权模型和双重加权模型。①

在这几种方法中我们采用双边贸易加权模型。该模型权重的计算是

---

① 纽曼，米尔盖特，伊特韦尔. 新帕尔格雷夫货币金融大辞典（第一卷）[M]. 北京：经济科学出版社，2000：709-710.范从来，曹丽. 人民币汇率走势的实证分析 [J]. 经济科学，2004（1）：77-78.

根据双边贸易量占该国总的贸易量的比重来测算权重，权重具体表达式如下：

$$W = \frac{X_{ti} + M_{ti}}{\sum_i \left(X_{ti} + M_{ti} \right)} \tag{2.1}$$

其中，X_{ti} 代表在 t 时刻 i 样本国的出口额，M_{ti} 代表 t 时刻 i 样本国的进口额。

双边贸易加权模型的权重很容易计算，但是也有自身的缺点，主要不足之处是假设各贸易伙伴国对汇率的变化都有相同的反应，但是由于各个国家对汇率变化的敏感度不一致，因此测算的权重不能真实反映各国对汇率的敏感程度。另外，在与贸易伙伴国的经济交往中影响因素很多，因而单纯用贸易额来衡量权重不能完全正确地评价该国的贸易权重。鉴于以上弊端，国际货币基金组织提出了多边汇率模型，其主要思想是测算一国汇率变化对该国中长期贸易差额的影响，并以这种影响度作为贸易权重，但是由于实际操作中存在困难因而很难被采用。因为双边贸易加权模型没有引入贸易的其他影响因素，因此全球贸易加权模型应运而生，该权重是依据一国货币在全球贸易中的地位来确定的，美国曾经测算过美元的这种权重，但是由于统计量和计算量很庞人因而没有被广泛采用。双重加权模型就是双边贸易加权模型和全球贸易加权模型相结合而确定的权重，同样因为计算和统计上难度太大而没有被广泛使用。

（3）加权方法的选择

统计学上对变量的加权方法有算术加权法和几何加权法两种。对于变量的研究我们更关注变量平均的相对值变化程度，一般采用几何加权法。同算术加权法相比，几何加权法可以保持变量指数的准确性和协调性。

（4）折算指数的选择

度量实际有效汇率的折算指数，应当根据实际研究对象和统计的可行性进行选择。我们普遍采用的折算指数主要是消费者价格指数（CPI）、国内生产总值平减指数（GDP Deflators）。宏观经济问题的研究主要应该采用总体性的折算指数，尤其对于商品经济还没有进入到高度市场化阶段的国家，其在统计数据上存在缺陷，但这两个经济指标基本都会统计。消费者价格指数是对国家整体价格水平变化的度量，这其中包含进出口商品的价格影响因素，该指数衡量的实际有效汇率能够反映贸易伙伴国之间物价水平以及购买力的变化，并且统计体系完善、数据比较精确和详细，不足之处是国家之间的消费者价格指数的结构不一致，对国与国的价格水平比较会产生偏误。国内生产总值平减指数是采用成本计算方式来度量一国整体价格水平的变化，这其中包含进出口贸易品生产成本的影响因素，该指数衡量的实际有效汇率能够体现出贸易伙伴国之间生产成本以及竞争力的变化。

2.2.2　人民币实际有效汇率的度量与趋势分析

国际货币基金组织定期发布成员国的实际有效汇率指数，随着我国经济的发展和壮大，在世界贸易量的比重逐步加大，我国的实际有效汇率指数对世界各国都有经济参考意义。国际货币基金组织对我国实际有效汇率的测算主要选取了占我国内地（大陆）贸易比例排名前14的国家和我国占2个区域为样本，并且采用加权平均法来测算，这种测算对我国现行的汇率制度和汇率政策调整具有借鉴意义。

1994年，我国进行汇率制度改革，改变了以往的汇率运行的双轨制，实施以市场供求为基础的、政府适当给予调节和干预的限制性浮动汇率制度，这种汇率制度对我国的人民币和其他国家货币的供给和需求起到货币价格约束的作用。2000年以来我国的对外经济联系不断加深，汇率对我国宏观经济的调节和影响程度进一步深化，在此经济发展形势下，我国一方面寻求人民币汇率保持稳定与均衡，另一方面加强汇率对我国宏观经济的调节力度。因此，我国政府在2005年对汇率进行改革，开始实行以市场供求为基础、参考一篮子货币进行调节、有管理的浮动汇率制度。本章将按照新的汇率制度对人民币实际有效汇率进行度量，度量的时间区间为1994年1月至2018年12月。

本章在样本国家和地区的选取上，主要考虑其是否与我国的贸易往来频繁，在自身所在区域是否具有代表性，在世界范围的贸易上是否与我国有可替代性。据此，我们具体选取了美洲地区的美国和加拿大，欧洲地区的英国、法国、德国、意大利以及荷兰，亚洲区域的主要贸易伙伴国日本、新加坡、泰国、韩国、印度尼西亚和马来西亚，大洋洲的澳大利亚一共14个国家和我国的2个主要区域：香港特区和台湾地区，作为度量人民币实际有效汇率的区域样本。1994—2018年这16个主要贸易伙伴的贸易总额基本占我国内地（大陆）地区进出口总额的85%以上。[①]

在货币的权重和加权方法上，以上述14个国家和我国香港及台湾地区的年度贸易总额为基准，把这14个国家和香港及台湾地区的贸易额占总贸易额的比重作为贸易权重。每年我国内地（大陆）与这16个经济体的贸易构成以及贸易额度是不断变化的，根据这些变化采取以年度为度量周期的可变贸易权重，同时为了保持变量的统一性和相关性，采用几何加权方法，对人民币实际有效汇率进行度量，其年度权重统计表见表2-1。

表2-1　　　　1994—2018年16个主要贸易伙伴的年度权重

年份	1994	1995	1996	1997	1998	1999	2000	2001	2002
美国	0.1769	0.1734	0.1773	0.1821	0.2057	0.2071	0.1975	0.2007	0.1993
德国	0.0595	0.0582	0.0545	0.0471	0.0538	0.0543	0.0522	0.0587	0.057
英国	0.0209	0.0202	0.021	0.0215	0.0247	0.0266	0.0263	0.0257	0.0234
法国	0.0168	0.0191	0.0172	0.0207	0.0226	0.0226	0.0203	0.0194	0.0171
加拿大	0.0162	0.0179	0.0173	0.0145	0.0163	0.0161	0.0183	0.0184	0.0163
意大利	0.0233	0.022	0.021	0.0174	0.0182	0.0189	0.0183	0.0194	0.0188
荷兰	0.0149	0.0172	0.0184	0.0204	0.0255	0.0217	0.021	0.0218	0.0219
澳大利亚	0.0197	0.0179	0.0211	0.0197	0.0188	0.0213	0.0224	0.0224	0.0214
日本	0.2397	0.2441	0.2486	0.226	0.217	0.2231	0.2206	0.2188	0.209
新加坡	0.0253	0.0293	0.0304	0.0326	0.0306	0.0289	0.0287	0.0273	0.0288

---

① 许少强，马丹，宋兆晗. 人民币实际汇率研究［M］. 上海：复旦大学出版社，2006.

续表

年份	1994	1995	1996	1997	1998	1999	2000	2001	2002
中国香港	0.2092	0.1893	0.1686	0.1887	0.17	0.1475	0.1431	0.1395	0.1419
中国台湾	0.0817	0.0759	0.0786	0.0737	0.0768	0.0792	0.081	0.0806	0.0916
泰国	0.0101	0.0143	0.013	0.0131	0.0138	0.0142	0.0176	0.0176	0.0176
韩国	0.0587	0.0721	0.0827	0.0894	0.0796	0.0844	0.0915	0.0895	0.0905
印度尼西亚	0.0132	0.0148	0.0153	0.0168	0.0136	0.0163	0.0198	0.0168	0.0163
马来西亚	0.0137	0.0142	0.015	0.0164	0.016	0.0178	0.0213	0.0235	0.0293
年份	2003	2004	2005	2006	2007	2008	2009	2010	2011
美国	0.1939	0.1957	0.2034	0.1954	0.1986	0.1997	0.2021	0.2014	0.1997
德国	0.0641	0.0624	0.0608	0.061	0.0564	0.0631	0.0597	0.0547	0.0601
英国	0.0221	0.0228	0.0235	0.0254	0.0249	0.0216	0.0271	0.0224	0.0228
法国	0.0206	0.0203	0.0198	0.0194	0.0205	0.0216	0.0204	0.0211	0.0215
加拿大	0.0154	0.0179	0.0184	0.0175	0.0183	0.0181	0.0174	0.0176	0.0173
意大利	0.018	0.0181	0.0179	0.0182	0.0184	0.0175	0.0171	0.0186	0.0182
荷兰	0.0237	0.0248	0.0277	0.0246	0.0238	0.0269	0.0273	0.0271	0.0265
澳大利亚	0.0208	0.0235	0.0262	0.0254	0.0258	0.0268	0.0204	0.0274	0.0261
日本	0.205	0.1973	0.1772	0.1856	0.1878	0.1942	0.1956	0.1987	0.2014
新加坡	0.0297	0.0308	0.0319	0.0314	0.0356	0.0334	0.0326	0.0317	0.0389
中国香港	0.1314	0.13	0.1314	0.1321	0.1423	0.1574	0.1754	0.1841	0.1925
中国台湾	0.0896	0.0903	0.0877	0.0894	0.0907	0.0899	0.0847	0.0856	0.0907
泰国	0.0194	0.02	0.021	0.1954	0.0207	0.0218	0.0223	0.0241	0.0216
韩国	0.097	0.1039	0.1076	0.1056	0.1089	0.1047	0.1035	0.0947	0.1021
印度尼西亚	0.0157	0.0155	0.0161	0.0162	0.0178	0.0169	0.0174	0.0165	0.017
马来西亚	0.0309	0.0303	0.0295	0.0314	0.0275	0.0284	0.0297	0.0301	0.0304

续表

年份	2012	2013	2014	2015	2016	2017	2018		
美国	0.1987	0.1993	0.2073	0.2212	0.2207	0.2253	0.2222		
德国	0.0661	0.0618	0.0664	0.0623	0.0643	0.0649	0.0645		
英国	0.0259	0.0268	0.0302	0.0312	0.0316	0.0305	0.0282		
法国	0.0209	0.0191	0.0208	0.0204	0.0200	0.0210	0.0221		
加拿大	0.0210	0.0208	0.0206	0.0221	0.0194	0.0200	0.0223		
意大利	0.0171	0.0166	0.0179	0.0177	0.0183	0.0192	0.0190		
荷兰	0.0277	0.0268	0.0277	0.0271	0.0286	0.0303	0.0299		
澳大利亚	0.0502	0.0523	0.0511	0.0452	0.0460	0.0527	0.0537		
日本	0.1351	0.1196	0.1166	0.1106	0.1168	0.1170	0.1150		
新加坡	0.0284	0.0291	0.0298	0.0316	0.0300	0.0306	0.0290		
中国香港	0.1399	0.1534	0.1403	0.1363	0.1291	0.1106	0.1089		
中国台湾	0.0693	0.0754	0.0740	0.0747	0.0761	0.0772	0.0794		
泰国	0.0286	0.0273	0.0271	0.0300	0.0322	0.0309	0.0307		
韩国	0.1051	0.1050	0.1084	0.1095	0.1073	0.1082	0.1099		
印度尼西亚	0.0272	0.0262	0.0237	0.0215	0.0227	0.0244	0.0271		
马来西亚	0.0389	0.0406	0.0381	0.0386	0.0369	0.0371	0.0381		

双边名义汇率的数据来自国际清算银行（BIS）所公布的数据，以其所公布的人民币与美元以及其他货币的名义汇率为基础，均采用应收标价法。本章采用以1995年1月为基期的月度消费者价格指数作为度量我国实际有效汇率的折算指数。原始数据来自Wind经济金融数据库。

人民币实际有效汇率的度量采用下列公式：

$$\text{REER} = \prod_{i=1}^{16} \left(\text{NBER}_i \times \frac{\text{CPI}_{cn}}{\text{CPI}_i} \right)^{w_i} \tag{2.2}$$

其中，W_i 表示测算当期我国实际有效汇率的年度货币权重，在表 2-1 中已经测算出来，而且 $\sum_{i=1}^{16} W_i = 1$，这表明所有经济体的权重总和为 1；$NBER_i$ 表示采用应收标价法度量的我国人民币对第 i 经济交流区域货币的官方公布名义汇率；CPI_{cn} 表示测算当期我国的月度消费者价格指数，而 CPI_i 表示同期第 i 经济交流区域的消费者价格指数。图 2-1 是我国人民币实际有效汇率在 1994 年初到 2018 年末的月度走势图。

REER

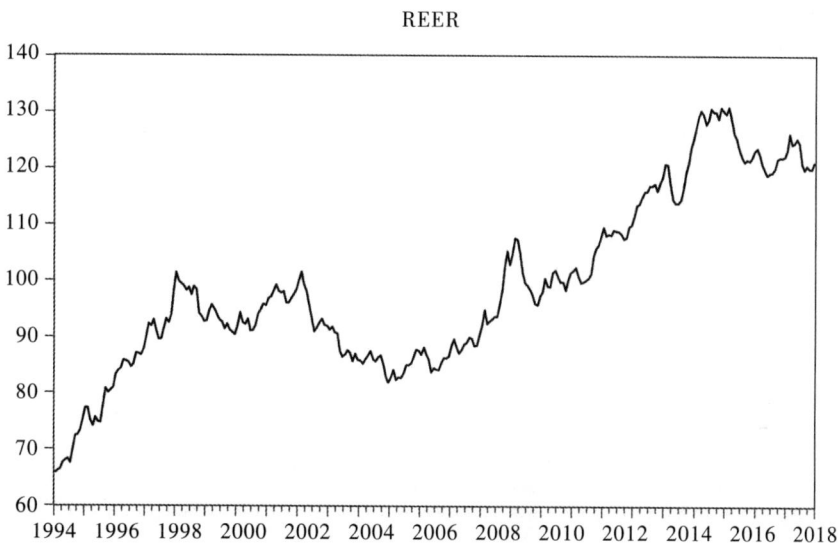

图 2-1　1994—2018 年人民币实际有效汇率走势

从图 2-1 中可以看出自 1994 年的汇率改革以来到 2018 年我国人民币实际有效汇率的整体变化趋势，在整个区间内人民币实际有效汇率有较大波动，走势有升有降但总体比较平稳，并且上升的增幅在 83.9% 左右，我国人民币实际有效汇率的走势大体分为以下几个阶段：

第一阶段：1994 年 1 月到 1997 年末。在这期间人民币实际有效汇率大幅上升。人民币实际有效汇率指数从 77.62 上升到 126.98，升幅高达 63.6%，人民币实际有效汇率的上升主要有两方面原因：其一是这一期间中国国内经历了很高的通货膨胀率，1996 年初中国的通货膨胀率在 10% 以上。其二是 1997 年东南亚发生金融危机，为了应对突如其来的金融危机，东亚和东南亚国家采取贬值本国货币，来减轻金融危机对本国的经济冲击。加之当时我国实行盯住美元的汇率制度，使中国对主要贸易伙伴国的货币名义汇率大幅上涨，这一期间我国的物价变动幅度非常大，促使人民币实际有效汇率大幅上涨。

第二阶段：1998年1月到1999年末。在这段时间里，人民币实际有效汇率出现一定程度的贬值，实际有效汇率指数从126.98下降到106.44，降幅为16.2%。这段时期我国物价水平下降导致经济出现了通货紧缩，同时中国物价走势波动幅度较小，物价波动幅度不超过1.3%。东南亚金融危机对经济的影响逐渐消减，东南亚国家及日本货币从贬值的低谷逐步回升。

第三阶段：2000年1月到2002年3月。在这一时期我国的人民币实际有效汇率出现一定程度的升值，实际有效汇率指数从106.44上升到119.35，升幅为12.1%。主要原因是在2000年后，美元在世界范围内持续走强，引起人民币实际有效汇率的升高，并且我国这一时期的消费品价格指数比较平稳，人民币实际有效汇率上升到1997年末的水平。

第四阶段：2002年4月到2005年3月。这一时期人民币实际有效汇率又转向为较大幅度的贬值，人民币实际有效汇率指数从119.35下降至99.20，降幅达16.9%。这是物价水平和汇率因素相互作用的结果，整体上国家之间的汇率变动影响范围较大，并且在局部地区国家的物价水平对实际有效汇率的传递作用也很明显。从2002年4月起美元对英镑、欧元以及日元等主要货币持续不断贬值，导致人民币实际有效汇率也不断下降。同时，中国经济整体出现通货紧缩，更加加剧了人民币实际有效汇率的下降。2004年7月，我国经济逐步由通货紧缩转向通货膨胀，此时的通货膨胀影响不足以抵消美元贬值使人民币实际有效汇率进一步下降的影响。我国实际有效汇率此阶段的走势更加印证了汇率因素和价格因素在对实际有效汇率的决定中是共同起作用的。

第五阶段：2005年4月到2015年7月。其间人民币实际有效汇率逐步反弹升值，人民币实际有效汇率指数从99.52上升到130.68，升幅为31.3%。主要原因是我国国内价格上涨导致通货膨胀和资产价格上涨过快。在这段时期我国出现持续的通货膨胀，导致商品相对价格和比价关系发生变化，使人民币实际有效汇率上升。同时，在这段时间里我国的

出口额逐年大幅提高，客观上增加了人民币的需求，也使人民币升值压
力不断加大。在人民币升值预期增强的形势下，国际热钱向中国的流入
增加，在流动性过剩的情况下，导致经济持续高涨并伴随着通货膨胀压
力，进而又加剧人民币实际有效汇率的不断上升并且升幅越来越大。

第六阶段：2015 年 8 月到 2018 年 12 月。其间人民币逐步走弱贬值，
人民币实际有效汇率指数从 130.09 下降到 121.09，降幅为 6.9%。主要
原因是我国经济进入中高速增长的新常态，国内需求的下降导致商品相
对价格和比价关系发生变化，使人民币实际有效汇率下降。同时，中美
贸易摩擦升级期间中美双方互提关税冲击我国进出口贸易，进而影响我
国外汇市场的外汇供求，客观上减少了人民币的需求，也致使人民币存
在贬值压力。但是，"8·11 汇改"改变了我国人民币汇率中间价的确定
机制，使我国人民币汇率的波动弹性加大，人民币汇率的双向波动加
强，人民币汇率在贬值过程中始终处于可控的波动区间。

2.3　汇率波动性的概念界定及描述性分析

2.3.1　汇率波动性的概念界定

汇率波动性是汇率在经济运行中的波动变化程度的度量，是描述汇
率随时间变化的离散程度的一种指标。从统计检验模型角度看，汇率波
动性是采用货币权重度量的汇率的波动幅度，这种波动幅度的高度拟合
值是标准差。在实际经济运行当中，汇率的波动主要有三个方面的原
因：首先，从国际汇率市场角度来说，既然是具有市场性的经济行为，
那么就存在汇率的市场风险。其次，国家在贸易经济交往中，会存在政
治、经济以及文化的贸易摩擦，这些贸易摩擦会对汇率的变动产生助推
性的影响。最后，汇率的市场存在着心理预期，心理预期的变化会影响
汇率市场行为的变动进而促使汇率波动性加强。所以对汇率市场来说，
汇率波动性的度量非常必要，能够适时合理地调节汇率和规避汇率
风险。

汇率的波动性可以归纳为四种类型：第一，真实汇率波动率，是指对汇率波动性理论上的研究，由于在实际经济运行当中汇率的变动是一个随机的变动过程，因此无法事先进行准确的判断，只能考虑各种经济因素来实现最优的度量。第二，隐性汇率波动性，是指汇率市场的交易过程中交易主体存在对汇率波动性的预测，因此在整体的汇率波动中包含隐性的汇率波动。第三，先验汇率波动性，是指先前的汇率波动对当期以及以后各期的冲击性，因为汇率是标准的时间性经济序列，可以估计出该时间序列的波动幅度，根据波动幅度来预测时间序列波动幅度的方差，从而获得先验性时间序列数据波动幅度的估计值，所以对于汇率的波动性来说，用其估计的方差来表示汇率自身的波动性具有最佳的拟合效果。根据统计检验的特征对于大样本时间序列数据，可以准确估计出样本二阶矩，使该时间序列的方差是总方差的无偏估计，样本标准差也是对实际标准差的一致估计。第四，预期汇率波动性，指利用历史统计数据对实际汇率波动性进行检验，总结出影响汇率波动的主要因素，再建立预测汇率波动性的模型，测算出的汇率波动性也体现于实际贸易经济的汇率市场中，在成熟的汇率市场中汇率的变动实际上是人们理性预期范围内的汇率波动性，先验汇率波动性具有很强的理论依据性，而预期汇率波动性具有很强的主观臆断与判断性因素。

2.3.2　汇率波动性的描述性分析

汇率在自由外汇市场上也应该同利率一样具有期限结构性。汇率的波动性体现着贸易主体对该市场的理性判断，但是汇率在不同的期间，波动性幅度也会有所差异。具体来说，汇率的样本期间越短，样本数量越少，汇率的波动幅度越大；反之，汇率的样本期间越长，样本数量越多，汇率的波动幅度越小。汇率波动性除了存在短时期对长时期的背离，同时还存在短时期对长时期的递归。在实际的贸易活动中，研究表明，如果短时期的汇率波动在长时期存在对远期汇率波动的负向背离，并且汇率的波动幅度不断缩小，则表示汇率处于持续下降的路径上；如果短时期的汇率波动在长时期存在对远期汇率波动的正向背离，并且汇率的波动幅度不断加大，则表示汇率处于持续上升的路径上。

根据上述汇率波动的表现特征我们可以归纳出汇率波动性的统计特性。汇率波动的一阶差分统计分布具有尖峰后尾性，一阶差分的数值集中在均值左右和离均值较远的尾部。汇率波动具有集群性，这种集群性是羊群效应的一种体现，表现在汇率的波动中就是汇率波动幅度越大集群性就越大，汇率波动的幅度越小集群性就越小。汇率波动性的冲击性时效非常长，也就是说汇率波动的影响在很长时间内都发挥效用，这种效用不仅表现为影响时效长，也表现为影响程度的不断加强。这就要求我们要缩短汇率变动的样本期间，最好统计出实际的月汇率变动情况，以便更加细分汇率在不同期间内对以后的冲击影响。汇率是一国货币同他国货币的价值比率，实质上就是一国货币价值的外币衡量价格，既然汇率是价格的一种表现形式，自然汇率就存在挤出效应，汇率除了有自身的市场运行规律，还受到其他市场因素的影响，在发达的市场经济国家中资本市场和商品市场的联系密切，这种联系密切并非限于本国而是一个世界性的市场，只要世界市场中有一国的汇率突发变动，就会对与其相关联的其他国家产生长远的外部影响。在汇率市场上，往往坏消息的影响程度比好消息强，对汇率的波动幅度影响的时限也不一样，因此汇率的波动也具有杠杆效应。

2.3.3 实际有效汇率波动的测量

根据前文对汇率时间序列的统计特征分析，得出分析汇率的波动性应该采用自回归条件异方差模型，该模型很好地拟合汇率这种时间序列数据的异方差和变动的集群性特征。本节将采用1994—2018年实际测算的人民币实际有效汇率为基础数据样本，对实际有效汇率的波动性用ARCH模型以及在此基础上发展的GARCH模型来进行分析。

Engle（1982）在对英国通货膨胀指数的波动性研究中，首先提出了ARCH（自回归条件异方差）模型。ARCH模型的主要思想是：随机误差ε_t的条件方差依赖于它的前期ε_{t-1}的大小。该模型最简单的ARCH（1）

模型为：

$$y_t = \beta'x_t + \varepsilon_t \tag{2.3}$$

$$\varepsilon_t = u_t\sqrt{a_0 + a_1\varepsilon_{t-1}^2} \tag{2.4}$$

其中，u_t 是标准正态分布的，ε_t 的条件异方差为 $a_0 + a_1\varepsilon_{t-1}^2$，也就是 ε_t 服从 1 阶 ARCH（1）过程，对上述 ARCH（1）模型的一个自然引申就是包含更长滞后的更一般模型。ARCH（q）过程用公式表示为：

$$\sigma_t^2 = a_0 + a_1\varepsilon_{t-1}^2 + a_2\varepsilon_{t-2}^2 + \cdots + a_q\varepsilon_{t-q}^2 \tag{2.5}$$

这是一个 q 阶移动平均过程。ARCH（q）模型展现出研究时间序列模型的基础，由于模型本身正负扰动项对时间序列的波动影响都一致，模型在分析影响扰动因素以及变量估计值时的约束很苛刻。在 ARCH 模型的基础上，Bollerslev 于 1986 年提出了广义的 ARCH 模型即 GARCH 模型。GARCH 模型即广义自回归条件异方差模型，一般由两个方程组成：一个是条件均值方程，另一个是条件方差方程。由于 GARCH 模型很好地模拟时间序列的波动性，所以一般对条件方差应用不同的假设分布。金融经济的实证表明 GARCH 模型非常拟合金融时间序列的估计与预测。GARCH 模型不需要更多的滞后项，并把时间序列某时刻以前的条件方差作为解释变量载入条件方差里。GARCH 模型可以定义为 $\varepsilon_t \sim N[0, \sigma_t^2]$，其中的条件方差为：

$$\begin{aligned}\sigma_t^2 &= a_0 + \delta_1\sigma_{t-1}^2 + \delta_2\sigma_{t-2}^2 + \cdots + \delta_p\sigma_{t-p}^2 + a_1\varepsilon_{t-1}^2 + a_2\varepsilon_{t-2}^2 + \cdots + a_q\varepsilon_{t-q}^2 \\ &= a_0 + D(L)\sigma_t^2 + A(L)\varepsilon_t^2\end{aligned} \tag{2.6}$$

满足上述条件的模型称为 GARCH(p, q) 模型，简称 $\varepsilon_t \sim$ GARCH(p, q)。GARCH 模型具有更强的模拟性能，避免了 ARCH 模型的弊端，但是仍然存在对解释变量的估计参数的限制，没有顾及方差和均值之间的影响关系。虽然有缺点但是整体上采用 GARCH 模型能够描述我国实际有效汇率的波动性，对我国实际有效汇率的波动性做出预测。在采用 GARCH 模型之前需要对上节测算出的我国实际有效汇率的月度数据进行 ARCH 检验。

首先由上节可知人民币实际有效汇率走势是相对平稳的，因此考虑对人民币实际有效汇率构成的时间序列取对数一阶差分形式：

$$r_t = \ln REER_t - \ln REER_{t-1} \qquad (2.7)$$

其中 $REER_t$ 为当期人民币实际有效汇率，$REER_{t-1}$ 为上一期人民币实际有效汇率，r_t 为人民币实际有效汇率变化率。人民币实际有效汇率变化率的波动如图2-2所示。

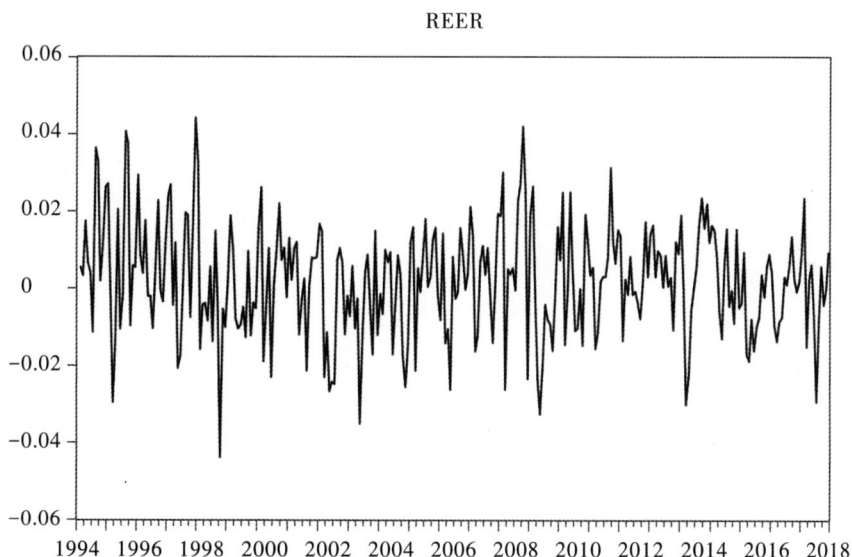

图2-2 1994—2018年人民币实际有效汇率的变化率走势

再对人民币实际有效汇率的变化率进行统计特征分析，结果见表2-2。

表2-2 人民币实际有效汇率变化率统计量描述

Median	Maximum	Minimum	Std.Dev	Skewness	Kurtosis	Jarque-Bera	Prob.
0.0288	0.3472	-0.2939	0.0415	-0.4354	6.2645	9.4126	0.0186

表2-2的统计结果表明，人民币实际有效汇率的偏度为-0.4354，具有左侧的长拖尾形态，并呈左偏的形态，峰度为6.2645>3，尖峰形态非常明显，J-B统计量稍微大于0.01显著水平下的临界值9.21，显示出序列分布的后尾性，所以人民币实际有效汇率变化率 r_t 序列呈现出明显的"偏峰厚尾"特征。根据Jarque-Bera的值是9.4126和Prob.的值是0.0186可以判断，我国的人民币实际有效汇率的对数一阶差分序列 r_t 与标准的正态分布有偏离，由于 r_t 的统计是在假定其服从正态分布的条件

下进行的统计，违背该假定条件会使我国人民币实际有效汇率度量的准确性不高。在这样的前提下需要对人民币实际有效汇率的一阶差分形式 r_t 做统计平稳性检验，由于 ADF 的检验值是 -7.5649，在统计上显著地表现出我国实际有效汇率的一阶差分时间序列的平稳性。通过以上的统计检验分析发现，我国人民币实际有效汇率的一阶差分 r_t 的统计特征符合 ARCH 时间序列模型的假定，进一步应用 GARCH 即广义 ARCH 时间序列模型对我国实际有效汇率的一阶差分形式进行统计分析，把模型统计分析得到的每个样本时期的方差时间序列作为我国人民币实际有效汇率变动幅度的衡量标准，表示为 $REERV_t$。统计的结果如图 2-3 所示。

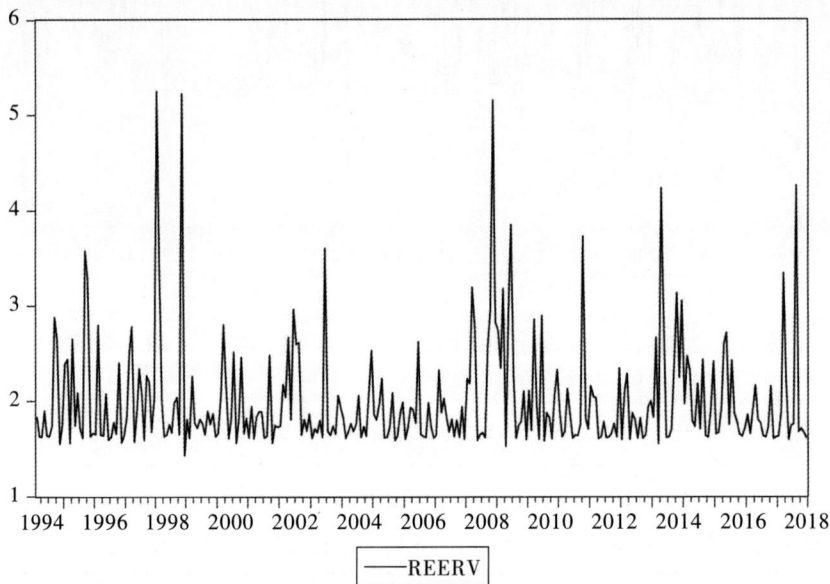

图 2-3　1994—2018 年人民币实际有效汇率的波动走势

由图 2-3 可以看出，在 1994 年 1 月到 2018 年 12 月期间人民币实际有效汇率的波动性非常频繁。主要可以分为三个阶段：人民币实际有效汇率在 1994 年 1 月到 2000 年 12 月波动剧烈，随后 2001 年 1 月到 2005 年 4 月人民币实际有效汇率的波动性逐渐变小，比前期平稳很多，但是 2005 年 5 月以后到 2018 年 12 月人民币实际有效汇率的波动性逐步加大并有扩大趋势。究其原因是，在第一阶段我国虽然实行的是盯住美元的汇率制度，但是这段时期我国的实际有效汇率的波动性还是由高到低趋于稳定，这说明这段时期美元在世界货币体系中占有主导地位，美元的稳定也直接影响到我国汇率的稳定性。第二阶段是我国实际有效汇率相对来说最稳定的一段时期，亚洲金融危机的冲击基本结束，美元的币值非常稳定，加之我国在这段时期通货紧缩，物价水平保持稳定，因此我国的实际有效汇率变得非常平稳，但是随着我国新千年之后经济高速发展，对外贸易中商品和资本项目逐步扩大，我国的外汇储备逐渐增加，人民币的升值预期强烈。在此经济形势下我国在2005年5月实行汇率改革，参考一篮子的货币政策，客观上提高了我国汇率的波动灵活性，在人民币升值的预期下我国实际有效汇率的波动性加强，2008年的金融危机加深了经济的不确定性，并对世界各国的汇率形成冲击，我国实际有效汇率的波动性又加强，最后随着金融危机的影响逐步减退，我国的实际有效汇率波动性也趋于下降。2015年"8·11汇改"后，人民币双向波动的弹性加强，人民币对我国经济运行调节作用越来越强，我国实际有效汇率在均衡路径上小幅波动。

2.4　人民币实际有效汇率的波动性解析

从人民币实际有效汇率的波动性中可以看出，我国的汇率受其他国家（地区）货币变动的影响，其中国家经济交往中相对价格的变动对汇率的波动有很大影响，并且各贸易伙伴国中每个国家对我国的影响程度也有所不同。因此，从这两个角度出发我们可以对人民币实际有效汇率进行价格分解和国家区域分解，用来研究人民币实际有效汇率波动的原因以及各要素影响程度的强弱。

（1）人民币实际有效汇率波动的价格分解

根据实际测算我国人民币实际有效汇率的计算公式可以看出，实际有效汇率的变动取决于 CPI_{cn} 和 CPI_i 两个影响因素。CPI_{cn} 为我国各时期的消费者价格指数，而 CPI_i 是第 i 个贸易伙伴国家（地区）的消费者价格指数。据此，我们可以对1994—2018年的人民币月度实际有效汇率与我国月度消费者价格指数关系进行分析，来说明我国人民币实际有效汇率的变动是外部货币占主导地位还是我国的国内价格水平占主导地位，图2-4描绘出我国人民币实际有效汇率的价格分解。

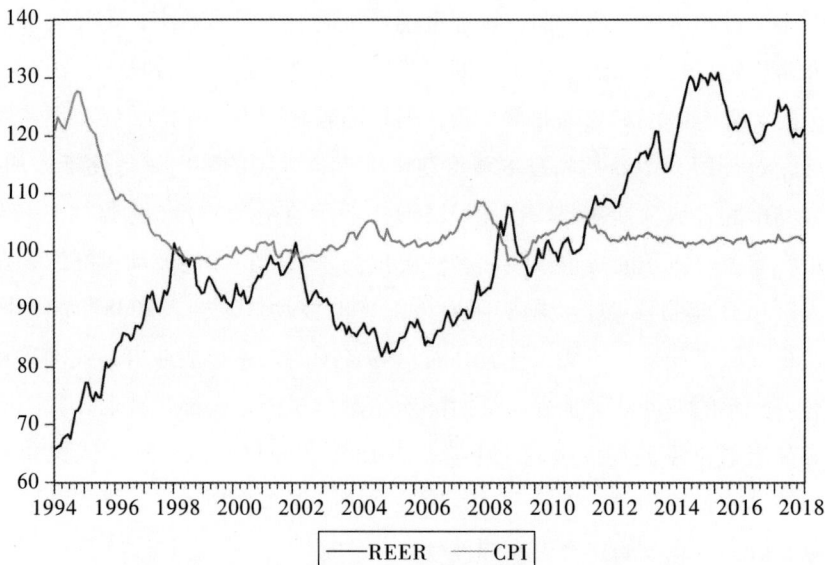

图2-4　1994—2018年人民币实际有效汇率价格分解图

从图2-4中可以看出，从1994年1月到1999年12月我国的人民币实际有效汇率主要是外部因素占主导地位，因为我国的消费者价格指数与人民币实际有效汇率的走势是相背离的，但是背离的趋势逐步减小，这说明人民币实际有效汇率的波动逐渐由外部的名义汇率占主导转变为我国的物价水平占主导，这从侧面反映了我国的贸易经济在世界范围内逐步扩大，人民币的影响系数上升使其在国际货币体系中的权重加大。在这段时期内，我国主要实行向美元看齐的汇率政策，这使得在这段时期我国的价格因素对人民币实际有效汇率的影响程度不高。

2001年我国加入了世界贸易组织，我国人民币走向世界商品市场和资本市场的步伐加快，我国的物价水平日益突显对人民币实际有效汇率的影响，并且在这段时期内我国的物价水平和人民币实际有效汇率的波动趋势非常一致，人民币实际有效汇率几乎围绕着我国物价水平上下浮动。在2000年到2003年这段时间人民币实际有效汇率主要处于外部名义汇率和我国物价水平变动的共同影响下，首先是人民币实际有效汇率经历了小幅的贬值，在2005年后人民币实际有效汇率与我国物价水平的走势有些背离，这说明人民币实际有效汇率的影响因素中的外国货币变动的影响力度加大，其原因主要是这段时期外国物价水平和国内物价水平共同影响着我国实际有效汇率的整体波动走势，并且由各自的走势可以判断人民币实际有效汇率与我国物价水平正处于趋于一致的变动路径上。人民币实际有效汇率与我国物价水平的背离程度不断扩大，直至2015年汇改后，人民币实际有效汇率与我国物价水平才逐步收窄并处于趋于一致的变动路径上。

（2）贸易品衡量的人民币实际有效汇率波动的区域分解

由于在测算人民币实际有效汇率中，我们选择了14个贸易伙伴国和我国的2个经济区域，这些国家和地区分布在世界各地，依据地理位置以及与我国内地（大陆）贸易的依存度把这16个经济体分成4个地域经济合成体：北美（美国、加拿大），欧洲（德国、法国、英国、荷兰、意大利），东亚（中国香港、中国台湾、韩国、新加坡、泰国、印度尼西亚和马来西亚），以及日澳（日本和澳大利亚）。计算人民币实际有效汇率的公式可以拆分成这4个区域的实际有效汇率的乘积，再根据测算的每年各个国家（地区）的贸易权重，拆分出4个地域对人民币实际有效汇率的影响程度。计算的结果由图2-5给出，其中，REER为人民币总体实际有效汇率，REER-NA、REER-EA、REER-EU、REER-JA分别为人民币对北美、东亚、欧洲和日澳4个区域的区域分解的人民币实际有效汇率。[①]

从图2-5中可以看出，把我国人民币整体实际有效汇率分解成REER-NA、REER-EA、REER-EU、REER-JA 4个区域能够使我们了解到这4个主要区域中每个区域对我国的人民币实际有效汇率的影响是正向的还是负向的，这个区域的影响程度是否占决定性地位。1994—2010年人民币实际有效汇率指数由78上升到118左右，升值的幅度为51.3%，其在北美区域和欧洲区域以及日澳区域都是负的作用效果，只有东亚区

---

① 许少强，马丹，宋兆晗. 人民币实际汇率研究［M］. 上海：复旦大学出版社，2006：41-60.

域对我国内地（大陆）的实际有效汇率的升值起到了主要的拉动作用。

内地（大陆）

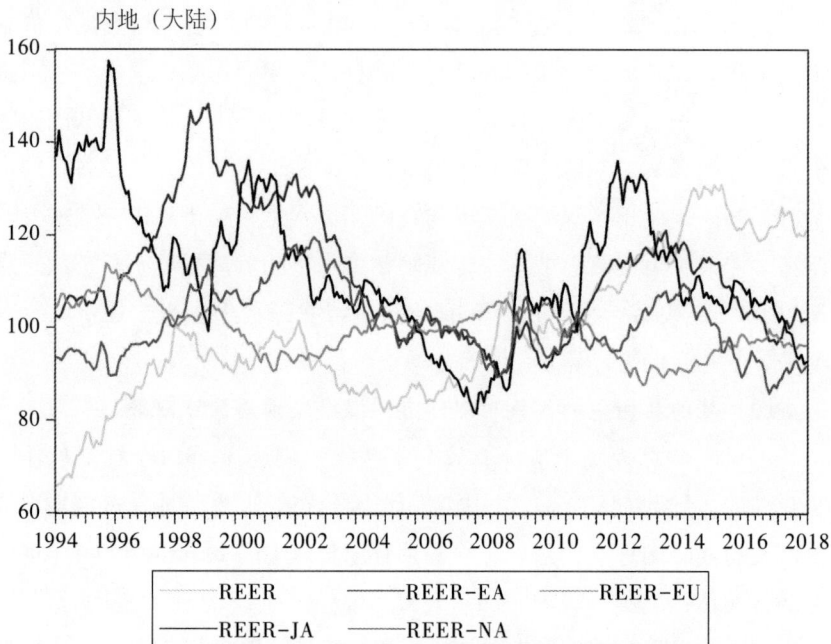

图2-5 1994—2018年人民币实际有效汇率区域分解图

1994年1月到1997年12月，人民币实际有效汇率的走势是上升的，并且上升的幅度不是很大，主要原因是前期主要由日本区域拉动，但是日本区域的拉动力逐渐下降，最后主要是东亚区域对我国内地（大陆）实际有效汇率的升值曲折拉动，在此时段内北美区域和欧洲区域都是随着人民币实际有效汇率的抬升其汇率波动性也上升，但是在1997年12月人民币实际有效汇率的上升主要由东亚区域起主导作用。从这些变化当中可以看出我国的贸易结构发生了根本性转变，日本在我国的贸易体系中的比重不断下降，而与北美和欧洲区域的贸易发展比较稳定。

1998年1月到2004年12月，人民币实际有效汇率的波动受这4个区域的影响错综复杂，在这期间欧洲区域的影响作用下降，主要起到负向的影响作用，这说明人民币实际有效汇率受到欧洲区域的负向影响，而日澳区域和东亚区域逐渐加强对人民币实际有效汇率的提升，并与北美区域的走势趋于一致，最终表明在这段时期我国盯住美元走势，人民币实际有效汇率主要受到日本和东亚区域的影响来决定自身的走向。

2005年1月到2014年12月，人民币实际有效汇率总体出现升值的趋势，在这段时间内还是东亚区域对人民币实际有效汇率的正向作用非常显著，直接决定着人民币实际有效汇率的走向。日澳区域也是推动人民币实际有效汇率上升的主要力量，虽然日本影响波动性的效果时强时弱，一定程度上表明我国和日本的政治和经济关系中不稳定因素很多，对我国汇率体系的变动比较敏感。然而，北美区域的走势基本同人民币实际有效汇率的走势一致，但是总体起到的作用是负的效应，这说明北美区域的贸易虽然对人民币实际有效汇率的影响很大，但是同以前相比其影响力有所下降，这主要是由于我国实行的汇率制度变成参考一篮子货币汇率政策，使我国的汇率波动不仅在波动幅度上加大，也在影响权重上降低了美国波动的风险对我国汇率体系的冲击，这样使我国的汇率在可控制的范围内经过有效的波动来调节进出口贸易和外国直接投资，最终使我国的经济发展在以汇率为桥梁达到保持国内与国外的同时稳定均衡发展。

2015年1月到2018年12月，人民币实际有效汇率总体出现下降的趋势，在这段时间东亚区域、日澳区域是推动人民币实际有效汇率上升的主要力量，一定程度上表明我国和亚洲"一带一路"沿线国家的贸易往来逐步增加，对人民币实际有效汇率的贬值起到支撑作用。同时，北美区域的走势基本同人民币实际有效汇率的走势一致，但是总体起到的作用是负效应，这说明北美的贸易虽然对人民币实际有效汇率的影响很大，但是同以前相比其影响力有所下降。这主要是由于我国对人民币汇率中间价进行改革，使我国的汇率双向波动加强，另外中美贸易摩擦导致美国在影响权重上降低，进而减轻了中美贸易摩擦对我国经济的冲击，在我国人民币汇率波动加强的情况下能够有效调节我国贸易进出口和资本跨境流动，最终使我国在保持中低速发展的同时通过外汇路径实现国内外的均衡稳定。

2.5 结论

本章所研究的是汇率的度量及其波动性，根据汇率度量的相关理论以及国内外学者的实证研究，同时考虑到我国现阶段的国内和国际经济发展的整体背景，结合我国现在实行的汇率制度和汇率政策，采用1994—2018年的月度样本数据，并参考一篮子货币的汇率度量机制，度量了我国在这段经济稳步发展时期内的人民币实际有效汇率，货币篮子中主要选择了在我国内地（大陆）贸易比重中居于前14位的贸易伙伴国和我国的香港及台湾地区，与这些国家和地区的贸易往来占我国内地（大陆）贸易额的绝大部分，对我国内地（大陆）的贸易有着决定性的影响，货币篮子的权重是根据每个国家和地区进出口贸易额占我国内地（大陆）进出口贸易总额来测算，再应用加权权重的方法度量出我国内地（大陆）这段时期的人民币实际有效汇率。实际有效汇率是一个国家真实汇率水平的体现，不管是在短期还是在长期，对我国的宏观经济运行中的其他主要经济变量都会产生深远的影响，实际有效汇率也是国家对汇率制度的调整以及汇率政策制定的主要参考指标，同时也为本书下面的研究提供真实有效的汇率变量样本值。本书在对人民币实际有效汇率度量的基础上，深入分析我国实际有效汇率的波动性。汇率作为国家经济内外贸易交流的主要媒介指标，其自身的波动性说明汇率既受到本身的衡量标准的影响，也受到其内在影响因素的影响。本章从两个主要方面分析了对人民币实际有效汇率的波动性影响。实际有效汇率的价格分解能够说明人民币实际有效汇率与物价水平之间的相互影响关系，以及影响的程度。而人民币实际有效汇率的区域分解主要能确定在对外经济开放过程中，某个区域的经济活动的变化对我国的汇率以及贸易状况将产生何种影响，这有利于我国有针对性地改革和实施合理的汇率制度以及制定恰当的汇率政策，为我国政府进行汇率调控以及制定宏观经济政策提供理论依据和经验借鉴。

第3章　人民币实际有效汇率的
均衡与失调

　　随着我国改革开放程度的不断加深，汇率作为国与国经济交往的桥梁和纽带，对我国经济长期稳定发展有重要影响。众多学者的多年研究表明，一国的实际有效汇率在经济运行中是时常波动的，并且会围绕着均衡汇率不断地上下浮动，但是持续的汇率失衡会影响经济的稳定与均衡，从而影响经济的健康发展。一国实际有效汇率长期偏离均衡汇率，是货币结构不合理的体现，一定与经济运行在这段时期内频繁波动有直接关联。所以，从长期来看一国的实际有效汇率能够围绕均衡汇率在合理的区间内波动，是一国保持宏观经济稳定的重要标志。本章的主要思路是概述国外的均衡汇率理论的发展状况及实证研究，以及国内对我国人民币均衡汇率的有关实证研究，在此基础上采用宏观经济的市场均衡模型来推导出汇率与国家的哪些经济因素有关，并结合行为均衡汇率理论建立适合我国经济发展状况和形势的人民币实际有效汇率均衡模型，对1994—2018年的月度人民币实际有效汇率的均衡与失调情况进行实证分析。

3.1　均衡汇率理论

在经济全球化趋势下，随着我国经济实力的不断加强，我国经济在世界经济中占有举足轻重的地位，各国经济联系的纽带汇率尤其是人民币汇率成为世界关注的焦点。21世纪以来我国的经济高速发展，20年的GDP年均增长率在10%左右，国际贸易对于GDP增长的拉动作用不断凸显，外汇储备激增，以美国为首的西方国家不断施压让人民币升值，我国的人民币汇率应该如何调整来抵御这种外部压力，已成为我国学术界争论和研究的焦点。

我国的学者对汇率均衡的实证研究主要应用均衡实际汇率理论（ERER）和行为均衡汇率理论（BEER）。其中，采用均衡实际汇率理论的学者有：

金中夏（1995）把影响实际有效汇率的主要经济因素概括为贸易条件、资本约束程度、贸易约束程度、社会生产效率以及投资信贷率等，对1970—1993年的均衡实际汇率进行研究，结论是这些要素都对我国的实际有效汇率有着显著影响。

张晓朴（1999，2000）分别采用均衡实际汇率理论模型和行为均衡汇率模型对我国的实际有效汇率的影响变动因素以及均衡汇率进行综合的分析，在应用ERER模型时主要选择了与均衡汇率有关的大部分经济因素，应用1978—1999年的年度数据对我国实际有效汇率进行协整关系分析，测算了人民币均衡汇率并对人民币的失调做出详细分析。在应用BEER模型时选择了外部依存度、国内生产总值、外国直接投资、国家货币供应量和国内利率等为主要经济基本因素，通过1984—1999年的年度数据的处理得到，经济因素的前三者和均衡汇率是正向的变动关系，与经济因素后两者是反向的变动关系，同时对我国汇率严重失衡的阶段进行分析和总结。

林伯强（2002）采用ERER模型，在因变量的选择上使用美元对人民币的双边实际汇率，自变量主要选取外部依存度、资本规模、进出口壁垒、生产效率以及国家货币供给等。分析检验得出在 1955—2000 年间人民币实际均衡汇率对进出口壁垒、外部依存度以及国家货币供给有明显影响关系。由于样本数据的选择时段经历了我国的经济体制改革，因此也分析了不同体制下实际汇率的运行路径。

张斌（2003）以均衡实际汇率理论为基础，对人民币实际有效汇率的宏观有效影响因子进行研究，选择的主要影响因素是进出口厂商的生产效率、进出口限制、海外依存度、外国直接投资等。其结论为进出口厂商的生产效率提高和外国直接投资流入会对人民币均衡汇率产生显著影响，其他变量对人民币实际有效汇率影响不显著。

储幼阳（2004），王维国、黄万阳（2005），吕林江、王磊（2009）都采用 ERER 模型，选取的影响因素主要有外部依存度、进出口壁垒、生产效率、政府的收支状况等，均对我国 20 世纪 90 年代的人民币均衡汇率进行估计，其中解释变量中的外部依存度和政府收支状况是我国均衡汇率的显著影响因素。

我国学者也应用行为均衡汇率理论对我国的人民币均衡汇率进行实证研究，主要的学者有：

张志超（2001）运用 BEER 模型，以人民币实际汇率作为被解释变量，选择投资额度、贸易条件、财政支出和贸易贡献率等作为解释变量。统计检验的结果表明，在 1952—1997 年中，前两个解释变量对人民币均衡汇率有负向效应，而后两个解释变量对人民币均衡汇率有正向效应，并对此期间的人民币实际汇率的高估与低估进行解析。

秦宛顺、靳云汇和卜永祥（2004）以进出口壁垒、生产效率、国际收支顺差作为影响人民币实际有效汇率的解释变量。用季度数据检验出进出口壁垒、生产效率对人民币均衡汇率有正向效应，而国际收支顺差对人民币均衡汇率有负向效应。

施建淮、余海丰（2005）运用 BEER 模型，以进出口壁垒、国内外相对价格比、外国直接投资、汇率政策等作为基本影响变量，对人民币实际有效汇率进行分析。用季度数据估计出国内外价格水平、国内外相对价格比对均衡汇率有正向影响关系，而进出口壁垒对均衡汇率有负向影响，研究还指出从 1994 年以来我国人民币实际汇率基本都偏离均衡水平，原因是我国汇率政策缺乏灵活性。

3.2 人民币实际有效汇率的均衡

3.2.1 基于ERER的模型、变量与数据

ERER模型有本身的前提和假设，这些假设大部分符合发展中国家经济发展的基本状态，但是要想使该模型能更加拟合中国当今发展的实际情况，需要对均衡实际汇率理论模型的假设和影响变量进行改进和扩展。

在其前提条件和假设方面的变动主要有，由于研究选择的样本区间是1994—2010年，这段时期我国汇率的主要调控模式是以市场供求为基础的有管理的浮动汇率制度，这段时期的前阶段实质上主要是采用以盯住美元为主，直到2005年转变为参考一篮子货币为基础，实质上只是加大了汇率波动的灵活性，而汇率制度始终是单一的汇率制度，贸易品都是以名义汇率交易。由于我国政府对我国的贸易限制性的政策，所以出于保护国内经济的目的对进口的商品以及劳务要征收一定的关税，进口关税主要取决于我国政府对进口关税比例的规定，假设T_M是我国进口税收总额，而其中的关税比例为T_M。我国目前实行出口鼓励的政策，因此我国在出口方面的政策更加优惠，对出口的商品和劳务采取出口退税的办法来鼓励，假设T_X是我国出口退税总额。由于对进出口征收关税，所以我国政府部分的收入和支出都发生项目上的改变，其中税收的余额变成$(T + T_M - T_X)$。进出口商品的市场价格由国际贸易的市场供求关系决定，进出口商品的国内价格分别表示为P_M和P_X。我国的资本项目H始终处于管制状态，其流动性的限制非常严格。

经过以上的假设和经济变量的改动，模型的函数关系式也发生相应的变动，主要体现在：

（1）产品需求方面

$$P_M = EP_M^*(1 - T_M), \quad e_M = P_M/P_N, \quad e_M^* = (P_M^*E)/P_N \tag{3.1}$$

$$P_X = EP_M^*(1 - T_X), \quad e_X = E/P_N, \quad e_X^* = (P_X^*E)/P_N \tag{3.2}$$

$$C_M = C_M(e_M, a), \quad \partial C_M/\partial e_M < 0, \quad \partial C_M/\partial a > 0 \tag{3.3}$$

$$C_N = C_N(e_M, a), \quad \partial C_N/\partial e_M < 0, \quad \partial C_N/\partial a > 0 \tag{3.4}$$

（2）政府部门

$$G = EP_M^*G_M(1 + T_M) + P_N G_N \tag{3.5}$$

$$EP_M^*G_M/G = \lambda \tag{3.6}$$

$$G = T + T_M - T_X + D + EH_1 \tag{3.7}$$

公式（3.5）~公式（3.7）是我国政府部门的收支平衡关系表达式，等式的左侧表示我国政府的当期支出总量。等式右侧为政府支出的组成部分，主要有两个组成部分：一是我国政府对我国国内商品和服务的消费支出；二是我国政府对外国商品和服务的消费支出。但是，政府的收入主要包括国内的税收、贸易品的税收净值以及我国的外国资本净投资的人民币衡量转化数额，还有就是我国的国内信贷扩张。上述政府的支出函数表明政府对国内以及进口商品和服务的消费支出是按照一定的收支计划按比例支付的。

（3）贸易部门

$$CA = P_X^*Q_X(e_X, T_X) - P_M^*C_M(e_M, a) - P_M^*G_M \tag{3.8}$$

$$R = CA + H_2 \tag{3.9}$$

$$M = D + ER \tag{3.10}$$

$$e = \alpha e_M^* + (1 - \alpha)e_X = \frac{E[\alpha P_M^* + (1 - \alpha)P_X^*]}{P_N} \tag{3.11}$$

H_2表示资本账户余额，非贸易品的均衡价格可以表示为a，g_N，P_M^*和T_M、T_X的函数，即：

$$P_N = \nu(a, g_N, P_M^*, T_M, T_X, E) \tag{3.12}$$

由于实际总资产a在模型中为内生变量，可以把a表示为：

$$a = \mu(P_N, T, T_M, T_X, E, H_1, H_2, T_M, T_X, g_N, P_X^*, P_M^*, M) \tag{3.13}$$

将上式代入P_N的表达式，可得：

$$P_N = \nu(T,T_M,T_X,E,H,T_M,T_X,g_N,P_X^*,P_M^*,M) \tag{3.14}$$

将此式代入实际汇率 e 的表达式中，可得：

$$\bar{e} = \omega(\bar{T},\bar{T}_M,\bar{T}_X,\bar{E},\bar{H},\bar{T}_M,\bar{T}_X,\bar{g}_N,\bar{P}_X^*,\bar{P}_M^*,\bar{M}) \tag{3.15}$$

由上述的公式推导分析得出，经济运行当中的政府税收余额 $T + T_M - T_X$、名义汇率 E、资本净流入 H、进口税率 T_M、出口退税率 T_X、政府对非贸易品的消费 g_N、进出口商品的国际价格 (P_X^*, P_M^*)、货币供给变动 M 八个经济因素均在理论上影响均衡汇率水平。

根据原始人民币均衡汇率 ERER 模型，并对该模型的政府模块进行改进，则有：

$$A = EXP_P + EXP_G \tag{3.16}$$

随着我国经济开放程度的不断加深，国家支出中的非政府部门消费已经成为我国支出体系中一个重要的组成部分，其对国内以及贸易品的支出同样对我国的汇率产生重要的影响。用 EXP_P 表示私人部门支出，用 EXP_G 表示政府部门支出，同时实际经济运行当中政府的支出都是基本以预算的支出比例为标准，根据我国的 GDP 增长的规模与速度制订相应的政府支出预算计划。为此政府部门支出为：

$$EXP_G = g \cdot \gamma \tag{3.17}$$

同理，政府对财政支出的分配是有计划的，按着适当比例原则对我国财政支出进行分配，假设我国的政府支出中对国内商品和劳务的支出 EXP_{GN} 与政府总支出 EXP_G 之间按政府支出的预算比例进行支出，即：

$$EXP_{GN} = g_N \cdot EXP_G = g_N \cdot g \cdot \gamma \tag{3.18}$$

对于非政府部门的消费支出，随着我国市场经济供需体系的逐步完善，非政府部门的消费支出完全按着市场机制来调节，其市场中的国内消费品和贸易消费品的价格是其消费支出的决定和调节性因素，我们用 P_X 表示出口品国内价格，用 P_M 表示进口品国内价格，用 P_N 表示非贸易品国内价格的函数，表达式即：

$$EXP_{PN} = d_{PN}(P_X,P_M,P_N) \cdot EXP_P = d_{PN}(P_X,P_M,P_N) \cdot [A - g \cdot \gamma] \tag{3.19}$$

因此国内对非贸易品的总需求为：

$$EXP_N = EXP_{PN} + EXP_{GN} = d_{PN}(P_X,P_M,P_N) \cdot [A - g \cdot \gamma] + g_N \cdot g \cdot \gamma \tag{3.20}$$

国内商品的供给 S_N 决定因素也是国内的 GDP 与出口品国内价格 P_X、

进口品国内价格 P_M 和非贸易品国内价格 P_N，其函数表达式为：

$$S_N = s_N(P_X, P_M, P_N) \cdot \gamma \tag{3.21}$$

当非贸易品供需平衡时，意味着非贸易品市场实现了均衡：

$$s_N(P_X, P_M, P_N) = d_{PN}(P_X, P_M, P_N) \cdot [\, A/\gamma - g \,] + g_N \cdot g \tag{3.22}$$

进口商品和出口商品交换的存在是世界市场参与竞争的结果，所以单个国家对进口商品和出口商品的价格在国际市场的影响微乎其微，但是考虑到进出口税率对进口商品和出口商品的价格的影响，用 T_M 和 T_X 分别表示进口税率和出口退税率，因此进出口贸易品的价格可以表示成：

$$P_M = EP_M^*(1 + T_M) \tag{3.23}$$

$$P_X = EP_X^*(1 + T_X) \tag{3.24}$$

实际汇率 e 可以表示成出口品国内价格 P_X、进口品国内价格 P_M 和非贸易品国内价格 P_N 的函数，即：

$$e = \frac{P_N}{EP_X^{*\alpha} P_M^{*(1-\alpha)}} \tag{3.25}$$

这里的 α 是一国进出口商品的总额占本国进出口贸易总额的比例，表示的经济意义是加权计算方式体现的进出口贸易品的权重。

综合上述经济表达式，经过等式的变换可以表示出对于一国来说实现国内和国外经济均衡的实际有效汇率，该实际有效汇率的影响因素表达式为：

$$\bar{e} = e(\bar{g}_N, \bar{g}, \bar{E}, \bar{P}_M^*, \bar{P}_X^*, \bar{T}_M, \bar{T}_X, \bar{A}/\bar{\gamma}) \tag{3.26}$$

由于我国的总收支是由我国经济自身运行所决定的，它主要取决于我国的 GDP、国际收支账户中贸易收支账户 CA 以及金融资本账户的盈余 $\dot{H}$。金融资本账户的盈余 $\dot{H}$ 是由本国的货币收益率 i、外国的货币收益率 i^*、国内对本国货币的波动预期 E_{t+1}/E_t 所决定的，根据上述影响关系，一国的总收支 A 可以表示成上述经济决定因素的函数。

$$A = A[\gamma, CA, i, i^*, \ln(E_{t+1}/E_t)] \tag{3.27}$$

在经济现实运行当中，由于国家之间经济数据指标的获得性受到限制，对于外国货币的收益率很难获取到真实的经济数据，并且在一国的经济内部也找不到能够很好拟合此经济因素的基本经济变量，只能把一国的经济金融账户的盈余 H 引入实际有效汇率 $\bar{e}$ 中，以表示我国人民币采用 ERER 理论并对其调整的经济模型。

$$\bar{e} = e(\bar{g}_N, \bar{g}, \bar{E}, \bar{P}_M^*, \bar{P}_X^*, \bar{\tau}_M, \bar{\tau}_X, \bar{\gamma}, \bar{H}) \tag{3.28}$$

基于 ERER 理论经过以上的模型分析可以归纳出，在一个发展中国家影响该国货币均衡的主要经济变量指标有：政府税收余额 $(T + T_M - T_X)$、名义汇率 E、资本净流入 H、进口税率 T_M、出口退税率 T_X、政府对非贸易品的消费 g_N、政府消费 g、进出口商品的国际价格 (P_X^*, P_M^*)、国内生产总值 γ 和货币供给变动 M。由上述经济因素建立的适合我国国情的人民币均衡汇率的影响因素模型为：

$$\bar{e} = \psi(\bar{T}, \bar{T}_M, \bar{T}_X, \bar{g}_N, \bar{g}, \bar{E}, \bar{P}_M^*, \bar{P}_X^*, \bar{T}_M, \bar{T}_X, \bar{\gamma}, \bar{H}, \bar{M}) \tag{3.29}$$

根据我国经济发展的特点，建立适合我国经济现状的均衡汇率 ERER 模型，采用改进的模型为我国在 1994—2018 年间的人民币实际有效汇率的均衡以及失调的研究奠定了理论模型基础。

3.2.2 模型的分析结果

基本经济变量的选择由模型（3.29）分析可以得出，我们采用实际有效汇率、税收余额、资本净流入、进口税率、出口退税率、政府支出比率、贸易条件、国内生产总值、货币供给变动九个主要经济变量进行研究，各经济变量对均衡汇率的预期影响效应如下：

实际有效汇率的下降使本币贬值，贸易的逆差能得到缓解，均衡汇率上升。虽然国际上主要采用名义货币作为交易中介，但是因为它不是货币真实价值的体现，所以在分析时用第 2 章所测算的实际有效汇率作为本节的样本数据。

税收余额 $(T + T_M - T_X)$，记为 TT。从国家经济运行的实践上来说，税收余额的减少会使政府的可支配支出增加，引起国内产品价格的上涨，进一步促进本国均衡汇率的上升。

资本净流入，记为 H。一国的资本净流入上升，表示本国的国际收支盈余增加，国际收支是我国国民收入的重要组成部分，收入的增加刺激消费需求,加大本国商品需求效应的价格上涨压力,最终推进均衡汇率上升。

进口税率,记为 τ_M。进口税率上升很明显表示进口商品的成本上升,进而影响我国的贸易收支的平衡或者不平衡的状态,促使均衡汇率的上升。

出口退税率,记为 T_X。出口退税率的变动对均衡汇率的影响具有不确定性,一方面出口退税率对贸易收支的平衡有正向的调节作用,另一方面会降低消费需求,对国内的商品价格产生负向调节作用。因此,出口退税率对均衡汇率的影响由两方面的效用大小和强弱来决定。

政府支出比率,记为 gv。因为政府对我国国内产品支出的数据因种类和项目繁多而很难收集,只能转而采用政府支出占国内生产总值的比率,这样政府支出的比率上升,引起国内商品需求效应的价格上涨,均衡汇率也上升。

贸易条件,记为 TOT。贸易条件在本质上可以界定为一国进出口商品的比价,通常用出口价格指数比进口价格指数就可以得到充分的体现,其数据主要来自各期《中国对外贸易指数》。

国内经济规模的主要拟合经济变量是我国的国内生产总值,用 gdp表示。根据宏观总供给和总需求理论可知,如果一国的国内生产总值大幅度增长,在国家的货币政策保持不变的情况下,经济的高涨会推升该国整体的价格水平,最终将使该国的均衡汇率出现相同的经济连锁效应,该国的均衡汇率也将随价格水平的上涨而抬升。

我国宏观调控的货币政策直接决定着我国货币市场的流动性,货币供给的变动 M 是货币市场流动性的关键因素,当国家倾向宽松的货币政策时,长期内会使国家的货币供给增加,在货币供给和需求不平衡的状态下,货币市场的运作机制会促成货币的不断贬值,一国的货币出现贬值的趋势直接体现在该国汇率上就是均衡汇率水平的下移。

以上的经济变量中所涉及的数据,基本是通过中国统计年鉴和Wind资讯经济数据库来获取。为了使分析的变量更为平稳,对以上九个经济变量同时取自然对数。

（1）单位根检验

均衡实际汇率理论方法运用协整（Cointegration）理论，先研究汇率长期均衡的影响要素之间是否存在协整关系，在协整关系检验之前要对每个影响因素变量的单位根进行检验。对上述九个变量采用ADF方法对其单位根进行检验，结果归纳在表3-1中。

表3-1　　　　　　　　变量时间序列的单位根检验结果

变量	检验类型	ADF统计量	1%临界值	5%临界值	10%临界值	结论
	（c，t，p）					
reer	（c，t，1）	-2.423574	-3.435837	-2.86568	-2.574185	非平稳
△reer	（0，0，1）	-3.68955	-3.462737	-2.87568	-2.574385	平稳
gdp	（c，t，5）	1.752346	-3.3487	-1.8521	-1.5974	非平稳
△gdp	（0，0，2）	-3.754896	-4.5647	-3.6214	-2.1679	平稳
gv	（0，0，2）	0.459874	-3.9123	-1.8564	-3.7512	非平稳
△gv	（0，0，1）	-2.325894	-2.5647	-1.3254	-2.3974	平稳
H	（0，0，2）	-0.652489	-1.9875	-1.7412	-1.9851	非平稳
△II	（0，0，1）	-3.416589	-2.4597	-1.9745	-2.6147	平稳
M	（0，0，2）	1.587941	-2.6231	-1.7156	-3.7153	非平稳
△M	（c，0，0）	-3.478946	-1.9852	-3.0423	-2.8461	平稳
Tm	（c，t，2）	-0.854761	-3.4132	-3.4732	-1.9746	非平稳
△Tm	（c，t，0）	-3.294561	-2.5987	-3.7956	-2.5641	平稳
TOT	（c，0，2）	-1.256487	-3.4725	-3.1498	-3.7419	非平稳
△TOT	（0，0，1）	-2.198732	-1.9854	-1.9561	-1.2879	平稳
Tx	（c，0，1）	-2.156489	-3.6547	-3.0489	-2.9831	非平稳
△Tx	（c，0，1）	-3.745821	-4.3459	-3.0986	-2.4519	平稳
TT	（c，0，1）	0.847561	-3.5274	-3.7431	-3.1846	非平稳
△TT	（c，0，6）	-4.561489	-2.6451	-3.1806	-1.6123	平稳

注：△表示变量的一阶差分形式；检验类型中的c，t分别表示带有常数项和趋势项，p为滞后阶数，其选择依据AIC和SC信息准则。

ADF检验结果表明，人民币实际有效汇率（reer）与税收余额（T+T_M-T_X）、资本净流入（H）、进口税率（T_M）、出口退税率（T_X）、政府支出比率（gv）、贸易条件（TOT）、国内生产总值（gdp）、货币供给变动（M）都是非平稳序列，一阶差分都是单整时间序列，所以可以进行变量之间的协整分析。

（2）协整检验

在这里我们将采用EG两步法进行检验：第一步是对方程采用经典的OLS方法，以人民币实际有效汇率为被解释变量，以其他八个变量为解释变量做简单的线性回归。第二步是残差序列的平稳性检验，同样采用ADF检验方法，如果存在平稳就表示被解释变量与解释变量之间有长期的均衡关系。

表3-2和表3-3分别显示了Johansen迹检验和极大似然检验的结果，两种方法的检验结果都表明九个变量之间存在且仅存在1个协整关系。

表3-2　　　　　　　　　　Johansen迹检验结果

协整向量个数	特征值	迹统计量	5%临界值	相伴概率
0个***	0.5346	89.1546	79.1254	0.0075
最多1个	0.3421	45.2678	47.5647	0.2658
最多2个	0.2658	23.5879	28.3645	0.3478
最多3个	0.1274	11.5642	15.4679	0.3954

注：***表示在1%的显著水平上拒绝零假设。

表3-3　　　　　　　　　　Johansen极大似然检验结果

协整向量个数	特征值	迹统计量	5%临界值	相伴概率
0个***	0.5346	40.1547	35.1564	0.0147
最多1个	0.34215	25.2218	28.5747	0.3578
最多2个	0.2658	13.5879	19.3745	0.6547
最多3个	0.1274	7.5122	12.4639	0.3896

注：***表示在1%的显著水平上拒绝零假设。

采用OLS方法对人民币实际有效汇率作为被解释变量做静态回归，表3-4显示了静态回归的结果。

表3-4 静态回归结果

变量	系数	标准差	T统计量	相伴概率
C	-7.564218	1.578945	-4.687481	0.0000
gdp	0.115478	0.172546	0.954784	0.3547
gv	2.784516***	0.332547	6.587412	0.0000
H	0.154879***	0.471458	3.478415	0.0022
M	-0.012564	0.254714	4.598721	0.7548
T_M	1.478954	0.002147	0.147586	0.3589
T_X	1.564987	0.056948	4.321659	0.3549
TOT	0.265471**	0.047985	5.258746	0.2547
TT	-0.147586	0.014759	0.247986	0.2658
R^2	0.795656	因变量均值		4.698547
修正的 R^2	0.776658	因变量标准差		0.154789
回归标准差	0.042568	AIC准则		-3.125496
残差平方和	0.169874	Schwarz准则		-2.651743
对数似然比	75.521475	F统计量		48.562147
DW统计量	0.598741	F统计量的相伴概率		0.000000

注：***表示在1%的显著水平上显著。

从表3-4可以看出，经典线性的估计结果并不显著，时间序列的残差存在相关性。我们都知道变量之间影响关系的传导存在时滞，所以经典线性的统计结论不能充分地拟合自变量与因变量之间的实际关系。为了引入时间序列后期对前期的影响，我们建立如下模型：

$$\text{reer}_t = \alpha + \sum_{j=1}^{4} \beta_j \text{reer}_{t-j} + \sum_{i=1}^{4} \phi_i x_{t-i} + \mu_t \tag{3.30}$$

把解释变量利用T检验和Wald检验，排除解释变量中不显著的参数估计，并根据FPE和BIS准则来确定滞后阶数，估计的结果总结在表3-5中。

表3-5 　　　　　　　　ADL模型估计结果

变量	系数	标准差	T统计量	相伴概率
C	−7.451238***	2.365471	−3.198547	0.0032
reer（−1）	0.6547158***	0.125478	−3.698741	0.0005
reer（−4）	−0.2568741	0.325478	−2.365471	0.0278
gdp	0.00198741**	0.127954	2.236548	0.0000
gdp（−1）	0.0658471***	0.247516	−1.235478	0.0987
gv	0.127936**	0.165247	4.632587	0.0259
gv（−1）	−0.521495	0.125354	−1.254762	0.0569
gv（−3）	0.532478***	0.147595	−2.698423	0.0478
H	0.265478**	0.136598	−2.365471	0.0065
H（−2）	−0.124698	0.142365	−1.587941	0.0079
M	0.2659745***	0.123974	−1.321987	0.0064
M（−3）	0.1265471**	0.165234	−1.258761	0.0004
Tm（−1）	0.3658478**	0.169874	−3.698741	0.0118
Tm（−3）	0.1524786***	0.065214	−3.256914	0.0665
Tx（−2）	0.0356489	0.078458	−1.235847	0.0587
Tx（−3）	0.0458715	0.698571	−3.854791	0.0265
TOT	2.6321475***	0.089745	−3.45879	0.0036
TOT（−2）	0.3625478*	0.078546	3.69874	0.0023
TT（−3）	0.5687481***	0.062358	3.16872	0.0010
TT（−4）	0.3265147***	0.048653	−3.321654	0.0062
R^2	0.895656	因变量均值		4.768547
修正的 R^2	0.876658	因变量标准差		0.074789
回归标准差	0.026568	AIC准则		−2.125496
残差平方和	0.029874	Schwarz准则		−3.651743
对数似然比	107.521475	F统计量		18.562147
DW统计量	1.598741	F统计量的相伴概率		0.000000

注：*、**、***分别表示在10%、5%、1%的显著水平上显著。

由于解释变量当中含有滞后项，所以DW统计量不能作为依据判断回归方程的残差是否存在序列相关。我们应该采用LM统计量进行检验，结果如表3-6所示，表明回归方程不存在序列相关性。

表3-6　　　　ADL模型残差二阶序列相关的LM检验结果

F-statistic	1.3568874	Probability	0.293206
Obs*R-squared	3.668408	Probability	0.126683

因此，该模型的估计结果是有效的。

$$
\begin{aligned}
reer_t = {}& 0.6547reer(-1) - 0.2568reer(-4) + 0.0019gdp - 0.5214gv(-1) + \\
& 0.5324gv(-3) + 0.2654H - 0.1246H(-2) + 0.2659M + 0.1265M(-3) + \\
& 0.3658T_M(-1) + 0.1524T_M(-3) + 0.0356T_X(-2) + 0.0458T_X(-3) + \\
& 2.6321TOT + 0.3625TOT(-2) + 0.5687TT(-3) + 0.3265TT(-4) + \varepsilon_t
\end{aligned} \quad (3.31)
$$

求出长期的均衡汇率要假定以下条件成立：

$$reer(-1) = reer(-4) = reer^* \quad (3.32)$$

$$gv(-1) = gv(-3) = gv^* \quad (3.33)$$

$$H(-2) = H^*, \, M(-3) = M^* \quad (3.34)$$

$$T_M(-1) = T_M(-3) = T_M^*, \, TOT(-2) = TOT^* \quad (3.35)$$

$$TT(-3) = TT(-4) = TT^*, \, T_X(-2) = T_X(-3) = T_X^* \quad (3.36)$$

将上式代入 $reer_t$ 中，能够求出：

$$
\begin{aligned}
reer = {}& -7.4659 + 0.1279gv - 0.1260M + 0.2262TT + 0.1548H \\
& + 0.1154gdp + 2.3097TOT + 1.5649T_X + 1.4789T_M
\end{aligned} \quad (3.37)
$$

该方程表明，税收余额($T + T_M - T_X$)、资本净流入(H)、进口税率(T_M)、出口退税率(T_X)、政府支出比率(gv)、贸易条件（TOT）、国内生产总值(gdp)、货币供给变动(M)都是人民币长期均衡汇率的影响变量并同假设预期相符合。

3.3　人民币实际有效汇率的失调

3.3.1　人民币实际有效汇率的失调解析

根据上节的人民币实际有效汇率的长期均衡方程，利用解释变量的样本实际值代入短期实际有效均衡汇率式（3.31）中得到当期人民币实际均衡汇率，而当期实际有效汇率与其均衡值的差距就是人民币实际有效汇率的短期失调测度值。通过计算描绘出当期人民币实际有效汇率与当期人民币实际有效汇率均衡值的对比图形（如图3-1所示）。

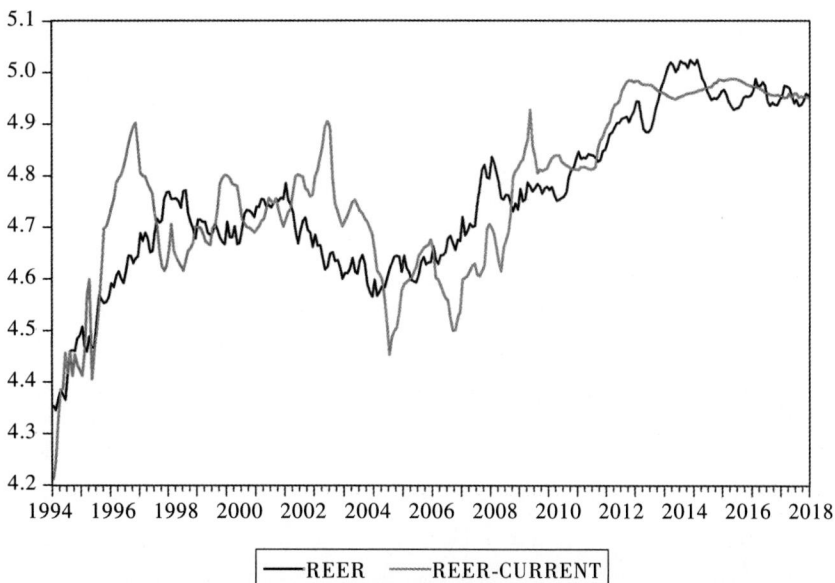

图3-1　1994—2018年人民币实际有效汇率与当期均衡汇率

对于当期的人民币实际汇率的失调程度，一般采用当期的变化与当期均衡汇率的比值来体现，具体的计算公式是：

$$当期汇率失调程度 = \frac{实际有效汇率 - 当期均衡汇率}{当期均衡汇率} \times 100\% \qquad (3.38)$$

按照公式（3.38）计算得到我国1994—2018年的月度人民币实际有效汇率的短期失调幅度，如图3-2所示。

由图3-2可以看出，人民币实际有效汇率的短期失调程度的浮动幅度是很巨大的，这一方面体现出我国汇率在宏观经济中受很多经济因素的影响，每个经济因素的变动都会给汇率带来冲击，人民币实际有效汇率在1994—2018年月度当期失调体现出四个正弦周期性的上下浮动。从1994年1月到1995年5月，这段时期内人民币实际有效汇率的当期失

MIS-CURRENT

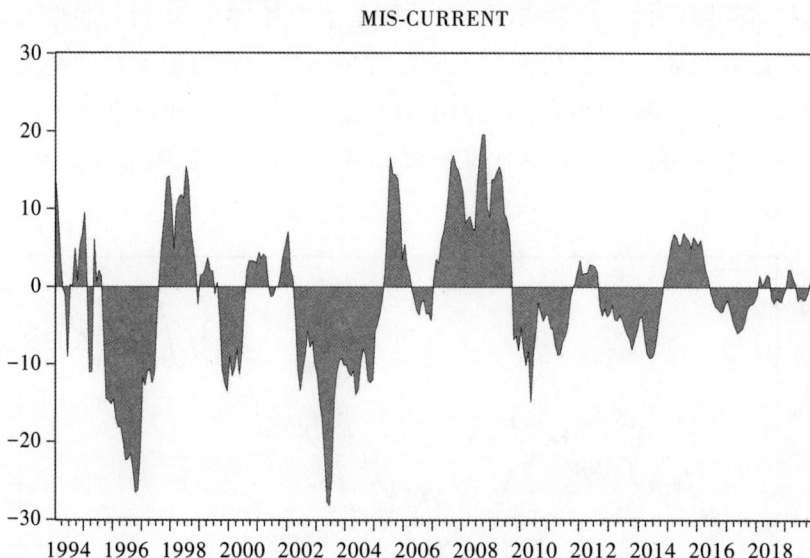

图3-2 1994—2018年人民币实际有效汇率的当期失调程度

调幅度不大，并且始终围绕着均衡水平周期性波动，但是从1995年6月开始人民币实际有效汇率的向下失调程度不断加大，并在1996年10月达到极点，到1997年年中失调程度逐渐缩小并向均衡水平靠近，原因是1995年我国人民币出现大幅度的贬值，在汇率波动的杠杆效应下我国实际有效汇率的当期失调程度不断扩大。1997年爆发亚洲金融危机，虽然我国人民币保持不贬值，但是实际有效汇率还是体现出汇率的预期性波动，人民币实际有效汇率失调的正向冲击非常明显，直到1998年10月我国的人民币实际有效汇率失调程度下降到均衡点。1999年6月到2000年6月是一个小幅度的负向失调周期，随后在2003年我国又出现一次人民币大幅贬值引发的负向程度较大的失衡。这段时期是我国对外开放发展最快的一个时期，国内经济的稳步发展给外国的投资者带来广阔的发展投资空间，外国资本的不断流入导致我国人民币汇率产生供需失衡，致使人民币实际有效汇率的失衡加大，从而促使国家对人民币汇率进行改革，以调整我国已经不适应经济发展程度的汇率运行机制。经过汇率制度的改革，我国人民币汇率的弹性加大，限制了人民币实际有效汇率失调程度的加大，此后虽然我国货币有不断升值的预期压力，但是实际有效汇率的波动失调幅度都在可以控制的范围内，有利于调节我国内外经济均衡并实现我国宏观经济的稳定发展目标。

3.3.2 人民币实际汇率的长期均衡与长期失调解析

随着我国对外开放的程度不断加深，经济运行当中各种相互联系的经济因素都会发生变化。在对人民币实际有效汇率具有影响的经济要素当中，每个要素的变动都有短期的波动和长期的均衡关系，所以在3.2节建立的模型基础上对模型中的每个变量长期走势的均衡进行估计和测算，就能度量出我国长期的人民币实际有效汇率和长期均衡汇率，两者之间的差距就是人民币实际有效汇率长期失调程度的具体体现。为了对各个影响经济因素的长期趋势进行测算，并使估计的模型变量变得平稳，提高模型估计的有效性，我们通常对时间序列数据进行季节调整或者分解使数据变得平滑。由于我们要估计人民币实际有效汇率的长期均衡，因而需要把解释变量的时间序列的长期趋势测算出来。在宏观经济学中，我们经常关心时间序列数据的长期趋势，H-P滤波是被广泛采用的一种方法，它的基本原理是把数据的周期性看成是对该数据缓慢变动路径的一种偏离，该路径在数据的期限内是单调增长的，在宽频的周期中也使汇率的波动周期变得平缓。鉴于要分析长效变动趋势就得把模型中八个解释变量进行H-P滤波性平滑处理，提取各变量的长期趋势分量，在引入均衡汇率方程中得出人民币实际有效汇率的长期均衡与失调，经计算的图形如图3-3所示。

3.3.3 人民币实际有效汇率长期均衡与失调评价

人民币实际有效汇率的短期均衡与失调的图形和人民币实际有效汇率长期均衡与失调的图形在整体对比趋势上是相同的，但是长期均衡与失调的趋势比短期均衡与失调的趋势程度小。原因是影响长期均衡的解释变量时间序列也是由长期的趋势所决定的，所以要详细地分析人民币实际有效汇率长期均衡与失调。

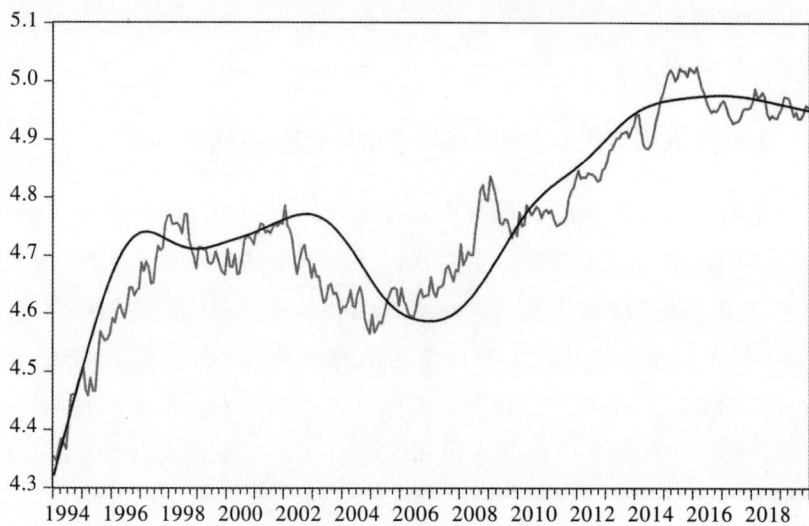

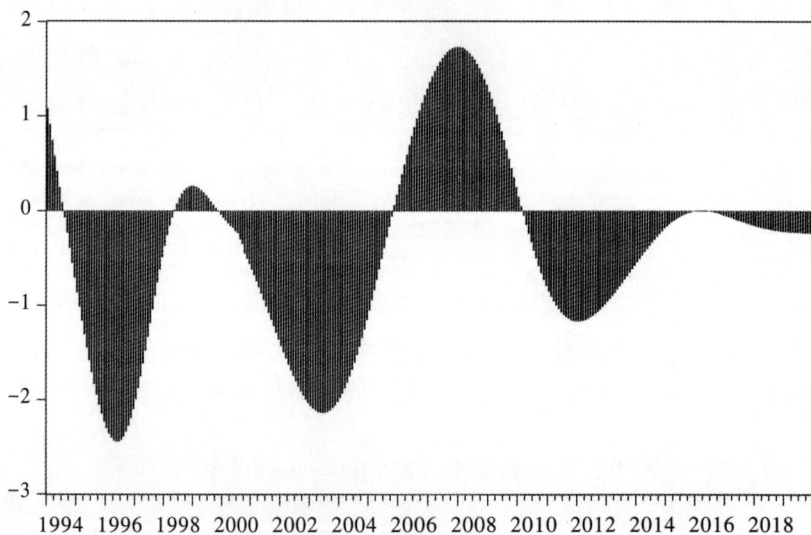

図3-3　1994—2018年我国实际有效汇率长期均衡与失调

由图3-3可以看出，我国人民币实际有效均衡汇率在1994年1月到1996年12月一直都处于上升的趋势中，并在1996年年末达到了顶峰，从1997年开始我国的实际均衡汇率始终处在高位运行，这说明我国的人民币实际有效均衡汇率上升到更高水平的平稳发展阶段，这样的走势持续到 2002 年 12 月，从 2003 年 1 月以来我国的人民币实际有效均衡汇率出现一波下降的走势，并在 2006 年 12 月达到最低点，但是从 2007 年开始我国的人民币实际有效均衡汇率又开始逐步上升，并且上升幅度不断加大。纵观我国在这 13 年里的经济发展形势，初期的人民币实际有效均衡汇率的长期均衡水平上升，表示我国人民币确实出现较大幅度的升值，原因在于改革开放的初期阶段我国企业的生产效率和生产技术水平上升迅速，生产技术水平的提高在推动我国经济高速增长的同时，也客观上促进了人民币实际有效均衡汇率水平的上升，也就是说人民币在较长时期内升值的经济因素和预期因素都起到了推动作用。这段时期我国经济的内生性增长对我国的国内生产总值贡献最突出，但是随着经济的高速增长我国的国内需求出现疲软，为了保持国家经济稳步发展，我国逐步转变需求的主体来源，在扩大内需的同时不断拓展国际市场，用外需来拉动我国经济的增长。随着商品市场和资本市场逐步开放，我国的外国直接投资的增速也十分迅速，外国资本看到我国国内商品市场的巨大前景以及生产要素市场的大量廉价劳动力，在降低成本、扩大利润的刺激下，外商在我国的直接投资逐年扩大，客观上也预示着我国人民币要形成贬值的走向。因此，在中期阶段我国人民币出现一段时间的贬值下调，长期均衡汇率也出现下降的走势。

从人民币实际有效汇率长期失调来说，人民币实际有效汇率长期均衡在 1994—2018 年长期表现出三个正弦周期性的整体波动，但是整体周期的波动幅度不断加大，这说明我国的汇率制度及汇率政策都逐步放宽对我国汇率的限制，同时也说明人民币在国际市场的地位不断上升，影响我国汇率变动的经济因素不断复杂化，在这种经济发展的形势下，我国要加大汇率的波动对国内和国外经济的调整力度，使汇率成为我国调节经济内外均衡的媒介和桥梁。从人民币实际有效汇率的长期失调的走势来看，我国的长期人民币实际有效汇率均衡可以分为以下六个阶段：

第一阶段是 1994 年 1 月到 1995 年 12 月，人民币实际有效汇率初始处于高估的阶段，但是高估的幅度逐步下降，在短短一年的时间里人民币实际有效汇率就转为低估，原因是我国在 1994 年年初进行了一次汇率改革，由双轨制汇率变成由外汇市场供求来决定汇率，这促成我国人民币汇率由高估的状态向低估转变。这说明这段时期人民币实际有效汇率的变动幅度还是比较大的，实际的经济情况也证实我国的人民币汇率在这段时期内经历大幅上升来调整汇率被低估的状态。

第二阶段是 1996 年 1 月到 1997 年 12 月，这段时期人民币实际有效汇率由低估逐步走向高估，原因是我国人民币不断地升值，致使人民币实际有效汇率超出长期均衡状态出现高估，虽然在这期间发生了亚洲金融危机，但是我国实行的盯住美元的汇率制度没有使我国的汇率出现大幅的失调，而是促成我国人民币汇率的小幅高估。这说明在应对亚洲金融危机中我国的汇率政策是非常稳健而有效的，有效地防止了金融危机对我国经济带来的冲击。

第三阶段是 1998 年 1 月到 2003 年 6 月，我国的人民币实际有效汇率由小幅的高估逐步转向严重的低估，并在 2003 年 6 月达到历史最低点。其原因有两个方面：一方面是亚洲金融危机的影响逐渐消散，而我国这段时期内出现经济紧缩，致使人民币实际有效汇率出现一定幅度的贬值，在汇率的杠杆效应作用下我国人民币汇率低估的趋势不断加强。另一方面源于我国的汇率制度实质还是盯住美元，这对金融危机有很好的缓解作用，但是在经济发展由低迷走向高涨的时期，随着我国的市场经济深化激发的资本要素市场不断开放，外国直接投资在我国的净流入趋势不断加强，致使人民币实际有效汇率不断下跌，这使外国直接投资主体因成本效应和财富效应推进人民币不断贬值，两方面的负向影响最终促成人民币实际有效汇率的低估达到最严重的程度。

第四阶段是 2004 年 1 月到 2008 年 6 月，这段时期我国的人民币实际有效汇率逐步从低估调整到高估的阶段，并且这两个阶段的对称性非常强，高估的程度也达到此时期的最高值。原因是人民币实际有效汇率的浮动自身具有周期性特征，上期的低估使我国人民币的升值预期加强，这体现为国际市场上对人民币预期升值的压力，尤其是以美国为首的发达国家要求我国人民币升值，以此来释放其他货币的外汇储备压力。同时，我国为了增强人民币汇率的波动灵活性，在 2005 年对汇率制度进行改革，确定参考一篮子货币的汇率政策，这样推动了人民币实际有效汇率升值并高估失调幅度达到 9% 左右。

第五阶段是 2008 年 7 月到 2014 年 12 月，这段时期我国的人民币实际有效汇率由高估转变为低估，这说明我国的人民币汇率波动的灵活性确实有所增强。但是在这段时期由于发生美国次级贷款危机而引发的全球性的金融危机，致使我国的人民币汇率受到负向冲击，但是人民币实际有效汇率的失调都是在可以控制的范围内，其波动失调的幅度都处于正常的经济变量波动约束路径以内。我国人民币长期实际有效汇率围绕长期实际有效均衡汇率的上下波动正是体现了经济变量在经济运行当中固有的波动运行规律，因此我国在加强汇率波动性的同时也要兼顾汇率对经济的反作用影响。

第六阶段是 2015 年 1 月至 2018 年 12 月，这段时期人民币实际有效汇率由高估转变为均衡双向波动状态，客观原因是我国在此期间进行了重要的"8·11 汇改"，在实质上完善了人民币中间价形成机制。人民币汇率的双向浮动弹性明显增强，不再单边升值，使人民币波动摆脱了受单一美元汇率的影响，由"单锚"机制转向"收盘汇率+一篮子货币汇率变化的双锚"机制，人民币实际有效汇率更加真实地反映了外汇市场短期的供求关系。

3.4 结论

本章研究的是人民币实际有效汇率的均衡与失调。首先分析了汇率均衡和汇率失调的基本经济理论，根据基本经济理论和国内外学者的实证研究，建立改进的并适合我国经济发展状况的人民币均衡汇率 ERER 模型，在此基础上归纳出影响我国实际有效汇率均衡的主要经济解释变量，通过对这些经济变量的统计分析确定出我国在 1994—2018 年间的均衡实际有效汇率，并采用一阶差分的形式具体分析了我国实际有效汇率的短期均衡与失调。其次，本章在对基本经济解释变量长期变动趋势的统计基础上，确定出我国实际有效汇率的长期均衡与长期失调程度。最后，本章通过对短期与长期均衡汇率与失调分析，归纳出我国整体宏观经济形势的运行情况。从人民币实际有效汇率的均衡与失调中，我们能够看出人民币实际有效汇率不仅反映我国宏观经济的总体走势，也越来越成为我国宏观经济的主要衡量和调控指标，对我国宏观经济的长期、稳定以及均衡发展具有重要的影响和作用。

第4章 人民币实际有效汇率对价格水平的影响

　　一国的物价水平是衡量本国经济发展是否稳定的关键变量，国家能否在对物价水平的调控中显示出适当的力度，将是该国经济能否长期均衡发展的关键所在，因此每个国家都很重视价格水平的走向，尤其是在经济发展的高涨时期。自经济体制改革以来，我国的经济表现出明显的周期性特征，既经历过经济高涨的通货膨胀时期，也经历过经济低迷的通货紧缩时期。进入21世纪，随着我国经济的高速发展，我国的物价水平开始出现上涨的压力，在物价水平上涨的初期表现为原材料和生产要素的价格水平出现了大幅上升。其原因是世界性生产资料价格上升，引起全球性的通胀进而传递到我们国家内部，虽然由于美国爆发次贷危机引发全球性的金融危机，我国物价水平的上升势头受到了短暂的遏制，物价水平出现过小幅的下降，但是随着金融危机的冲击逐步消散，我国的物价水平重拾上升的趋势。我国的物价水平在2000—2018年的波动频率和幅度都很大，增加了我国经济发展的不稳定因素，对我国经济的平稳发展影响显著。在经济高涨过程中，国内的物价水平持续上涨，会带来市场信息的不真实，影响社会资源的优化配置，加剧社会分配的不均衡，产业结构和经济秩序会受到破坏，因此保持物价水平的稳定始终是我国宏观调控的重要目标。目前经济全球化进一步加深，使影响经济的因素越来越复杂和多变，这些因素不断地冲击着我国经济的稳定运行，逐渐成为我国经济调控的阻碍。在现阶段我国整体经济形势是内部经济增长而外部经济失衡不协调的状况逐渐严重，而在经济增长中保持整体经济的均衡是经济发展的最根本目标。2005 年以来我国人民币不断升值，理论上应该会保证价格水平的稳定并扭转我国国际收支中经常项目和资本项目双顺差的局面，但是从实际来看我国的物价水平并没有得到很有效的控制，我国的国际收支账户顺差不断加大，这客观上背离了我国宏观经济调控的初衷。2015 年我国对人民币中间价的定价机制进行完善，提高人民币汇率波动的弹性，人民币汇率的双向波动加强。所以，厘清价格水平变动的基本影响因素，对于我国实行有针对性的调控政策，从政策源头上减少经济波动给我国经济运行带来的冲击，保持价格水平稳定具有重要的现实意义。鉴于我国经济发展中国际因素对我国经济的影响力逐步加深，我们的研究重点也应当转到国际经济因素对我国宏观调控目标实现的影响上，而国际经济因素中汇率是核心的经济变量，因此研究汇率对价格水平的影响显得格外重要和突出。

4.1　实际有效汇率对价格水平传递的理论模型

在经济全球化形势下，各国的经济交往不断加强，各国之间产业结构互补融合，经济合作的空前加强促使国家之间的商品市场和资本市场的流动性增强，汇率在国家内部以及国际商品市场和资本市场中的作用越来越大，它对一国宏观经济的内外均衡有着重要影响。汇率与价格水平之间的关系处于更加重要的位置，关系到一国宏观经济总体目标的实现。

宏观经济分析中蒙代尔-弗莱明模型开创了从封闭经济的 IS-LM 模型到开放经济条件下的 IS-LM 模型转化，为宏观经济的研究提供了理论基础和研究框架。但是，蒙代尔-弗莱明模型也有其自身的缺陷，表现为：首先，国民收入完全由总需求决定，价格水平是固定不变的，只有凯恩斯传统的失业存在才能够成立。其次，价格水平固定不变，这充其量在失业存在时作为假设条件才能够成立。最后，对外生息投资的收益等于外国的利率水平，这其实隐含静态汇率预期成立的假定。因此，蒙代尔-弗莱明模型只是限于静态均衡的比较分析。1976年多恩布什（Dornbusch）引入了宏观经济非均衡汇率模型，该模型既体现了蒙代尔-弗莱明模型的基本特征，又含有理性预期的现代经济特征。

多恩布什模型的假设是小国开放经济由三个市场组成，这里的"小"表示的是一国经济内部的变化既不会影响世界市场价格，也不会影响世界利率水平。开放是指该国经济与国际商品市场和国际资本市场紧密相连。因此，多恩布什的基本模型要从商品市场、货币市场和国际资本市场三个市场的主要结构方程开始研究。

（1）商品市场

$$\dot{p} = \pi(y^d - y) \tag{4.1}$$

$$y^d = \delta(e - p) + \gamma y + g \tag{4.2}$$

其中，$\dot{p}$ 为本国的通货膨胀率，y^d 为本国商品总需求，y 为本国商品总供给，是外生变量，e 为本国的汇率，p 为本国的价格水平，g 为政府支出。从函数的形式上看第一个公式是没有通货膨胀预期的菲利普斯供给曲线，这样的假设可以支持对没有经历持续性通货膨胀的所谓静态经济进行模型拟合。但是，在经济实际运行当中一国的经济时常受到偶然的、突发的经济冲击，其中通货膨胀就是主要的经济冲击之一，并且通货膨胀被引入模型内时，模型对预料冲击的中期特征和短期特征在反应上是有区别的。因此，可以把通货膨胀预期附加于方程中变成带有通货膨胀预期的多恩布什扩展模型。

公式（4.2）是总需求，描述了总需求的决定因素。第一项代表净出口，其取决于实际汇率 $e - p$[①]。γy 表示社会总收入所带来的对社会总产品的总需求，其中社会的消费者主体以个人的需求居于主导地

---

① 实际汇率定义为 EP^*/P，在取自然对数时我们得到 $\ln E + \ln P^* - \ln P \equiv e + p^* - p$。设外生的国外价格水平 $P^* = 1$，意味着 $\ln P^* = p^* = 0$，实际汇率的自然对数变成了 $e - p$。

位，并在一国的宏观经济均衡中基本处于不变的水平。变量是指政府的财政政策工具，包括政府支出以及税收政策等，用以刺激总需求。

（2）货币市场

$$m^d = p + \phi y - \lambda i \tag{4.3}$$

$$m^s = m^d = m \tag{4.4}$$

其中，m^d是本国货币需求；m^s是本国货币供给；i是本国利率；m是本国货币量。公式（4.3）表示货币市场上的货币需求，公式（4.4）表示货币市场的供需均衡。这两个公式体现出一国的货币市场的供给和需求的均衡关系完全由该国的国内利率水平的变动来调节。公式（4.3）的线性表示形式是从一般的货币需求函数 $M^d/P = Y^d \exp(-\lambda i)$ 进行对数形式的转化求得。该方程体现出一国的货币需求转化成线性形式并由国民收入和名义利率共同影响确定。

（3）国际资本市场

$$i = i^* + E(\dot{e}) \tag{4.5}$$

$$E(\dot{e}) = \theta(\bar{e} - e) \tag{4.6}$$

其中，i^*是外国的利率，是外生变量；$\dot{e}$是贬值率；$\bar{e}$是均衡汇率。公式（4.5）表示资本市场的均衡，公式（4.6）是汇率预期的形式。小写变量是以自然对数形式表示的变量，只有利率是个例外，变量上方的点表示各个变量随着时间的变化而变化，希腊字母表示正的参数，$E(\cdot)$是预期因子。国际资本市场的均衡条件是本国资本和外国资本是完全替代的，只有在资本完全流动时该式才能成立。公式（4.5）也意味着本国的资产收益率等于外国资产的预期收益率，这时国际收支才能处于均衡状态。同时，也表明本国资产的收益率等于本国利率，国外资产的预期收益率等于外国利率 i^* 加上本币的预期贬值率 $E(\dot{e})$（等同于外国货币的升值预期）。公式（4.6）是预期形成的合理假设，汇率会毫无征兆地向其均衡值 $\bar{e}$ 移动，尽管它暂时可能被认为是主观臆断的，但是后面将研究这种适应性预期所引发的系统预测误差问题。

一国的商品市场在社会总需求和总供给相等时即（$y^d = y$）时，处于出清的均衡状态。在此情况下，商品市场的价格水平应当保持在维持市场出清相对稳定的状态。由上面的公式（4.1）和公式（4.2）对 p 求解，得到：

$$p = e + \frac{g}{\delta} - \frac{(1-\gamma)y}{\delta} \tag{4.7}$$

只有在特定的实际汇率条件下，商品市场才能实现均衡。这一特定的汇率可以来自无数 p 和 e 的组合。把方程（4.4）代入方程（4.3）并对 i 求解，得到 LM 货币供需曲线表达式：

$$i = \frac{1}{\lambda}(p - m + \phi y) \tag{4.8}$$

LM 货币供需曲线表示一定限度的货币供给下价格水平和名义利率的均衡组合。假设 p 的取值上升，那么货币市场中货币供给相对下降。实现货币市场重新回到均衡唯一的路径就是调节货币的需求，然而货币需求变动的核心作用变量是利率，利率水平的上升增加了货币持有的机会成本，进而使货币市场的需求量下降，利率的刚性变化不断地调节货币市场的供给和需求，使一国的货币市场始终处于出清的状态，同时也体现出在国家宏观经济当中货币市场运行轨迹完全与 LM 曲线相拟合。

均衡曲线的移动是各经济因素相互作用和相互影响的结果。曲线 LM 在二维坐标系的移动都是外生变量变化导致内生变量的变动不断适应这种外生的冲击。如果在公式（4.8）中假设货币供给增加，其中价格水平和利率的变化都能调节货币市场的货币需求，进而在新的路径上实现均衡，但是只要价格水平或者利率水平其中之一不变，其曲线 LM 的平移方向就是不变的，都是朝向左上方平移。

把方程（4.5）代入方程（4.6）得到资本市场均衡的 AM 曲线的表达式：

$$i = i^* + \theta(\bar{e} - e) \tag{4.9}$$

公式（4.9）的含义是一国的国际资本市场的均衡状态轨迹取决于国内的利率与汇率两个变量，因为变量 i* 外国利率在经济中很难找到替代变量故假定为外生，并且变量 ē 均衡汇率在中长期内才会发生变化，在短时间内均衡汇率水平基本保持不变。由于假定 θ 参数是正值，所以直线 AM 时常是负斜率形式。负向的变动关系决定了国家的利率水平和汇率水平呈相反方向变动，只有这样的变动才能保持国际资本市场的出清。这体现的经济实际意义是国内资产的收益率必须同外国资产的期望收益率相等。假设i的水平上升，本国资产的收益水平一定上升，这必然影响到外国资产的预期收益，在变量i*不变的情况下，要实现外国资产收益的上升，可以期望资产的外国利率形成的利息收益加上国家货币比价变动实现调节收益的变化，要想使外国的资本收益上升只能是预期本国货币贬值，两种收益的综合变动才能重新实现国际资产市场的均衡。然而本国货币贬值预期的形成，应该是在汇率与均衡汇率水平偏离，并在偏离均衡汇率水平之上高估运行一段时期后逐渐表现为升值乏力的情况下才会有所体现。

货币市场与资本市场是货币部门的两个主要构成模块。为了获得整个货币部门的均衡，我们必须把已知的两个组成市场的均衡条件结合起来。把方程（4.6）代入方程（4.5）中，其结果再代入公式（4.3）并利用公式（4.4）得到：

$$m - p = \phi y - \lambda i^* - \lambda\theta(\bar{e} - e) \tag{4.10}$$

或者对p求解后：

$$p = m - \phi y + \lambda i^* + \lambda\theta(\bar{e} - e) \tag{4.11}$$

从公式（4.11）可以看出，在货币部门的均衡轨迹上，价格水平与汇率之间存在反向变动关系。由于货币部门的利率和汇率是快速变量，能对经济中的干扰因素做出迅速的回应，保证货币部门始终位于均衡的路径上，所以离开这一均衡轨迹的点是不存在的。MS曲线的斜率$-\lambda\theta$由两个参数变量决定：θ表示市场参与者估计汇率从偏离轨道回归均衡水平的响应时效；$-\lambda$则定义为货币市场中货币需求的利率弹性。这些参数的取值越小，MS曲线越平坦。除了MS曲线的斜率外，这两个参数与$\bar{e}$以及外生变量m、y和i*也决定了MS曲线的位置。然而在我们可以形成任何的推论之前，首先必须分析外生变量如何影响均衡汇率。

在方程（4.11）中令$e = \bar{e}$，得到：

$$\bar{p} = m - \phi y + \lambda i^* \tag{4.12}$$

公式（4.12）表明在长期内价格水平是由货币部门决定的。把公式（4.12）代入公式（4.7）得到均衡汇率的表达式：

$$\bar{e} = m - \phi y + \lambda i^* - \frac{g}{\delta} + \frac{(1-\gamma)y}{\delta} \qquad (4.13)$$

而在长期内，购买力平价和货币数量论成立，得到：

$$\partial \bar{e} / \partial \bar{p} = \partial \bar{p} / \partial m = \partial \bar{e} / \partial m = 1 \qquad (4.14)$$

当然，其仅仅是局部成立，即在货币部门变动之后。这是因为在长期内实际汇率也对供给方扰动和财政措施做出反应。

$$\bar{e} - \bar{p} = \frac{-g + (1-\gamma)y}{\delta} \qquad (4.15)$$

IS曲线方程（4.7）是长期均衡轨迹，相对于中短期来说是能够被涵盖的。因此汇率的即时有效的表达关系能够从货币市场的均衡路径表达式（4.11）推导得出，它在短期内也是受约束的。方程（4.11）对 e 求解得到：

$$e = \bar{e} + \frac{m - p - \phi y}{\lambda \theta} + \frac{i^*}{\theta} \qquad (4.16)$$

在公式（4.16）中假设 p 是固定不变的，对公式（4.16）中的其他经济变量取全微分，就能够表示出汇率即期响应。因此，货币市场上货币供给的变动与汇率的即期影响关系表示为：

$$\partial e / \partial m = \partial \bar{e} / \partial m + \frac{1}{\lambda \theta} = 1 + \frac{1}{\lambda \theta} > 1 \qquad (4.17)$$

公式（4.17）的微分导数关系表明汇率变动对货币供给的反应弹性大于1，汇率对货币供给的变化敏感，并且汇率变化的幅度超过货币市场中货币供给的变动幅度，这种函数关系也表明汇率会超出均衡汇率的范畴而导致汇率失调的情况发生。在汇率的初始失调阶段，经济开始向新的长期均衡路径调整，在这个过程中价格水平正如菲利普斯曲线所描述的那样变动，价格水平变动由公式（4.1）和公式（4.2）导出：

$$\dot{p} = \pi [\delta(e-p) - (1-\gamma)y + g] \qquad (4.18)$$

由公式（4.15）所隐含的条件，方程（4.18）可以重新写成：

$$\dot{p} = \pi [\delta(e - \bar{e}) - \delta(p - \bar{p})] \qquad (4.19)$$

将公式（4.12）代入公式（4.16）得到：

$$e - \bar{e} = \frac{1}{\lambda \theta} (\bar{p} - p) \qquad (4.20)$$

将公式（4.20）代入公式（4.19），我们最终得到：

$$\dot{p} = -\pi(\frac{\delta}{\lambda\theta} + \delta)(p - \bar{p}) = -\upsilon(p - \bar{p}) \qquad (4.21)$$

方程（4.21）将初始冲击后观察到的价格变动构造成有固定系数即固定非齐次性的线性一阶微分方程。这个方程的解是：

$$p(t) = \bar{p} + [p(0) - \bar{p}]\exp(-\upsilon t) \qquad (4.22)$$

其中，p(0)是在冲击期的初始值，即汇率失调时观察到的价格水平。由于 $\upsilon > 0$，随着t的增加，$\exp(-\upsilon t)$下降并趋于零，价格水平收敛于其长期均衡值。把方程（4.22）代入公式（4.20）得到：

$$e(t) = \bar{e} - \frac{1}{\lambda\theta}[p(0) - \bar{p}]\exp(-\upsilon t) \qquad (4.23)$$

由于公式（4.20）在任何点都成立，因而在t=0时也成立，公式（4.23）可以重新写成：

$$e(t) = \bar{e} - [e(0) - \bar{e}]\exp(-\upsilon t) \qquad (4.24)$$

因此，随机扰动项干扰发生以后，汇率应该及时和规则地向其均衡值移动。正如可以在实际经济运行当中所观察到的那样，价格水平与汇率甚至以同样的速度向其各自的均衡值调整。初始失衡消失的速度取决于调整系数υ，在公式（4.21）中我们已经定义过：

$$\upsilon = \pi(\frac{\delta}{\lambda\theta} + \delta) \qquad (4.25)$$

变量υ取决于π、δ、λ、θ四个参数，变量υ调整速度越快，在过度需求情形下价格上升越快，商品需求对实际汇率的变动反应越强烈。货币部门均衡的两个决定参数，就是货币需求的利率半弹性λ和由θ表示的汇率向其均衡值调整的预期速度，而这两个参数并不是取值越小经济向其均衡的调整速度越快，因为货币供求被干扰冲击以后，汇率的失调水平为$1/\lambda\theta$，即λ和θ越小，汇率的调整幅度越大。

因此，如果我们想要观察经济的均衡状态，较小的λ和θ的值有双重且反方向的影响。如果这些参数的数值较小，货币扰动会使经济进一步远离其均衡水平，同时减缓了经济返回均衡路径的速度。前面的分析要求该模型的假设是简单的小国开放经济。该模型的核心假设有：经济处于充分就业的状态；商品需求的波动仅仅导致价格的波动，而不会导致产出水平的变动；竞争性的商品市场中商品的价格具有黏性，对于商品需求的波动和价格水平需要时间进行调整和吸收；利率与汇率的变动是完全传递的，因此货币市场与资本市场总是处于均衡状态。在以上描述的基本假设下，我们对模型的分析得出如下结论：正如货币数量论学派主张的那样，在长期内货币供给决定价格水平；在国际市场上，购买力平价在长期内成立。这意味着在所有变量调整以后，汇率反映本国与外国的价格水平；在短期内汇率反应比最终维持整体均衡的回归路径更加强烈。这体现出汇率失调的原因是存在价格黏性，价格黏性的存在使最初价格水平变动不能对整个经济均衡的调整做出应有的贡献。

如果对模型中商品市场的总需求曲线引入本国的利率影响因素，那么商品市场的总需求曲线表达式为：

$$y^d = \delta(e - p) + \gamma y - \sigma i + g \tag{4.26}$$

由于商品市场和货币部门之间有两个相互作用的链条，故商品市场均衡不再是唯一的基本前提。在长期内，当本国利率等于外国利率即 $\dot{p} = 0$ 时，将公式（4.26）代入公式（4.1）得到：

$$p = e + \frac{g}{\delta} - \frac{(1 - \gamma)y}{\delta} - \frac{\sigma i^*}{\delta} \tag{4.27}$$

正如简单模型那样，方程（4.27）可以被描述为斜率为1的一条直线，隐含着固定不变的实际汇率。在短期内本国利率可能与外国利率不同，因此存在许多实际汇率与利率的组合，它们使商品市场的需求和供给均衡。在方程（4.27）中，让利率与外国利率不同，可以得到这一短期商品市场的均衡。然后将方程（4.26）和公式（4.4）对利率求解，将结果代入方程（4.27）中得到：

$$p = \frac{\lambda\delta}{\lambda\delta + \sigma}e + \frac{\sigma}{\lambda\delta + \sigma}m - \frac{\lambda(1 - \gamma) + \sigma\phi}{\lambda\delta + \sigma}y + \frac{\lambda}{\lambda\delta + \sigma}g \tag{4.28}$$

短期商品市场均衡曲线比长期均衡曲线平坦。这是因为在短期内，实际贬值可以部分地由本国利率的上升所补偿。假定长期IS曲线上某点汇率上升，在短期内价格水平必定只是上升 $\lambda\delta/(\lambda\delta + \sigma)$%。尽管这仅仅降低意愿需求 $\lambda\delta^2/(\lambda\delta + \sigma)$%，但也会使利率增加 $\lambda\delta/(\lambda\delta + \sigma)$%，后者使需求减少另一个 $\lambda\delta/(\lambda\delta + \sigma)$%。价格上升的这些直接或间接影响共同使意愿需求减少 δ%。这恰好完全抵消了由1%贬值引起的 δ% 的需求的增加。

通过让方程（4.27）和方程（4.28）相等，我们得到两条曲线相交时的汇率，整理得到 e 的表达式：

$$e = m - \phi y + \frac{1-\gamma}{\delta} y - \frac{g}{\delta} + (\lambda + \frac{\sigma}{\delta}) i^* \qquad (4.29)$$

该式是纯粹的多恩布什模型的均衡汇率。在现实贸易情况中我国对进出口货物征收关税，要使该模型更加符合现实经济状况，需要把对进口商品征税引入模型，这样会使总需求方程（4.2）变为：

$$y^d = \delta(e-p) + \beta z + \gamma y + g \qquad (4.30)$$

现在的总需求方程中含有变量 z，变量 z 表示进口关税。变量 z 大小的基本决定变量是关税税率 t，关税税率 t 是衡量本国的国内商品价格水平与进口商品价格水平相互比较的调节因素。为了在经济关系中更加准确地衡量国家贸易进出口壁垒的状态，贸易存在关税的状态可以表示成 z=1+t，而当 t=0 时表示没有进口壁垒的状态，因此对变量 z 取对数为零。与参数 δ 一样，参数 β 也是正的，因为进口关税的经济意义与本国汇率贬值的意义相同，如果进口关税的税率提高会使国内的商品相对于进口商品变得便宜，然而关税的实施却使相对价格对外国消费者而言保持不变。这就使我们似乎有理由假定（e-p）的变动比 z 的等量变化对需求有更大的影响。因此我们可以推断 β<δ。

把公式（4.1）和公式（4.30）联立，就可以得出有关税壁垒的 IS 曲线表达式：

$$p = e + \frac{\beta}{\delta} z + \frac{\gamma - 1}{\delta} y + \frac{g}{\delta} \qquad (4.31)$$

从公式（4.31）可以看出进口关税税率的上升会使得 IS 曲线向上平移，会在更高的价格水平上实现商品市场出清的状态。但是引入关税并没有使 MS 曲线的表达式有所变动，和以前的形式一样。这就使得外生的冲击不要求价格水平的调整，汇率也不会失调。其原因是价格黏性阻止了商品价格做出调整，汇率即时超调。贸易壁垒完全没有影响到本国产品价格的分析似乎不符合传统的分析，需要对模型进一步调整找出原因，选用本国产品的价格水平作为本币的平减指数并不合适。

当本国代理人不仅持有本币以购买本国商品，而且他们的消费篮子也包括外国商品时，如果本国产品变得更加昂贵，或者当外国商品就本币而言变得更加昂贵，实际余额会下降。在这种情况下，$Q = P^\alpha (Z \cdot E \cdot P^*)^{1-\alpha}$ 是更加适合的本币平减指数，α 表示本国商品在本国居民消费篮子中的权重。由修正后模型及公式（4.3）入手，通过对 $Q = P^\alpha (Z \cdot E \cdot P^*)^{1-\alpha}$ 求自然对数，并令 $p^* = 1$ 得到方程。从商品市场的均衡来看 IS 曲线一样没有变化。但是货币市场的货币需求模型变成：

$$m^d = q + \phi y - \lambda i \tag{4.32}$$

其中，$q = \alpha p + (1-\alpha)e + (1-\alpha)z$，表示本国价格指数，通过联立方程（4.32）和公式（4.4）~公式（4.6）得到引入价格指数的 MS 曲线的表达式：

$$p = \frac{1}{\alpha} [m - (1-\alpha)e - (1-\alpha)z - \phi y + \lambda i^* + \lambda \theta (\bar{e} - e)] \tag{4.33}$$

该模型说明，当关税提高时 IS 曲线向左移动，这意味着如果本国商品市场要维持均衡，关税税率的上升必须伴随着本币的实际升值。MS 曲线也应该向左移动；然而这次不仅因为 IS 曲线的向左移动从而使 $\bar{e}$ 下降，而且因为关税税率的上升使进口品变得更加昂贵从而产生额外的货币需求。只要货币供给保持不变，那么只有本国产品的价格下降或本币升值，才能实现货币市场均衡。

前面的假定中本国资产与外国资产是完全可替代的，这意味着资本具有完全的流动性。按照这个假定，所有的资本都会流向拥有最高预期回报的货币。因此，只有本国货币和外国货币的预期收益相同，国际收支才能处于均衡状态，此时，投资者投资于本国货币或外币是无差异的，进而按照市场利率弥补任何经常项目的失衡。国际收支 BP 包括经常项目 CA 和资本项目 CP，国际收支平衡表达式为 BP=CA+CP。由于经常项目账户主体是贸易品的收支情况，所以该账户的主要决定因素应该是实际汇率 $e-p$，而金融资本项目账户的流动性取决于资产未来的收益，所以该账户的主要决定因素是预期超额收益率 $i-i^*-\theta(\bar{e}-e)$，那么可以得到：

$$BP = \xi(e-p) + \kappa [i - i^* - \theta(\bar{e} - e)] \tag{4.34}$$

在这个公式中，完全资本流动性意味着 $\kappa \to \infty$。只要 ξ 是个有限值，那么只有 $i-i^*-\theta(\bar{e}-e)=0$，国际收支才能平衡：BP=0。相反，对于有

限的 κ 值，需要适当地预期收益差平衡经常项目的盈余与赤字。所以该模型的国际收支均衡公式变成：

$$\xi(e - p) + \kappa[i - i^* - E(\dot{e})] = 0 \qquad (4.35)$$

所以货币部门的均衡条件为：

$$p = \frac{m - \phi y + \lambda i^*}{1 - \lambda\xi/\kappa} + \frac{\lambda\theta\bar{e}}{1 - \lambda\xi/\kappa} - \frac{\lambda\theta + \lambda\xi/\kappa}{1 - \lambda\xi/\kappa}e \qquad (4.36)$$

公式（4.36）所描绘的 MS 曲线的斜率取决于 $1 - \lambda\xi/\kappa$ 的正负。正负都是有可能的，可能贸易收支对实际汇率的弹性很大加上金融资本账户的流动没有规模性，因而 ξ/κ 的取值非常大，数值大到 $1 - \lambda\xi/\kappa$ 是个负数，因此造成汇率水平与价格水平的线性关系是正向效应关系，该 MS 曲线就是正斜率。参数的变化可以使 MS 曲线发生位移，移动的方向也取决于 $1 - \lambda\xi/\kappa$。如果曲线的斜率是负的，货币供给的增加会使曲线向上移动。若斜率是正的，货币供给的增加会使曲线向下移动。综合其定性的效应来说，货币供给的增加的长期影响与 MS 曲线的斜率无关。

4.2 人民币实际有效汇率对我国进口价格水平的影响

上一节我们对汇率和价格水平的理论模型进行了推导，建立了符合我国实际经济形势的多恩布什经济模型，从上节的理论模型可以看出，影响我国价格水平的经济因素主要有我国人民币实际有效汇率、外国厂商的边际成本、国内生产总值、本国货币供给等。

由于一价定律在现实中很难成立，所以汇率对价格水平的影响效应是不完全的，汇率的变动应该首先作用于进口贸易品的价格指数，然后才能进一步影响国内消费者价格指数。本节将对实际有效汇率对我国的进口价格和国内消费者的传导影响进行实证检验。

4.2.1 模型、方法与数据

根据上一节的汇率和价格水平模型，我们建立一般形式的计量经济模型：

$$p_t = \alpha + \beta e_t + \gamma c_t + \delta y_t + Z + \varepsilon_t \qquad (4.37)$$

其中，小写的变量表示自然对数形式，p 为衡量价格水平的变量，e 为实际有效汇率，c 为成本或价格变量，y 为国内生产总值变量，Z 为一系列其他控制变量所构成的向量，ε 为误差干扰项。根据对变量特性的分析我们建立如下实际有效汇率对价格水平的影响模型：

$$imp_t = \alpha_0 + \alpha_1 reer_t + \alpha_2 mc_t + \alpha_3 gdp_t + \alpha_4 m2_t + \varepsilon_t \qquad (4.38)$$

$$cpi_t = \beta_0 + \beta_1 reer_t + \beta_2 mc_t + \beta_3 gdp_t + \beta_4 m2_t + \beta_5 imp_t + \beta_6 ppi_t + \varepsilon_t \qquad (4.39)$$

其中，imp 表示进口价格水平，reer 表示实际有效汇率，mc 表示国外出口商的边际生产成本，gdp 表示国内生产总值，m2 表示本国的货币供应量，ppi 和 cpi 分别表示生产者价格指数和消费者价格指数，ε_t 表示随机误差项。

方程（4.38）表示了进口价格的主要影响因素，以及实际有效汇率对进口价格指数的影响效用；方程（4.39）表示我国国内消费者价格指数的主要决定因素，其中实际有效汇率是一个很重要的解释变量，并且还把 ppi 也作为解释变量来说明对我国消费者价格指数的传递效应。

本节实证分析主要选取从 1994 年 1 月到 2018 年 12 月的月度数据作为样本数据，变量以及数据说明如下：

进口价格水平（imp）：采用进口商品价格指数的月度数据来度量中国进口价格水平。数据的来源为海关总署每月所公布的外贸数据。

实际有效汇率（reer）：对于汇率的选择大部分文献都选择名义汇率或者名义有效汇率。因为要度量汇率对价格水平的影响效应，并且实际有效汇率才能真实地反映国家之间货币关系的实际变动情况，所以选择实际有效汇率这个经济指标作为价格水平的影响因子，其数据直接采用第 2 章对我国实际有效汇率的度量结果。

国外出口厂商边际生产成本（mc）：由于我国没有统计该项经济数据，因此我们采用全部原材料购进价格指数作为国外出口厂商的边际生产成本的替代数据。因为全部原材料包括燃料动力类、黑色金属材料类、有色金属材料类、化工原料类、木材及纸浆类、建筑材料类、农副产品和纺织原材料等，所以该价格指数能充分地表示国外厂商生产成本的变化趋势，该数据来源于 Wind 金融经济数据库。

国内生产总值（gdp）：该变量代表我国总的需求水平，国内生产总值上升会提高对产品的需求，所以将增加对贸易商品的需求，需求的增加会提升贸易商品的价格。数据来源于《中国人民银行统计年报》。

本国的货币供应量（m2）：该变量是我国宏观货币政策调整的主要衡量指标，中国人民银行每月都发布我国经济运行的货币流动性报告。因此，采用1994—2018年的月度数据，数据来源于Wind金融经济数据库。

国内价格指数：消费者价格指数cpi是模型的被解释变量，而生产者价格指数ppi是解释变量，两个变量之间存在相互影响的传递关系。生产者价格指数月度数据来自Wind金融数据库。消费者价格指数作为被解释变量之一，其月度数据同样来源于Wind金融数据库。

4.2.2 实际有效汇率对进口价格影响的实证检验

（1）平稳性检验

首先对时间序列变量进行平稳性检验，如果时间序列数据不平稳就会发生伪回归的现象，因此要应用ADF单位根检验法来检验数据的平稳性。时间序列变量滞后阶数的选择采用AIC较小的信息准则并兼顾模型系统的稳定性和拟合优度来最优化选取，常数项和趋势项按每个时间序列的变动特征来选择。图4-1为1994—2018年月度数据的变量原值和一阶差分值。

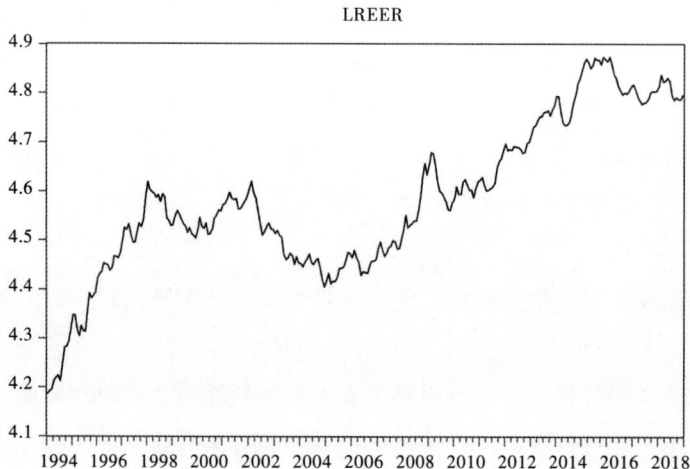

LREER

（1）

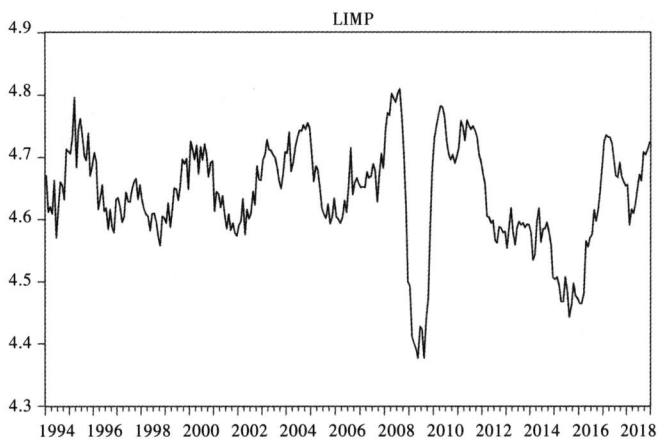

（2）

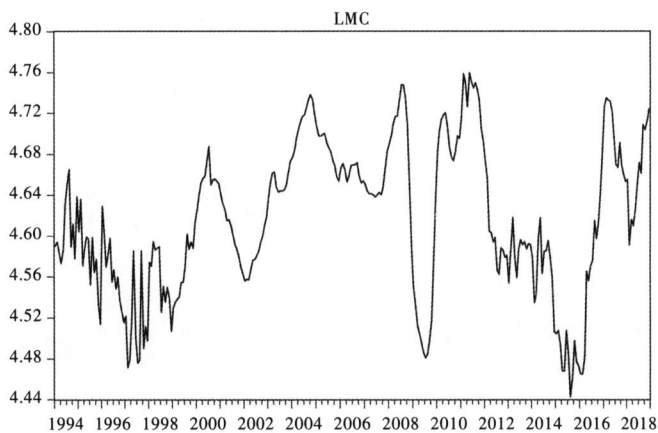

（3）

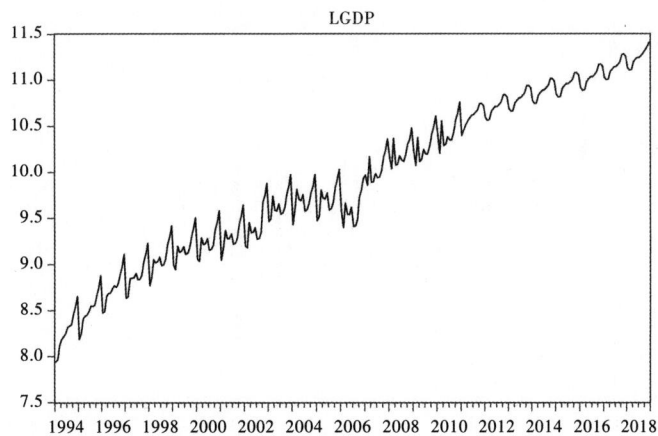

（4）

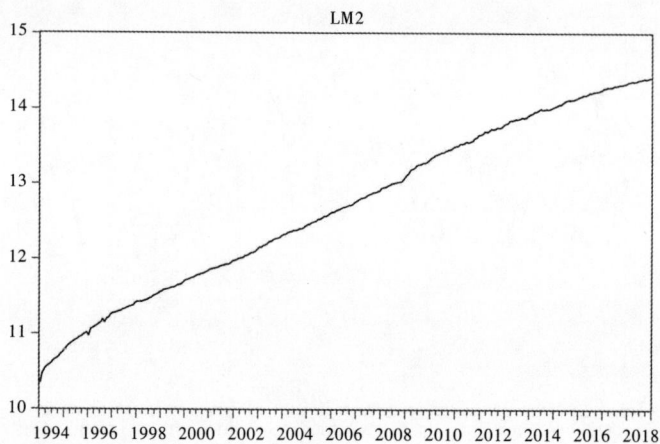

（5）

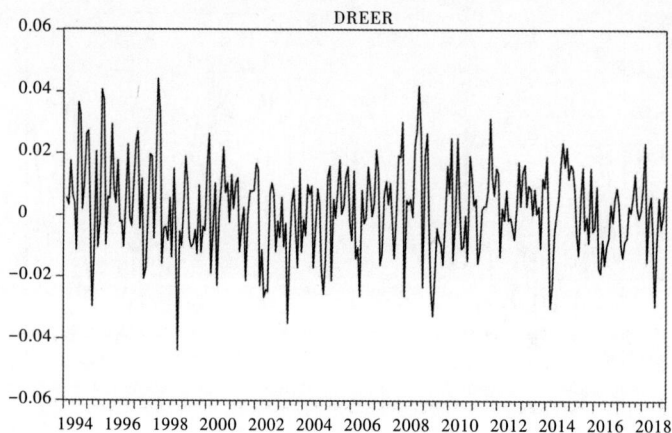

（6）

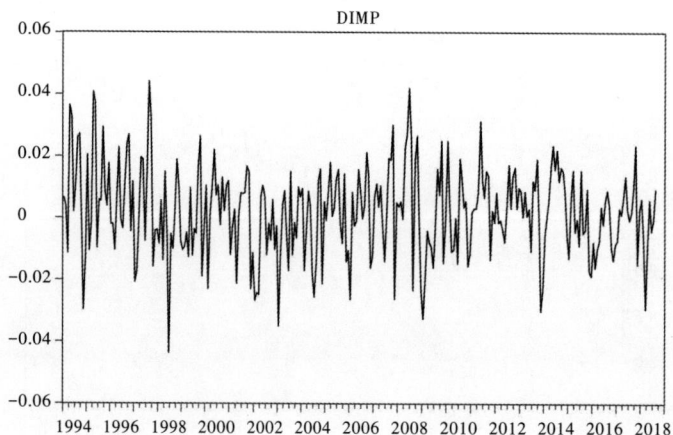

（7）

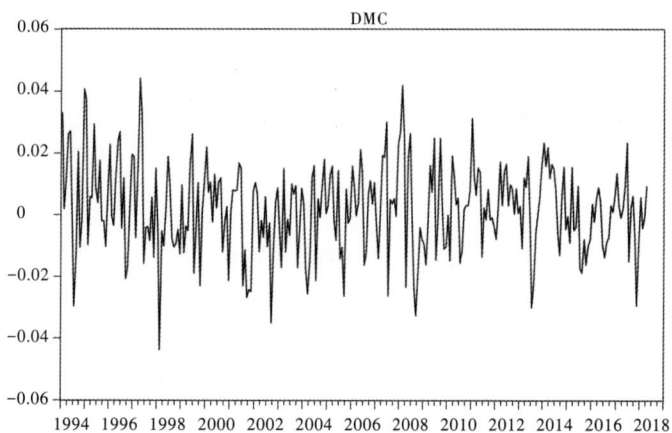

（8）

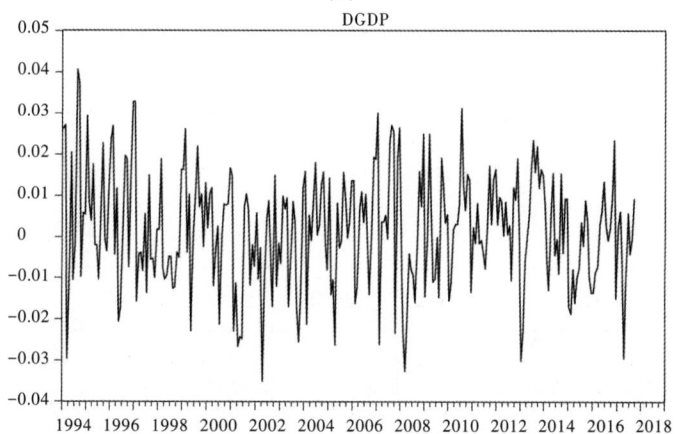

（9）

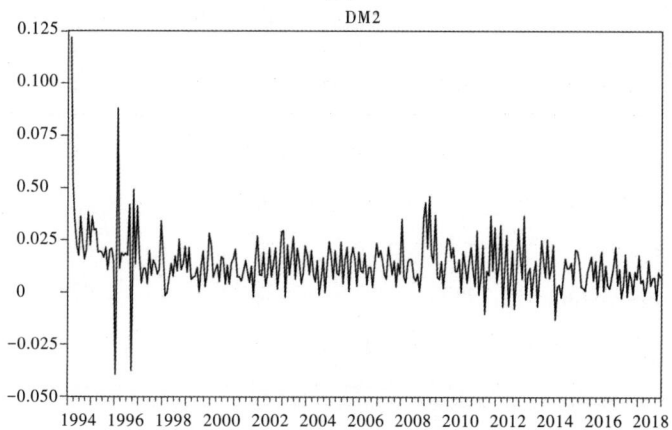

（10）

图 4-1　1994—2018 年月度数据的变量原值和一阶差分值

如表4-1所示，通过ADF单位根检验，影响因素向量（imp、reer、mc、gdp、m2）在一阶差分前都是非平稳的时间序列变量，并且在1%的显著水平下都不能拒绝存在单位根的假设。对一阶差分时间序列进行ADF单位根检验，这五个经济变量的一阶差分时间序列均在1%显著水平上为平稳时间序列。

表4-1 变量时间序列的单位根检验结果

变量	检验类型	ADF统计量	1%临界值	5%临界值	10%临界值	结论
	(c, t, p)					
imp	(c, t, 2)	−2.351472	−3.463405	−2.875972	−2.875972	非平稳
Δimp	(0, 0, 2)	−4.207125	−3.463067	−2.875825	−2.574462	平稳
reer	(c, t, 1)	−2.423574	−3.435837	−2.86568	−2.574185	非平稳
Δreer	(0, 0, 2)	−3.68955	−3.462737	−2.87568	−2.574385	平稳
mc	(0, 0, 2)	−2.314105	−3.463235	−2.875898	−2.574501	非平稳
Δmc	(0, 0, 3)	−4.463542	−3.467435	−2.745898	−2.874608	平稳
gdp	(0, 0, 1)	−1.275917	−3.462737	−2.87568	−2.574385	非平稳
Δgdp	(0, 0, 1)	−3.416589	−2.459759	−1.974545	−2.615647	平稳
m2	(0, 0, 2)	−2.419062	−3.462737	−2.87568	−2.574385	非平稳
Δm2	(c, 0, 0)	−3.048081	−2.985211	−2.504231	−2.128461	平稳

注：Δ表示变量的一阶差分形式；检验类型中的c、t分别表示带有常数项和趋势项，p为滞后阶数，其选择依据AIC和SC信息准则。

（2）时间序列变量的协整检验

Engle和Granger（1987）提出了协整检验方法。这种协整检验方法是对回归方程的残差进行单位根检验。该检验主要包括两个基本步骤：首先采用普通最小二乘方法，将因变量对解释变量作静态回归；然后，对残差序列进行单位根检验，如果残差为平稳序列，则可以认为自变量和因变量之间存在协整关系，因变量能被自变量的线性组合所解释，即两者具有长期稳定的均衡关系。①

表4-2和表4-3分别报告了Johansen迹检验和极大似然检验的结果，两种方法的检验结果都表明，进口价格水平（imp）、人民币实际有效汇率（reer）、国外出口厂商边际生产成本（mc）、国内生产总值（gdp）、货币供应量（m2）五个变量之间存在且仅存在1个协整关系。

表4-2   Johansen迹检验结果

协整向量个数	特征值	迹统计量	5%临界值	相伴概率
0个***	0.5346	89.5646	94.1526	0.0056
最多1个	0.3789	45.3478	67.3546	0.2785
最多2个	0.2524	29.5879	48.5621	0.3568
最多3个	0.1547	14.2347	27.5628	0.40124

表4-3   Johansen极大似然检验结果

协整向量个数	特征值	迹统计量	5%临界值	相伴概率
0个***	0.41256	42.5621	38.6521	0.0156
最多1个	0.35246	20.3146	31.5214	0.3645
最多2个	0.19457	12.4578	26.3216	0.6278
最多3个	0.11234	9.41783	21.9832	0.3654

注：***表示在1%的显著水平上拒绝零假设。

（3）构建VAR模型

根据上述分析，我们建立五个变量的VAR模型，表达式为：

$$D_0 X_t = D(L) X_{t-1} + \varepsilon_t \tag{4.40}$$

其中 X 为向量 $(\Delta gdp, \Delta reer, \Delta mc, \Delta m2, \Delta imp)'$，$\varepsilon$ 为残差向量 $(\varepsilon^{gdp}, \varepsilon^{reer}, \varepsilon^{mc}, \varepsilon^{m2}, \varepsilon^{imp})'$，$D_0$ 为变量之间的系数矩阵，$D(L)$ 为变量滞后多项式系数矩阵。模型经过矩阵可以变换成如下形式：

---

① 高铁梅. 计量经济分析方法与建模：EViews应用及实例［M］. 北京：清华大学出版社，2009.

$$X_t = D_0^{-1}D(L)X_{t-1} + D_0^{-1}\varepsilon_t \qquad (4.41)$$

建立 VAR 模型的关键步骤是判断模型的变量中滞后阶数的选择。滞后阶数的判定方法主要是根据 AIC 准则和 SC 准则，由于使用的样本数据是以月为周期的，所以样本的大小不会引发滞后项数过多而损失了自由度，选择变量滞后阶数应按 AIC 和 SC 的值越小越好。表4-4 给出了 AIC 和 SC 值的报告情况，并且根据 AIC 和 SC 值最小原则两者的选择一致，都确定最优的滞后阶数是二阶。

表4-4 VAR模型最优滞后阶数选择

滞后阶数	AIC	SC
0	−20.23457	−20.851245
1	−31.54782	−29.635984
2	−34.52147	−32.321475
3	−33.47815	−30.521476
4	−32.62587	−30.845716
5	−32.12478	−30.256843
6	−33.52874	−31.796341

（4）变量的脉冲响应函数分析

VAR 模型中的每一个经济变量之间都是相互依存的，要想进一步分析进口价格水平（imp）、人民币实际有效汇率（reer）、国外出口厂商边际生产成本（mc）、国内生产总值（gdp）、货币供应量（m2）五个变量的相互关系，要从时间序列模型中每个变量的变化对其他变量的影响程度进行响应分析，从而确定每个经济要素变量的相对动态变化。冲击响应关系是判定模型 VAR 中一个经济变量的变化对其他变量短期和长期影响时效的依据，能够更好地体现出模型中变量之间的动态影响关系。

图4-2 显示了进口产品价格对自身以及其他经济变量变化的冲击响应时效，根据图4-2中的每一个脉冲响应图能够归纳如下：

Response of DIMP to Cholesky
One S.D.DGDP Innovation

Response of DIMP to Cholesky
One S.D.DREER Innovation

Response of DIMP to Cholesky
One S.D.DMC Innovation

Response of DIMP to Cholesky
One S.D.DM2 Innovation

Response of DIMP to Cholesky
One S.D.DIMP Innovation

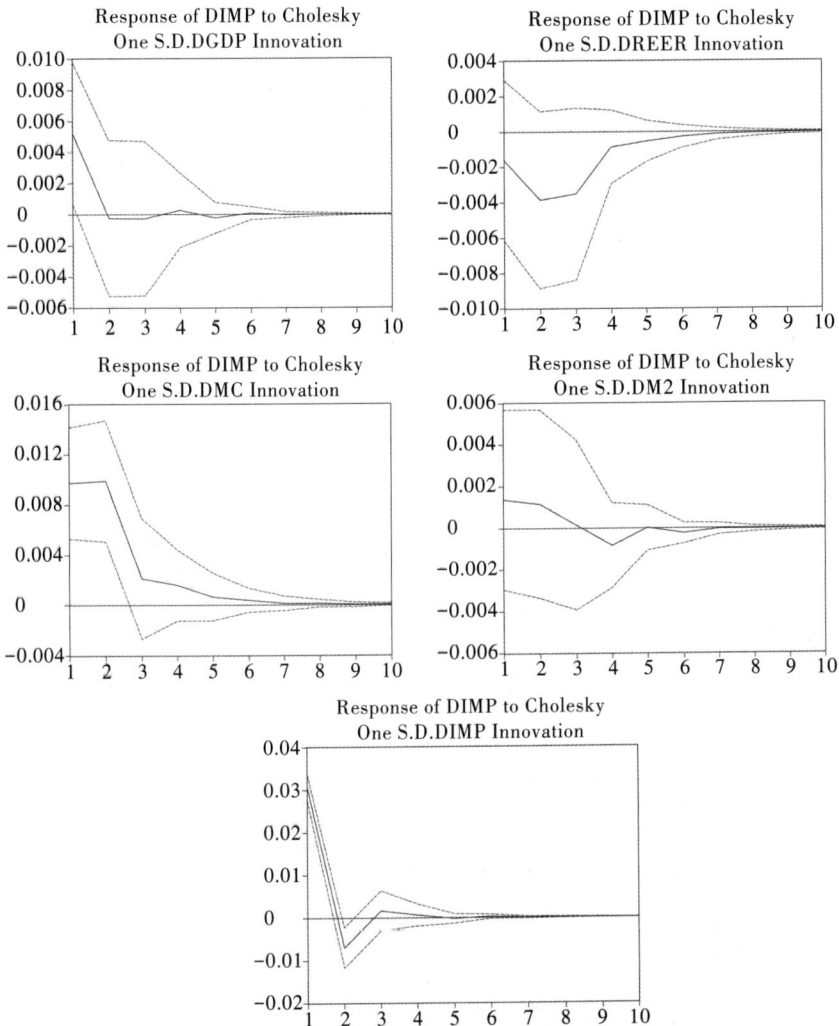

图4-2　各个变量冲击引起进口价格水平的响应

第一，我国的经济规模也就是 GDP 冲击的响应。该图显示我国 GDP 一个标准的正向冲击，迅速体现为进口价格水平的显著提升，体现我国的经济规模对进口价格水平的正向影响关系。此外，进口价格水平对我国国内生产总值的反应比较强烈，初期的冲击响应幅度很大，但是由于进口价格反应迅速，该冲击在两个月之后就完全衰减，保持经济的原有均衡稳定状态。

第二，人民币实际有效汇率冲击的响应。该图显示人民币实际有效汇率的一个正向冲击，导致我国进口价格水平下降，这充分地表明人民币实际有效汇率对进口商品价格的直接负影响关系。在冲击发生后的前三个月进口价格一直处于下降的状态，随后进口价格不断回调上升，在半年之后冲击逐渐消失，这说明我国人民币实际有效汇率对进口价格的影响作用是非常显著的。

第三，国外出口厂商边际生产成本冲击的响应。从冲击响应图可以看到，国外出口厂商的边际生产成本的一个标准正向冲击，在初期大幅度提高了进口商品的价格水平，这种冲击影响在两个月内保持不变，只是在第三个月以后才逐步下降，半年之后冲击逐渐消失。这说明外国出口厂商的边际生产成本对进口价格水平的影响非常显著，并且冲击的反应不仅迅速而且持续性也比较持久。

第四，货币供应量冲击的响应。从冲击图可以看出，我国货币供给一个正向的冲击，使我国进口商品的价格上升，在冲击发生后的前两个月都处于持续的价格上升阶段，两个月之后进口价格逐渐回落，但是在三四个月左右又出现对进口价格水平负向的冲击，在半年之后正负冲击逐渐消失。这说明我国的货币政策对进口价格水平的影响有时滞效应，货币政策的传导时间比较长，对进口价格水平的影响作用持久。

第五，imp自身的冲击响应。从冲击响应图中可以看出，imp在自己的一个标准冲击下在初期表现出很强的正向效应，并在初期由正向的最高点迅速向负向的冲击转化，经过一次正负向冲击波动，半年之后冲击的影响平稳消失。

综上所述，从imp冲击的脉冲响应分析能够发现，四个主要的冲击影响因素均在冲击的初期表现出极强的正面效应，冲击影响的时效周期基本都延伸到五个月，有些经济因素围绕着平衡面正负不断地转换，体现出冲击的稳定性很差，但是最后的冲击响应都会在经济的运行中逐步被吸纳，回到我国人民币实际有效汇率与我国进口价格水平均衡组合轨迹上。形成这样的经济冲击特征的原因是，我国进口贸易品的国际市场是一个高度竞争的强有效市场，相对于国外的贸易品提供商来说，贸易品的供给的价格弹性较小，我国内部的经济因素冲击所引发的贸易品价格的变化，能顺势被国际市场的竞争性所消解和吸纳。

（5）VAR模型的方差分解

VAR模型另一个突出的统计优点是能够分析出价格水平自身变化以及人民币实际有效汇率（reer）、国外出口厂商边际生产成本（mc）、国内生产总值（gdp）、货币供应量（m2）等其他变量的变化对进口价格水平的影响幅度，从而能够横向地比较出哪个经济因素对我国进口价格水平的影响幅度最大。

表4-5列出了在冲击发生的一年时间里进口价格的方差分解情况。对我国进口价格水平影响幅度最强的是自身的冲击，贡献的幅度年平均约占全部的80%。国外出口厂商边际生产成本（mc），贡献的幅度年平均约占全部的16%。我国人民币实际有效汇率（reer）贡献的幅度年平均约占全部的2.4%。我国国内生产总值贡献的幅度年平均约占全部的2%。最后是国内货币供给，贡献的幅度年平均约占全部的0.3%。

通过对解释变量方差分解的分析我们能够得出以下结论：

第一，上文对进口价格水平的方差分解，表明我国的进口价格水平对贸易品市场的供给因素敏感，而对贸易品市场的需求变化敏感度较低，国外出口厂商的边际生产成本变化是进口商品供给变化的主要体现，而我国的GDP则是对进口商品需求的主要影响指标，综合的评价就是我国对进口商品的价格缺乏需求弹性。我国的进口结构体系当中对高科技等生产要素的进口占主导，并且生产要素的进口价格相对较高，在我国生产厂商初期生产投入中所占的比重较大，生产要素属于生产的必要前提条件因而缺乏需求的价格弹性。

我国对进口商品和要素的需求状况保持稳定，进口商品的价格基本不会随我国的经济规模也就是GDP的增长而大幅度地变动，同时我国的人民币实际有效汇率对我国进口价格水平的影响比经济规模因素还弱，进口商品的供给因素相比需求因素其影响更重要，因此，要根本解决这个问题我国还要提高人民币汇率水平的波动灵活性，充分使得汇率这种贸易价格机制在我国进口商品供给和需求相对关系的调节中起主导作用。

第二，从相对数值来看，我国的人民币实际有效汇率变化对进口价格水平的影响贡献率还是比较大的，下一节将研究人民币实际有效汇率对我国消费者价格水平的影响，从比较中可以看出实际有效汇率的传递作用先是作用于进口商品并且效应较大，传导到对我国消费者的价格水平影响时效应大幅减弱。这种表现将在下一节的实证研究中得到相互印证，即人民币实际有效汇率的变动对进口商品的价格和国内商品的价格传递效应逐渐递减。

表4-5 进口价格水平方差分解

时期	DGDP	DREER	DMC	DM2	DIMP
1	2.546927	0.247687	8.915297	0.175415	88.11467
2	2.2144	1.432278	15.72665	0.260812	80.36586
3	2.185043	2.403173	15.83577	0.258451	79.31756
4	2.183132	2.454301	15.98026	0.312184	79.07012
5	2.185703	2.475824	16.00328	0.312009	79.02318
6	2.185603	2.480809	16.01043	0.316322	79.00684
7	2.185608	2.481939	16.01127	0.316418	79.00477
8	2.185567	2.482322	16.01222	0.316585	79.00331
9	2.185562	2.482422	16.01223	0.316603	79.00318
10	2.185559	2.482446	16.01231	0.316614	79.00307
11	2.185559	2.482454	16.01231	0.316615	79.00306
12	2.185559	2.482456	16.01232	0.316616	79.00305

Cholesky Ordering: DGDP DREER DMC DM2 DIMP

4.3 人民币实际有效汇率对国内消费价格的影响

前面我们应用实际的经济变量数据和VAR模型检验人民币实际有

效汇率的变动对我国进口价格水平的影响，下面我们继续对公式
(4.31) 进行实证检验，分析我国人民币实际有效汇率对我国国内消费
者价格指数的影响。与上节的模型相比解释变量中增加了两个新的经济
变量，这两个经济变量是衡量我国整体价格水平的重要变量，分别是消
费者价格指数和生产者价格指数。

（1）平稳性检验和VAR分析

对我国消费者价格指数CPI和生产者价格指数PPI的分析，采用的
方法与我国人民币实际有效汇率对我国进口价格水平影响的实证步骤
基本一致，先是对消费者价格指数CPI和生产者价格指数PPI的时间
序列采用X11季节调整方法作季节调整，然后对消费者价格指数CPI
和生产者价格指数PPI的时间序列取自然对数，这样保证时间序列的
样本数据更加平稳，之后再对取自然对数后的消费者价格指数cpi和
生产者价格指数ppi序列进行ADF单位根检验，判断消费者价格指数
cpi和生产者价格指数ppi时间序列的平稳性，最后依据AIC准则和SC
准则选择这两个时间序列变量的滞后阶数，统计结果与分析人民币实
际有效汇率对进口价格指数影响的滞后阶数同样是滞后二阶，对于常
数项和趋势项根据经过季节调整的对数时间序列和一阶差分时间序列
的时序形态来判断。图4-3是1994—2018年月度ppi和cpi及一阶差分
的时序图。

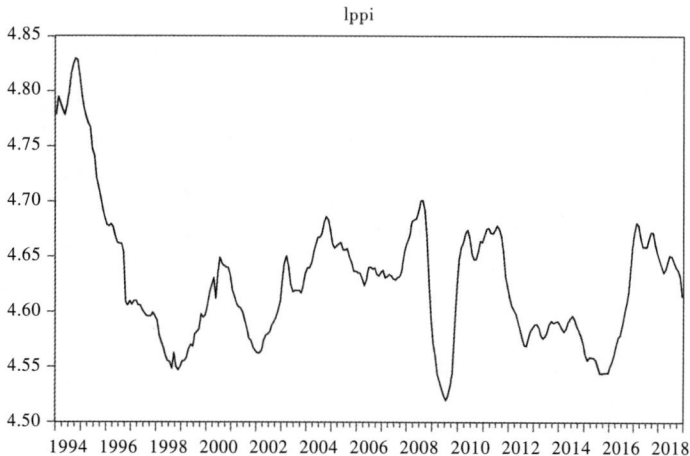

lppi

(1)

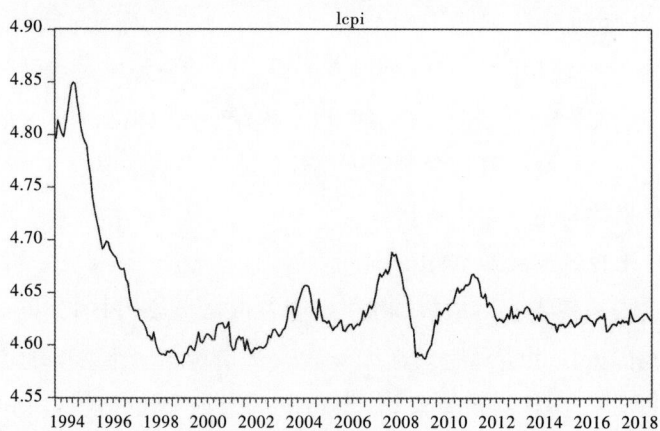

（2）

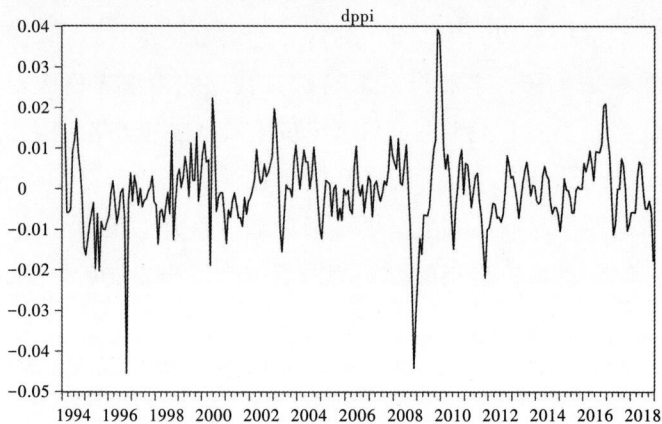

（3）

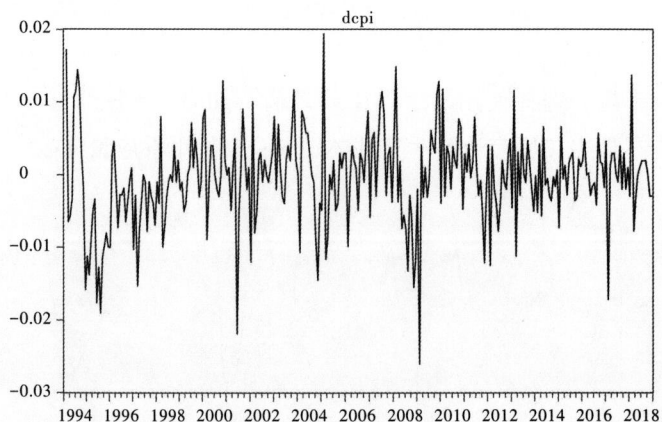

（4）

图4-3　1994—2018年月度ppi和cpi及一阶差分的时序图

表4-6给出了消费者价格指数cpi和生产者价格指数ppi时间序列
ADF单位根检验结果，说明所考察的消费者价格指数cpi和生产者价
格指数ppi两个时间变量原始序列非平稳，在10%的显著水平下均不
能拒绝存在单位根的假设。在一阶差分后消费者价格指数cpi和生产
者价格指数ppi两个时间序列变量均在1%的显著水平上表现出平
稳性。

表4-6　　　　　　　　　变量时间序列的单位根检验结果

变量	检验类型	ADF统计量	1%临界值	5%临界值	10%临界值	结论
	(c, t, p)					
CPI	(c, t, 1)	-4.03929	-3.46274	-2.87568	-2.57439	非平稳
△CPI	(0, 0, 1)	-6.97394	-3.4629	-2.87575	-2.57442	平稳
ppi	(c, t, 1)	-4.17397	-3.46274	-2.87568	-2.56728	非平稳
△ppi	(0, 0, 0)	-7.09568	-3.12457	-2.95747	-2.47215	平稳

（2）构建VAR模型

新增消费者价格指数cpi和生产者价格指数ppi两个变量以后，变量
的顺序和滞后阶数的选择与分析我国人民币实际有效汇率对我国进口价
格水平影响的选择一样，cpi和ppi的变量顺序是按照市场经济行为中先
生产后消费来确定。为了研究人民币实际有效汇率对我国消费者价格水
平cpi的影响，选择使用了国内生产总值（gdp）、人民币实际有效汇率
（reer）、国外出口厂商边际生产成本（mc）、货币供应量（m2）、进口价
格水平（imp）、生产者价格指数（ppi）、消费者价格指数（cpi）七个变
量作为解释变量，建立二阶滞后的VAR模型，并对模型的冲击响应函
数进行考察。

图4-4显示了我国消费者价格指数面临国内生产总值、人民币实
际有效汇率、国外出口厂商边际生产成本、货币供应量、进口价格水
平、生产者价格指数六个变量冲击时的脉冲响应曲线，以及我国消费者
价格指数和人民币实际有效汇率自身冲击的脉冲响应曲线。

Response of DCPI to Cholesky
One S.D.DGDP Innovation

Response of DCPI to Cholesky
One S.D.DREER Innovation

Response of DCPI to Cholesky
One S.D.DMC Innovation

Response of DCPI to Cholesky
One S.D.DM2 Innovation

Response of DCPI to Cholesky
One S.D.DIMP Innovation

Response of DCPI to Cholesky
One S.D.DPPI Innovation

Response of DCPI to Cholesky
One S.D.DCPI Innovation

Response of DREER to Cholesky
One S.D.DREER Innovation

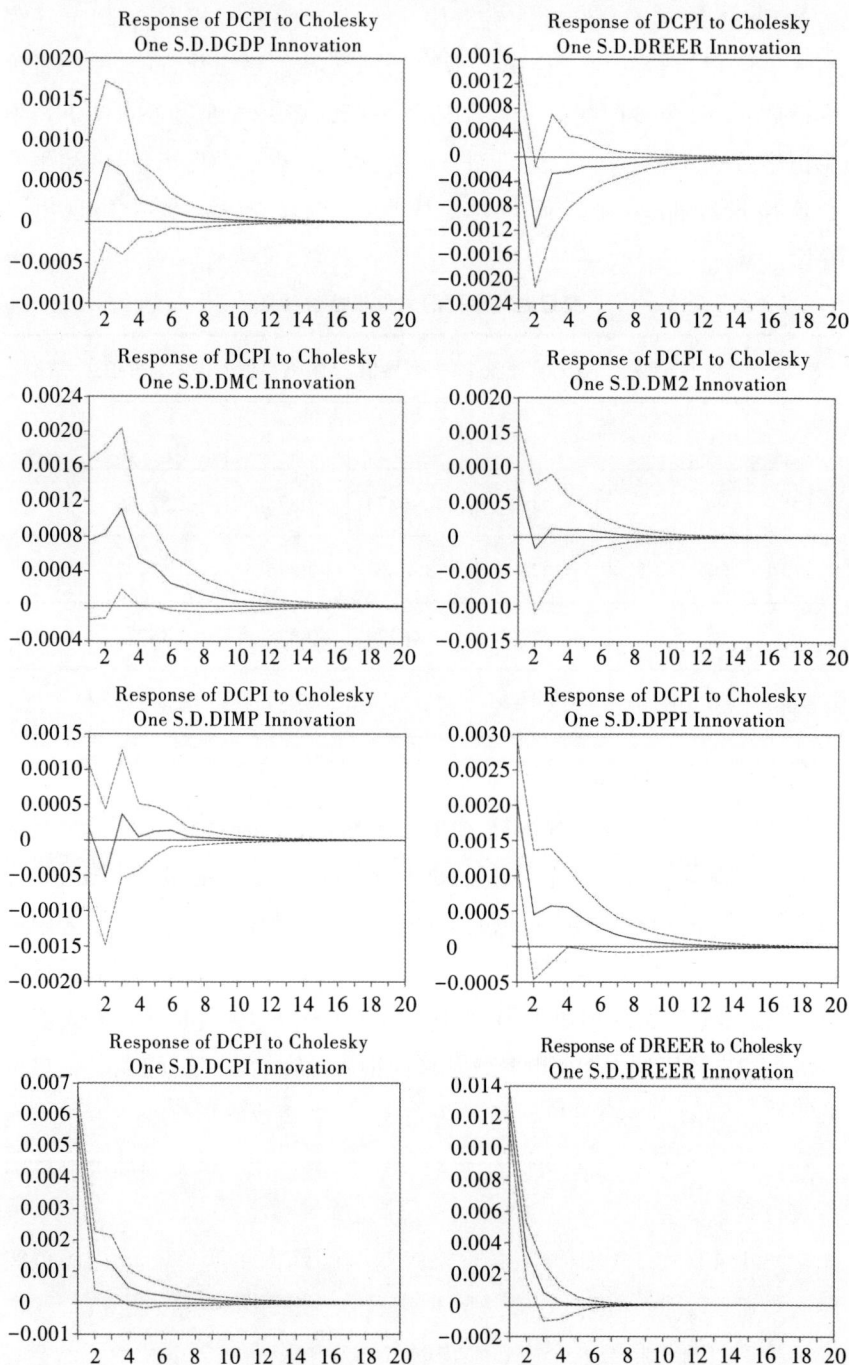

图4-4 各个变量冲击引起消费者价格指数水平的响应

观察图4-4我们能够得到以下结论：

第一，国内生产总值冲击的响应。从冲击的图形中可以看出，国内生产总值的一个标准正向冲击，在初期使我国的消费者价格水平逐步上升，在两个月以后达到最高冲击幅度，随后不断衰减，再经过两个月左右衰减到原来冲击的一半。最后冲击不断衰减直到十个月后冲击逐渐消失。这说明我国经济的高速增长对我国物价水平具有拉升的作用，实际的经济运行当中经济增长和通货膨胀是相继伴随的经济现象，这其中的本质是国内生产总值上升会扩大社会总需求，总需求的扩大在国内物价水平上的体现就是价格上涨。

第二，人民币实际有效汇率冲击的响应。人民币实际有效汇率的一个标准的正向冲击，在初始的两个月时间里对我国消费者价格水平的影响是上下波动的，但是在两个月后负向冲击达到最大，随后负向的冲击在第三个月大幅度回升，经过十个月左右的吸收，冲击的影响逐渐衰减直到消失。从冲击图形可以看出，人民币实际有效汇率对我国消费者价格水平影响的时效性很强，但是冲击影响的程度有些小，说明人民币实际有效汇率对我国消费者价格水平的影响程度没有对进口价格水平的影响程度大，影响程度变小的原因除了人民币实际有效汇率在传递影响我国价格水平的效应不断衰减外，还表示我国的经济对价格变动的吸纳性非常强，因而挤出了人民币实际有效汇率对消费者价格水平的影响。

第三，国外出口厂商边际生产成本冲击的响应。国外出口厂商边际生产成本的一个标准正向冲击，初期对我国的消费者价格指数产生正向的冲击，并在前三个月时间里正向冲击不断加大，随后冲击开始逐渐下降，在一年之后冲击的影响衰减并逐渐消失。国外出口厂商的边际生产成本上升使我国进口价格水平上升，在国内商品对外国产品的替代效应作用下，对我国的国内商品的需求上升，因此推动我国消费品价格上升来抵补减少贸易商品的消费。

第四，货币供应量冲击的响应。从冲击图可以看出，我国货币供给一个正向的冲击，使我国消费商品价格上升，在前两个月冲击从正冲击的最高点逐步下降，消费者价格指数上下不断浮动，冲击的消失基本在八个月左右后，说明货币供应量的冲击影响时效非常长，并且冲击影响作用使我国消费商品的价格形成周期性波动，体现出我国货币政策在调节我国价格水平中起到重要的作用。

第五，进口价格冲击的响应。在冲击图中进口价格自身的一个正向标准冲击，在初期会使国内消费商品的物价水平不断波动，在上下波动四个月左右后冲击影响的作用逐渐衰减到零，说明进口价格水平对我国消费商品的价格有很显著的影响关系。

第六，生产者价格冲击的响应。生产者价格的一个正向标准冲击，在初期给我国的消费者价格指数以很强烈的正向冲击，表示我国生产者价格指数上升必然会导致消费者价格水平上升。商品生产的成本对商品价格的决定作用非常明显，但是冲击的强度在前两个月衰减得非常迅速，在两个月以后慢慢衰减，在十个月左右后冲击影响消失，表示我国生产者的成本变动对我国消费者价格水平有很强且很持久的影响。

第七，消费者价格冲击的响应。对于自身一个正向标准的冲击，初期正向的冲击是最强烈的。消费者价格指数的变化在初期就达到冲击影响最顶端，随后下降非常迅速并逐步变弱直到消失，这个冲击影响要经历十个月的时间。

（3）方差分解

模型 VAR 另一个突出的统计优势是能够分析出每个经济变量冲击影响的贡献比例，具体到该模型中就可以分析消费者价格水平自身变化以及我国的人民币实际有效汇率(reer)、国外出口厂商边际生产成本(mc)、国内生产总值(gdp)、货币供应量(m2)、进口价格水平(imp)、生产者价格指数(ppi)变量的变化对消费者价格水平的影响幅度，进而能够横向地比较出相关经济因素对我国消费者价格水平影响幅度的大小。

表4-7列出了消费者价格指数的方差分解情况，冲击发生的作用时效选择 20 个月。对我国进口价格水平影响幅度最大的是自身的冲击，贡献的幅度年平均约占全部的 77%。生产者价格指数(ppi)贡献的幅度年平均约占全部的 9.9%。国外出口厂商边际生产成本(mc)贡献的幅度年平均约占全部的 6%。我国的人民币实际有效汇率(reer)贡献的幅度年平均约占全部的 3.5%。国内生产总值(gdp)贡献的幅度年平均约占全部

的2%。国内货币供应量(m2)和进口价格水平(imp)贡献的幅度年平均分别约占全部的1.2%和0.9%。

表4-7　　　　　　　　　　消费者价格指数方差分解

时期	DGDP	DREER	DMC	DM2	DIMP	DPPI	DCPI
1	0.019386	0.815625	1.343925	1.342051	0.068923	9.767121	86.64297
2	1.162518	3.507036	2.684506	1.259993	0.643883	9.186763	81.5553
3	1.813698	3.402534	4.942556	1.200042	0.870018	9.173513	78.59764
4	1.913327	3.450313	5.426329	1.196892	0.856755	9.591329	77.56505
5	1.969018	3.460608	5.758334	1.205146	0.878828	9.783527	76.94454
6	1.992755	3.484617	5.860524	1.210086	0.911858	9.861915	76.67825
7	1.997525	3.507344	5.922995	1.211146	0.914675	9.891042	76.55527
8	1.999502	3.518877	5.946965	1.211333	0.916587	9.904512	76.50222
9	2.000471	3.523692	5.959355	1.211196	0.917308	9.909222	76.47876
10	2.000899	3.525735	5.964497	1.211141	0.917629	9.911624	76.46847
11	2.0011	3.526586	5.966901	1.211108	0.917755	9.912749	76.4638
12	2.001198	3.526953	5.96794	1.211099	0.917838	9.913276	76.4617
13	2.001241	3.527124	5.96842	1.211094	0.917872	9.91351	76.46074
14	2.00126	3.527204	5.968633	1.211093	0.917888	9.913618	76.4603
15	2.001268	3.527241	5.968731	1.211092	0.917895	9.913666	76.46011
16	2.001272	3.527257	5.968775	1.211091	0.917898	9.913687	76.46002
17	2.001274	3.527265	5.968795	1.211091	0.917899	9.913697	76.45998
18	2.001274	3.527268	5.968804	1.211091	0.9179	9.913702	76.45996
19	2.001275	3.527269	5.968808	1.211091	0.9179	9.913703	76.45995
20	2.001275	3.52727	5.96881	1.211091	0.9179	9.913704	76.45995

Cholesky Ordering: DGDP DREER DMC DM2 DIMP DPPI DCPI

（4）实际有效汇率对进口和消费价格的影响

在研究模型中每个影响经济因素对进口价格水平和消费者价格水平脉冲响应的基础上，选择人民币实际有效汇率的变化对进口价格水平和消费者价格水平的脉冲响应函数作为衡量人民币实际有效汇率对一国价格水平的累积传递效应。为了估算累积传递效应的水平和程度，我们界定实际有效汇率的累积传递系数为：

$$\lambda_j = \frac{\sum\limits_{t=1}^{j} \Delta \, imp_t}{\sum\limits_{t=1}^{j} \Delta reer_t}, \ \gamma_j = \frac{\sum\limits_{t=1}^{j} \Delta cpi_t}{\sum\limits_{t=1}^{j} \Delta reer_t} \tag{4.42}$$

公式（4.42）中包含两个表达式，λ_j 和 γ_j 分别表示我国人民币实际有效汇率从初期对进口价格水平和消费者价格水平的冲击影响，直到渐进累积到第 j 期的我国人民币实际有效汇率总的传递程度系数，Δimp_t 体现我国人民币实际有效汇率标准正冲击对我国 imp 的影响在第 t 期内的反应程度，Δcpi_t 体现我国人民币实际有效汇率标准正冲击对我国 cpi 的影响在第 t 期内的反应程度，$\Delta reer_t$ 体现我国人民币实际有效汇率自身的标准冲击影响在第 t 期内的反应程度。公式（4.42）是应用 imp 和 cpi 与 reer 的累积影响反应程度的比值来确定我国人民币实际有效汇率对我国国内价格水平的传递影响。

图4-5体现出我国人民币实际有效汇率对我国 imp 和 cpi 的累积影响程度，从图4-5中能够看出我国人民币实际有效汇率作用于 imp 和 cpi 的初始期影响程度都不高，都是在两个月以后我国人民币实际有效汇率变动的影响作用才体现出来，对进口价格指数 imp 的影响系数保持在数值1.6的程度上，而对我国消费者价格水平 cpi 的影响系数保持在数值0.4的程度上。很明显我国人民币实际有效汇率的变动对我国 imp 的影响传递程度要比对 cpi 的影响传递程度强烈很多。这表明在我国的现行经济中我国进口价格水平与我国的消费者价格水平相比，前者对我国人民币实际有效汇率更敏感，从侧面反映出我国的进口品在国内替代效应不高，人民币实际有效汇率的传递作用于国内消费者的程度大大降低，外国的出口厂商以及外国直接投资在华企业的产品在我国国内的商品市

场中寡头垄断型市场结构突出，商品需求的价格弹性比较低，所以促成我国人民币实际有效汇率对我国cpi的影响程度较小。

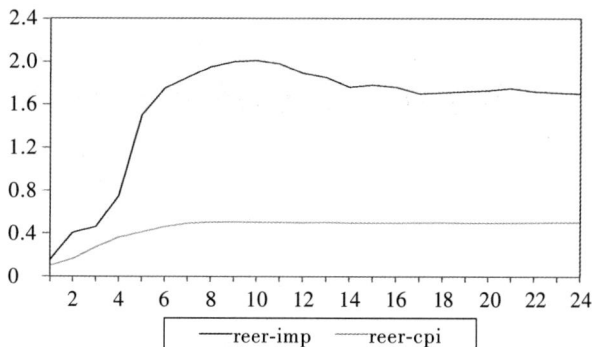

图4-5　实际有效汇率对我国imp和cpi的影响传递效果图

4.4　结论

本章研究的是人民币实际有效汇率对我国价格水平的影响。首先在宏观经济均衡的条件下，对汇率与价格之间的关系进行理论模型上的分析，通过理论模型的分析确定价格水平和汇率以及其他主要经济要素之间的理论影响。在实证研究方面，本章研究我国人民币实际有效汇率对价格水平的影响主要采用VAR模型，按照汇率对价格水平传导影响作用的路径，先是主要分析了人民币实际有效汇率对进口价格水平的影响，在此基础上分析人民币实际有效汇率对我国国内消费者价格水平的影响，这样从国外与国内两个主要价格水平的决定因素来综合分析我国人民币实际有效汇率对我国整体价格水平的影响。研究我国人民币实际有效汇率与价格水平的影响关系可以为国家宏观调控政策的制定和调整提供历史借鉴性的实证依据，也对国家在长时期内保持宏观经济稳定，实现宏观经济的发展目标有着重要参考价值和借鉴意义。

第5章 人民币实际有效汇率对就业的影响

目前我国的就业形势不容乐观。首先，前期的经济体制改革中企业闲置人员的再就业还没有完全解决，国家的社会保障体系还不健全，失业保障机制有待完善。其次，我国农村生产力水平不断提高，出现大量的农村闲置劳动力，这些闲置劳动力向城市转移的趋势明显，但是城镇对农村转移的劳动力的保障体系不健全，农村劳动力在城镇的就业保障以及子女的教育问题突出，城镇在吸纳农村劳动力的同时并没有及时地建立和健全其保障体系，因此农村劳动力的就业也很不稳定。再次，我国高等教育的扩张使我国的大学毕业生数量剧增，如果社会所提供的就业岗位不能吸收和接纳这些毕业生，那么必然会引起失业的问题。2018年我国专业技术人才供应总量为4 000万人，而需求量为6 000万人。这两项数据说明我国的就业存在着教育与就业的结构不合理，教育没有依国家的需要来进行调整，我国第一、第二和第三产业的专业技术人才需求有很大的缺口。2018年专业技术人员在我国第一产业的缺口达218万人，这主要因为大中专毕业生的就业方向从农业转移。在第二产业中我

国对技术工程师的需求主要集中在计算机、微电子、汽车、环保等领
域，这方面培养的大学生人数不够，也形成 1 220 万人的缺口。第三产
业是就业岗位最多的部门。一些新兴的服务行业对高端人才需求很大，
但是我国对这些人才的培养还没有跟上社会的需求。因此，我国的就业
市场在总量和需求的结构上都有问题。根据传统经济学理论，解决就业
问题是国家重要的宏观经济目标之一，是一个国家的民生问题，就业能
够为国家的生产提供生产要素，同时人也是社会总需求的主要承载者，
就业问题的解决是国家经济持续增长的前提条件。我国原来是一个农业
大国，在工业化的转型过程中必然会发生经济产业结构的变化，这种产
业结构的调整必然会带来劳动力类型的转变以及地域的流动，因此就业
问题是我国工业化进程中必然要面对的经济问题，加上我国现在国际化
程度加深，与各国的经济依存度加强，相关国家的就业问题不仅同我国
的经济因素相关，也同国际贸易程度以及汇率联系密切。这使得我国的
汇率调整和运行模式对我国增加就业有越来越重要的指导和影响作用，
研究人民币汇率对我国就业水平的影响效应具有重要的理论和现实
意义。

5.1　就业的社会核算矩阵的构造

可计算一般均衡模型运行的先决条件是必须有完善的、相互联系的
经济数据，社会核算矩阵（social accounting matrix，SAM）是建立可计
算一般均衡模型的数据基础。SAM 表在形式上是一个以货币为单位对
各个账户收入支出或供应和使用流量进行描述的二维矩阵，包括国民经
济中的大部分账户，也包括账户之间的闭合关系。SAM 表是一个正方
形矩阵，每一行和每一列代表同一个国民核算账户，相同的行或相同的
列代表同一账户。矩阵中的元素数值代表各账户间的支付交易量，同时
也是列部门向行部门的支付量。因此，SAM 表中行代表的是账户收入，
列代表的是账户支出，由于总收入和总支出必须平衡，这就必然使每列
的总数和每行的总数相等。SAM 表以矩阵的形式描述国民经济核算体

系中各账户的供应和使用流量及其平衡关系。

一般构造社会核算矩阵包括以下四个步骤：第一步，要收集国民经济体系各个部门、各社会要素的宏观数据样本；第二步，从整个国民经济核算的矩阵体系中选定和划分适合所研究问题的特定宏观SAM矩阵结构，本章就需要以整体社会核算矩阵为基础，建立一个用于分析实际有效汇率对就业影响的具体SAM账户结构；第三步，根据国家统计部门公布的相关数据、投入产出表以及相应年份的统计年鉴来填充该SAM表的相关数据，并在此基础上平衡整个账户矩阵的数据，同时也为该宏观整体SAM表的细分提供控制数据；第四步，在构建整体宏观SAM表的基础上，根据所要分析的实际问题对账户的相关项进行账户细化，对整体SAM表中的相关数据再以矩阵的形式划分，最终形成详细的SAM表。

1997年中国宏观SAM表包括13个账户（见表5-1）。

表5-1　　　　　　　1997年中国宏观SAM账户表

1	Commodity	商品
2	Activity	活动
3	VA-Labor	要素-劳动
4	VA-Kap	要素-资本
5	Households	居民
6	Enterprises	企业
7	Gov.Subsidies	政府补贴
8	Extra-system	公共部门自筹
9	Government	政府
10	Rest of the World	世界其他地区（国外）
11	Capital Account	资本账户
12	Stock Change	存货变动
13	Total	汇总

用于分析人民币实际有效汇率对就业影响的宏观SAM表可以根据标准的宏观SAM表格进行调整，并根据中国统计年鉴、投入产出表和相关经济部门的统计数据来编制。

本书以1997年的中国宏观SAM账户以及SAM账户的分类为基础（1997年中国描述性宏观SAM表见表5-2），首先对居民账户进行细分，分成农村居民和城镇居民两个账户，应用2005年的宏观账户相应的数据，并在SAM表账户行分类的基础上，分别解释各行列所对应的各个账户的含义，并给出所建立2005年宏观SAM的原始数据来源：数据主要来源是2005年和2006年的投入产出表、中国统计年鉴以及相关经济部门的统计数据等。表5-3是用于分析人民币实际有效汇率对就业影响的基本宏观SAM账户结构。

（1）商品账户

商品-活动账户：为活动账户向商品账户的支出，表示中间投入。数据直接来源于2005年的IO表中的中间投入项目，为360 508.6亿元。

商品-居民账户：表示居民账户对商品的消费支出。该数据取自2005年IO表的最终使用部门的居民消费，为71 217.5亿元。

商品-农村居民账户：表示农村居民账户对商品消费支出。该数据用农村居民人均消费额乘以农村居民数量得出，为22 042.1亿元。

商品-城镇居民账户：表示城镇居民账户对商品消费支出。该数据根据城镇居民人均消费额乘以城镇居民数量得出，为49 175.3亿元。

商品-政府账户：表示政府账户对商品的消费支出。该数据取自2006年中国统计年鉴中的中央和地方财政的主要支出项目，为25 647.3亿元。

商品-国外账户：表示国外账户对商品的消费。根据2006年海关统计年鉴，货物出口总额626 480.1亿元，加上2005年国际收支平衡表中的服务出口数据，总共的出口数据为68 675.6亿元。

商品-资本账户：表示储蓄投资账户对商品的消费，最终形成固定资本。该项目的数据直接从2005年的IO表最终使用账户的固定资本账户获得，为77 304.8亿元。

表5-2

1997年中国描述性宏观SAM表

	1 商品	2 活动	3 要素 劳动力	3 要素 资本	4 居民	5 企业	6 政府补贴	7 预算外	8 政府	9 国外	10 资本账户	11 存货变动	汇总
1 商品		中间投入			居民消费			公共部门自筹消费	政府消费	出口	固定资本形成	存货变动	总需求
2 活动	国内总产出												总产出
3 要素 劳动力		劳动者报酬											要素收入
3 要素 资本		资本回报											要素收入
4 居民			劳动收入	资本收入		企业转移支付	政府补贴		政府转移支付	国外收益			居民总收入
5 企业				资本收入									企业总收入
6 政府补贴		生产补贴							政府的补贴支出				政府对居民的补贴
7 预算外		预算外收费											
8 政府	进口税	生产税			直接税	直接税		预算外账户结余		国外收入	政府的债务收入		政府总收入
9 国外	进口			国外资本投资收益					对国外的支付				外汇支出
10 资本账户					居民储蓄	企业储蓄			政府储蓄	国外净储蓄		存货净变动	总储蓄
11 存货变动											存货变动		存货净变动
汇总	总供给	总投入	要素支出		居民支出	企业支出	政府对居民的补贴	预算外支出	政府支出	外汇收入	总投资	存货净变动	

表5-3　用于分析我国人民币实际有效汇率对就业影响的基本宏观SAM账户结构

		1 商品	2 活动	3 要素		4 居民		5 企业	6 政府	7 国外	8 资本账户	9 存货变动	汇总
				劳动力	资本	农村	城镇						
1	商品		中间投入			居民消费			政府消费	出口	固定资本形成	存货净变动	总需求
2	活动	国内总产出											总产出
3	要素　劳动力		劳动者报酬										要素收入
	要素　资本		资本回报										要素收入
4	居民　农村			劳动收入	资本收入			企业转移支付	政府转移支付	国外收益			居民总收入
	居民　城镇			劳动收入	资本收入			企业转移支付	政府转移支付	国外收益			居民总收入
5	企业				资本收入					国外收入			企业总收入
6	政府	进口税	生产税			直接税		直接税		国外收入	政府的债务收入		政府总收入
7	国外	进口			国外资本投资收益				对国外的支付				外汇支出
8	资本账户					居民储蓄		企业储蓄	政府储蓄	国外净储蓄			总储蓄
9	存货变动										存货变动		存货净变动
	汇总	总供给	总投入	要素支出		居民支出		企业支出	政府支出	外汇收入	总投资	存货净变动	

商品–存货变动账户：存货变动向商品账户的支出，表示存货的净变动。该项目的数据直接从2005年IO表中最终使用账户的存货增加账户获取，为3 341.5亿元。

商品–汇总账户：该行表示国内总需求，为上述数据的总和，等于606 695.3亿元。

（2）活动账户

活动–商品账户：为商品账户向活动账户的支出，表示用于国内销售的总产出。该项目的数据可以从2005年IO表中的总产出项目中获得，为546 764.7亿元。

（3）要素账户

要素–活动账户分为劳动–活动账户和资本–活动账户两个组成部分。

劳动–活动账户：为活动账户向劳动要素的支出，表示劳动者从事生产活动获得的全部劳动报酬。该项目的数据从2005年IO表中直接获得，为77 304.8亿元。

资本–活动账户：为活动账户向资本账户的支出，表示资本所有者最后总回报。该项目的数据从2005年IO表中的折旧与营业盈余获得，为83 186.8亿元。

（4）居民账户

由于居民账户细分成农村居民和城镇居民两个账户，所以居民账户分为农村和城镇居民分别对劳动、资本、企业、政府以及国外账户进行核算。

农村居民–劳动账户：为劳动账户向农村居民的支出，表示农村居民所获得的总劳动报酬。根据2006年中国统计年鉴用农村居民的人均收入和农村人口算出，为24 059亿元。

农村居民–资本账户：为资本账户向农村居民账户的支出。根据1999—2007年中国统计年鉴和1992—2004年的资金流量表中的农村+利息+其他的数据，综合推出2005年农村居民资本收入值为905.4亿元。

农村居民–企业账户：为企业账户向农村账户的支出，表示农村居民从企业获得的转移支付。这个数值需要从账户的余量中获取，并根据农村居民占总人口的比例进行计算，为5 773.2亿元。

农村居民–政府账户：为政府账户向农村居民的转移支出。依据2006年中国统计年鉴中央和地方财政主要支出项目中政府的抚恤和社会救济费等对居民的转移支付，利用其余额进行估算，为461.5亿元。

农村居民–国外账户：为国外账户向农村居民的支出，表示国外对农村居民的转移支付。2006年中国统计年鉴中2005年的国际收支平衡表内，经常转移项目中其他部门的净收益按比例折算为647.6亿元。

城镇居民–劳动账户：为劳动账户向城镇居民支出，表示城镇居民所获得的总劳动报酬。根据2006年中国统计年鉴用城镇居民的人均收入乘以城镇居民数量得出，为53 672亿元。

城镇居民–资本账户：为资本账户向城镇居民账户的支出。根据1999—2007年中国统计年鉴和1992—2004年的资金流量表中的农村+利息+红利+其他的数据，综合推出2005年城镇居民资本收入值为3 560.9亿元。

城镇居民–企业账户：为企业账户向城镇居民账户的支出，表示城镇居民从企业获得的转移支付。这个数值需要从账户的余量中获取，并根据城镇居民占总人口的比例进行计算，为12 878.7亿元。

城镇居民–政府账户：为政府账户向城镇居民的转移支付。根据2006年中国统计年鉴，中央和地方财政主要支出项目中有政府的抚恤和社会救济费等对居民的转移支付，利用其余额估算项目的数据，为1 034.4亿元。

城镇居民–国外账户：为国外账户向城镇居民的支出，表示国外对城镇居民的转移支付。2006年中国统计年鉴中2005年的国际收支平衡表内，对经常转移项目中其他部门的净收益按比例进行折算，为1 446.3亿元。

（5）企业账户

企业–资本账户：为资本账户向企业的支出，代表企业获取的资本收益。该项目的数据不能从中国统计年鉴中直接得到，所以由列余量获得，为78 347亿元。

（6）政府账户

政府–商品账户：为商品账户向政府账户的支出，表示政府收取的各种税收收入。根据2006年中国统计年鉴，中央和地方财政收入项目中，中国进口关税和海关代征进口消费税和增值税之和为5 278亿元。

政府–活动账户：活动账户向政府的支出，表示政府对企业收取的间接税净额。根据2006年中国统计年鉴，中央和地方财政主要收入项目中的间接税总额为21 056.5亿元。

政府–农村居民账户：为农村居民向政府的支出，由于农村居民不用向政府缴纳个人所得税，所以该账户为零。

政府–城镇居民账户：为城镇居民向政府的支出，表示城镇居民缴纳给政府的所得税总和。根据2006年中国统计年鉴，中央和地方财政主要收入项目中的个人所得税为2 094.9亿元。

政府–企业账户：为企业账户向政府账户的支出，表示企业缴纳给政府的企业所得税和其他税费的总和。根据2006年中国统计年鉴，中央和地方财政主要收入项目中的企业所得税和农业税、教育费附加收入、契税以及其他收入的总和为9 038.6亿元。

政府–国外账户：为国外账户向政府的支出，表示政府的出口退税。根据2006年中国统计年鉴中的2005年国际收支平衡表，由表中政府转移支付项目来换算，为−14.4亿元。

政府–资本账户：为资本账户向政府的支出，表示政府的债务收入。根据2006年中国统计年鉴，国家财政债务发行中政府的债务收入为6 922.9亿元。

（7）国外账户

国外–商品账户：为商品账户向国外账户的支出，表示进口的价值。根据2005年的IO表可以获得，为59 398.5亿元。

国外–资本账户：为资本账户向国外账户的支出，表示世界其他地区的财产性收入。根据1999—2007年的中国统计年鉴和1992—2004年的资金流量表中的国外部门财产收入项目，估算出2005年的国外资本收益为373.4亿元。

国外–政府账户：为政府账户向国外账户的支出，表示对国外的支付。根据2006年中国统计年鉴、中央和地方财政主要支出项目，由政府对国外的援助支出和国外借款利息支付加总得到，为110.1亿元。

（8）资本账户

资本–农村居民账户：为农村居民向资本账户的支出，表示农村居民的储蓄。根据1992—2004年的中国统计年鉴，由1992—2004年的资金流量表中的住户部门总储蓄推算出，为9 764.6亿元。

资本–城镇居民账户：为城镇居民向资本账户的支出，表示城镇居民的储蓄。根据1992—2004年的中国统计年鉴，由1992—2004年的资金流量表中的住户部门总储蓄推算出，为21 783.4亿元。

资本–企业账户：为企业账户向资本账户的支出，表示企业的储蓄额，该数据不能从中国统计年鉴中直接得到，只能根据列余量获得，为50 656.4亿元。

资本–政府账户：为政府账户向资本账户的支出，表示政府的储蓄额，该数据也不能从中国统计年鉴中直接获得，只能根据列余量获得，为14 575.9亿元。

资本–国外账户：为国外账户向资本账户的支出，表示国外净储蓄额。该数据不能从中国统计年鉴中直接得到，只能根据列余量获得，为–10 940.6亿元。

（9）存货变动账户

存货变动–资本账户：为资本账户向存货变动账户的支出，表示用于存货增加的商品。根据2005年的IO表获得该项数据，为3 341.5亿元。

（10）列汇总

把各个列的账户相加得出每列的数据总和，每一列数据总和分别表示总供给、总投入、劳动力要素支出、资本要素支出、居民支出、企业支出、政府支出、外汇收入、总投资、存货净变动10个汇总支出，根据这些数据汇总描绘出社会核算SAM表，原始数据归纳到表5-4中，并对该SAM表用交叉熵（CE）调整方法使原始数据账户的行列加总相等平衡，平衡后的宏观核算矩阵SAM表总结归纳体现在表5-5中。

表5-4　用于分析我国人民币实际有效汇率对就业影响的基本宏观SAM账户原始数据

单位：亿元

		1	2	3 要素		4 居民		5	6	7	8	9	汇总
		商品	活动	劳动力	资本	农村	城镇	企业	政府	国外	资本账户	存货变动	
1	商品		360 508.6			22 042.1	49 175.3		25 647.3	68 675.6	77 304.8	3 341.5	606 695.3
2	活动	546 764.7											546 765
3	要素 劳动力		77 304.8										77 304.8
	资本		83 186.8										83 186.8
4	居民 农村			24 059	905.4			5 773.2	461.5	647.6			104 439
	城镇			53 672	3 560.9			12 878.7	1 034.4	1 446.3			
5	企业				78 347								78 347
6	政府	5 278	21 056.5			0	2 094.9	9 038.6		-14.4	6 922.9		44 376.5
7	国外	59 398.5			373.4				110.1				59 882
8	资本账户					9 764.6	21 783.4	50 656.4	14 575.9	-10 940.6		3 341.5	85 839.4
9	存货变动										3 341.5		3 341.5
	汇总	611 441.5	542 057.1	77 731	83 186.7	104 860.3		78 346.9	41 829	59 814.4	87 569.2	3 341.5	

单位：亿元

表5-5　经CE调整用于分析我国人民币实际有效汇率对就业影响的基本宏观SAM账户数据

		1	2	3 要素		4 居民		5	6	7	8	9	汇总
		商品	活动	劳动力	资本	农村	城镇	企业	政府	国外	资本账户	存货变动	
1	商品		360 748			22 169.1	49 429.2		23 567.3	69 046.8	77 304.8	3 341.5	610 526.2
2	活动	546 525.2											546 525.2
3 要素	劳动力		77 663.5										77 663.5
	资本		83 081.2										83 081.2
4 居民	农村			24 059	899.4			5 723.5	461.3	647.6			104 859.2
	城镇			53 672	3 553.1			128 238.4	1 034.4	1 446.2			
5	企业				78 227.4								78 227.4
6	政府	4 906.2	34 812.5			0	2 102.9	9 150.5		−15.3	6 922.9		42 245.1
7	国外	59 094.8			401.3				110.6				59 617
8	资本账户					9 664.6	21 563.4	50 320	14 151.5	−10 940.1			89 197.6
9	存货变动										3 341.5		3 341.5
	汇总	610 526.2	546 525.2	77 663.5	83 081.2	104 829.2		78 227.4	42 245.1	59 617	89 197.6	3 341.5	

5.2 可计算一般均衡模型

5.2.1 可计算一般均衡模型的基本构成

要建立可计算一般均衡模型（CGE模型），需要对SAM矩阵的相关账户进行分析，建立的模型要符合经济运行的基本规律，要对SAM矩阵中的主要要素活动、商品以及机构等相关联系进行分析。可计算一般均衡模型的建立需要很多相互联系的方程，这些方程既有横向联系也有纵向联系。可计算一般均衡模型在相关的账户之间建立方程以求达到最优的整合目标，这些方程既可以是线性的也可以是非线性的，并且自身的最优化均由约束条件来限制和确定，这些约束条件可以不针对其中的个别方程来约束，但一定要对整体的方程有约束和限制，保证组合成的方程组存在经济整合的最优路径。

（1）生产活动和要素市场

每个生产活动都是为了追求其利润的最大化，但是利润是由自身的生产条件、生产技术以及宏观的经济环境综合决定的。利润的含义是生产活动的收入减去生产活动中的要素投入。生产中需要中间投入和要素投入，但是两者的关系需要在生产中进行界定，在两者比例固定的情况下，需要采用列昂惕夫生产函数。但是，现实经济中常常是要研究价格发生变化情况下的投入组合的变化，这需要采用固定替代弹性的生产函数。一般均衡框架下可以考虑采用商品供应函数，企业供应量为商品和要素价格的函数。经济学理论上有标准的商品供应函数表达式，但是在大部分CGE模型中，几乎没有利用这样直接显性的供应函数，这是因为我们在CGE模型中限定生产函数是规模报酬不变的，所以模型本身的价格函数起到了商品供应函数的功用。

生产活动都是以固定生产系数来生产最终产品的，生产活动的收益同样也被定义为以生产水平、生产单位效率和生产要素成本来衡量的，并以相乘的代数形式来表达。生产活动要实现利润最大化，就必须在经济活动中使投入要素的边际产品收益等于该要素的价格。要素的价格不是一成不变的，其在不同的生产活动中是不一样的。可计算一般均衡模型中对投入要素的界定是始终不变的，这样要素自身的价值变动就会促使要素市场达到均衡。在生产活动中，都是在不同的生产条件下对特定活动支付特定工资，特定工资的计算一般都需要对整体的工资水平扭曲修正来调整确定。同样，还可以对经济运行中未利用的要素进行假设，界定真实的工资水平。此种假设非常契合发展中国家的经济状况，因为一般发展中国家都存在大量的失业，劳动力的供给非常充足，从而导致雇主任意地限定工资依然能获得充足的劳动力要素。

（2）经济机构

可计算一般均衡模型中的机构性账户主要包括居民、企业、政府和国外四个主要方面。居民在生产中获得劳动报酬，并从政府机构得到转移支付。特殊的是，国外和与国外相关的机构账户是用固定的外币来度量的，居民对其所获得的收入进行的消费、储蓄和投资等活动都应转化为用本币来衡量。在可计算一般均衡模型中，居民活动的税款是按固定比例缴纳的，而用于储蓄的份额是不断变化的。采用这种假定的原因是在宏观闭合时能同政府账户紧密联系在一起，同时居民用于消费支出的部分是根据线性函数来确定的。

企业在 SAM 账户中，要对生产所获得的收入缴纳相关税费、支付劳动者的工资，用剩下的利润来储蓄或者投资，理想的假设是企业没有消费项目。政府收入的主要来源是税收收入，主要包括居民和企业要缴纳的税费以及对国外商品征收的关税，政府的支出主要是对国外的支付、自身消费和向居民的支付，政府收入和政府支出的差额作为政府的储蓄。

国外的主要收入是从商品贸易和向其他国家的投资中获得的。政府还对国外账户进行支付。

（3）商品市场

企业生产的产品最终都是要在市场上出售的，最终产品要在国内市场和国外市场之间进行有效的分配，分配的基本原则是内部市场和外部市场的商品在不完全替换约束下的利润最大化。国际市场中对出口商品的价格具有完全的弹性，国内外的商品都是以本国的货币衡量其价值并形成价格。可计算一般均衡模型由于统计数据的不完善，没有引入进出口的税制问题，国内外商品的价格是由总供给和总需求的均衡来决定的，国内生产和消费对要素和产品的需求都包含进出口的成分。

一国的商品市场中需求的主要来源是居民的消费、机构的消费、投资的消费以及中间投入的需求。这里的需求是一种国内和国外兼有的复合型需求，复合型需求是指既有对国内商品的需求，也有对国外商品的需求，两者在追求利润最大化的前提下，相互影响并不断地转化形成新的需求组合。同样，进口贸易品对价格是完全具有弹性的，国内对进口贸易品的消费支出中含有进口关税、消费税和增值税，对国内销售的商品要结合进口的状况，在供给和需求的均衡下对国内商品价格整合并确定均衡的价格。

（4）宏观闭合

可计算一般均衡模型含有很多账户的方程设定，但是各个账户之间的方程不考虑货币机制因素，其账户之间的平衡是通过相对的数据调整，而不是数据自身的机制发生作用，并且账户之间的方程有些需要约束机制，只有在约束的条件下才能达到宏观层面上的均衡。

可计算一般均衡模型基本上包括三个方面的宏观经济均衡：政府账户的均衡，国际收支账户均衡和储蓄投资账户均衡。构建可计算一般均衡模型依据的宏观经济理论不同，宏观闭合的方式也不一样。可计算一般均衡模型闭合的方式主要有三种：第一种，凯恩斯宏观闭合。按照凯恩斯理论，在宏观经济萧条的背景下，劳动力大量失业的同时资本闲置，因此劳动力和资本等生产要素不受限制，最后劳动力的就业是内生性地由需求单方面决定的。而要素的价格是固定的，按照这个理论采取的可计算一般均衡模型的系统闭合归结为凯恩斯闭合。第二种，新古典主义宏观闭合。它的特征是所有的价格包括要素的价格和商品价格都是完全具有弹性的并由模型内生决定，而要素如劳动力和资本的现有实际供应量都体现出充分就业。第三种，路易斯闭合。该闭合是指在资本紧缺，但是劳动力市场有大量剩余劳动力时，劳动力价格被固定在生存工资水平上，在这个价格上劳动力供给是无限的。按照路易斯理论，可计算一般均衡模型的宏观闭合要把劳动力价格外生，而劳动力供应量内生。资本充足时资本的供应量等于资本禀赋，资本的价格弹性为内生变量。从路易斯宏观闭合可以看出，在劳动力市场上是凯恩斯闭合设置，而在资本市场上是新古典主义闭合设置。

5.2.2 开放经济的CGE模型结构

以 5.1 节所构建的研究就业问题的宏观核算 SAM 表为数据基础，本节将建立一个符合我国经济发展状况的开放经济模式的 CGE 模型。

假设所有生产部门的集合为 A，所有商品部门的集合为 C。为了便于描述，假定一个部门只生产一种产品。模型的生产函数嵌套为两层，第一层为总产出的一个 CES 函数，这个函数有两个投入，分别是中间投入和增值投入。

$$QA_a = \alpha_a^q [\delta_a^q QVA_a^{\rho_a} + (1 - \delta_a^q)QINTA_a^{\rho_a}]^{\frac{1}{\rho_a}}, a \in A \tag{5.1}$$

$$\frac{PVA_a}{PINTA_a} = \frac{\delta_a^q}{1 - \delta_a^q} \left(\frac{QINTA_a}{QVA_a} \right)^{1 - \rho_a}, a \in A \tag{5.2}$$

$$PA_a \cdot QA_a = PVA_a \cdot QVA_a + PINTA_a \cdot QINTA_a, a \in A \tag{5.3}$$

第二层分别为中间投入和增值投入两个部分。增值投入部分的生产函数是 CES 函数，投入为两个生产要素：劳动力和资本。其价格分别为 WL 和 WK。

$$QVA_a = \alpha_a^{va} [\delta_{La}^{va} QLD_a^{\rho_a^{va}} + (1 - \delta_{La}^{va})QKD_a^{\rho_a^{va}}]^{\frac{1}{\rho_a^{va}}}, a \in A \tag{5.4}$$

$$\frac{WL(1 + tval)}{WK(1 + tvak)} = \frac{\delta_{La}^{va}}{1 - \delta_{La}^{va}} \left(\frac{QKD_a}{QLD_a} \right)^{1 - \rho_i}, a \in A \tag{5.5}$$

$$PVA_a \cdot QVA_a = (1 + tval) \cdot WL \cdot QLD_a + (1 + tvak) \cdot WK \cdot QKD_a, a \in A \tag{5.6}$$

中间投入部分的生产函数是列昂惕夫生产函数。在开放的经济条件下，中间投入包括国内生产的和进口的加总的国内商品供应，即 QQ，其价格为 PQ。商品 QQ 的集合为 C，包括进口商品但是不包括出口商品。而ica_{ca}为中间投入部分的投入产出直接消耗系数，这里指要生产一个单位a部门总的中间投入，需要使用多少c部门的商品：

$$QINT_{ca} = ica_{ca} \cdot QINTA_a, a \in A, c \in C \qquad (5.7)$$

$$PINTA_a = \sum_{c \in C} ica_{ca} \cdot PQ_c \qquad (5.8)$$

国内生产活动的产出商品QA分为国内销售QDA和出口QE两个部分，其替代关系由CES函数代表：

$$QA_a = \alpha_a^t [\delta_a^t QDA_a^{\rho_a^t} + (1-\delta) QE_a^{\rho_a^t}]^{\frac{1}{\rho_a^t}}, \rho_a^t > 1, a \in A \qquad (5.9)$$

国内生产国内销售的商品QDA，其价格为PDA。出口商品价格记为PE。国内和出口相对价格的变化影响国内销售和出口的相对数量，这是由优化的一阶条件所决定的：

$$\frac{PDA_a}{PE_a} = \frac{\delta_a^t}{(1-\delta_a^t)} (\frac{QE_a}{QDA_a})^{1-\rho_a^t}, a \in A \qquad (5.10)$$

活动部门的生产价格是由国内销售和出口两个价格加权平均合成的：

$$PA_a = PDA_a \cdot \frac{QDA_a}{QA_a} + PE_a \cdot \frac{QE_a}{QA_a}, a \in A \qquad (5.11)$$

也可以表示成：

$$PA_a \cdot QA_a = PDA_a \cdot QDA_a + PE_a \cdot QE_a, a \in A \qquad (5.12)$$

出口价格受国际市场价格和汇率影响：

$$PE_a = p\omega e_a (1 - te_a) \cdot REER, a \in A \qquad (5.13)$$

REER是实际有效汇率。$p\omega e$是用外币单位计算的商品完税后的离岸价格。te是出口税，因为本章SAM表5-6和表5-7中没有出口税，$te_a = 0$，因此有：

$$PE_a = p\omega e_a \cdot REER, a \in A \qquad (5.14)$$

从上述等式可以看出，如果$p\omega e$，te和实际有效汇率是外界给定的，PE即被确定。从PA可以导出价格PD。

国内市场上供应的商品c为QQ_c。在开放经济中，QQ_c包括国产内销的部分QDC_c，其价格为PDC_c；以及进口的部分QM_c，其价格为PM_c。国内市场上供应的商品是国内各个主体机构包括消费者、企业、

表5-6　用于分析我国人民币实际有效汇率对就业影响的详细SAM账户结构

		1 商品			2 活动			3 要素			4 居民		5 企业	6 政府	7 国外	8 资本账户	9 存货变动	汇总
		第一产业	第二产业	第三产业	第一产业	第二产业	第三产业	农村劳动力	城市劳动力	资本	农村居民	城镇居民						
1 商品	第一产业				中间投入	中间投入	中间投入				居民消费	居民消费		政府消费	出口	固定资本形成	存货净变动	总需求
	第二产业				中间投入	中间投入	中间投入				居民消费	居民消费		政府消费	出口	固定资本形成	存货净变动	总需求
	第三产业				中间投入	中间投入	中间投入				居民消费	居民消费		政府消费	出口	固定资本形成	存货净变动	总需求
2 活动	第一产业	第一产业国内总产出																总产出
	第二产业		第二产业国内总产出															总产出
	第三产业			第三产业国内总产出														总产出
3 要素	农村劳动力				劳动者报酬	劳动者报酬	劳动者报酬											要素收入
	城市劳动力				劳动者报酬	劳动者报酬	劳动者报酬											要素收入

续表

序号	账户	子账户	商品(1)第一产业	商品(1)第二产业	商品(1)第三产业	活动(2)第一产业	活动(2)第二产业	活动(2)第三产业	要素(3)农村劳动力	要素(3)城市劳动力	要素(3)资本	居民(4)农村	居民(4)城镇	企业(5)	政府(6)	国外(7)	资本账户(8)	存货变动(9)	汇总
3	要素	资本						资本回投											要素收入
4	居民	农村							劳动收入	劳动收入	资本收入			企业转移支付	政府转移支付	国外收益			居民总收入
4	居民	城镇							劳动收入	劳动收入	资本收入			企业转移支付	政府转移支付	国外收益			居民总收入
5	企业										资本收入				直接税				企业总收入
6	政府		第一产业进口税	第二产业进口税	第三产业进口税	生产税	生产税	生产税				直接税		直接税		国外收入	政府债务收入		政府总收入
7	国外		第一产业进口	第二产业进口	第三产业进口						国外资本投资收益				对国外的支付				外汇支出
8	资本账户											居民储蓄		企业储蓄	政府储蓄	国外净储蓄			总储蓄
9	存货变动																存货变动		存货净变动
	汇总		总供给	总供给	总供给	总投入	总投入	总投入	要素支出	要素支出	要素支出	居民支出		企业支出	政府支出	外汇收入	总投资	存货净变动	

表5-7　经CE调整用于分析我国人民币实际有效汇率对就业影响的详细SAM账户结构

单位：亿元

	1 商品 第一产业	1 商品 第二产业	1 商品 第三产业	2 活动 第一产业	2 活动 第二产业	2 活动 第三产业	3 要素 农村劳动力	3 要素 城市劳动力	3 要素 资本	4 居民 农村	4 居民 城镇	5 企业	6 政府	7 国外	8 资本账户	9 存货变动	汇总
1 商品 第一产业				8 730.9	9 496.4	4 272.7				6 682.6	7 492.7		219.9	1 051.9	1 369.5	573.9	48 842
商品 第二产业				19 147.2	139 463.6	46 469				6 805.9	18 846.4		0	53 046.9	71 645.8	2 454.6	384 631
商品 第三产业				2 888.6	44 239.5	36 038.6				8 553.4	22 836		25 427	14 576.6	4 289.3	312.8	177 052
2 活动 第一产业	43 724																43 724
活动 第二产业		344 310															344 310
活动 第三产业			158 429														158 429
3 要素 农村劳动力				5 405.3	9 140	9 382.6											24 059
要素 城市劳动力				12 056.4	20 390	20 930.2											53 672
要素 资本				2 596.1	48 821.6	31 768.1											83 186
4 居民 农村							24 059		905.4			5 773.2	461.5	647.6			
居民 城镇								53 672	3 560.9			12 878.7	1 034.4	1 446.3			80 981
5 企业									78 347					-14.4			78 346
6 政府	45	1 331	103	657.1	12 358	8 041.3						9 038.6			6 922.9		41 828
7 国外	1 773	51 410	5 910						373.4				110.1				59 813
8 资本账户										9 764.6		50 656.4	14 576	-10 941			87 569
9 存货变动															3 341.5		3 341.3
汇总	48 842	384 631	177 052	43 724	344 310	158 429	24 059	53 672	83 186		80 981	78 346	41 828	59 813	87 569	3 341.3	

政府所需求的商品。除了这些最终需求外，还有生产活动的中间投入的需求。QQ_c在国内生产供应和进口之间的替代关系由阿明顿条件来描述：

$$QQ_c = \alpha_c^q (\delta_c^q QDC_c^{\rho_c^q} + (1 - \delta_c^q)QM_c^{\rho_c^q})^{\frac{1}{\rho_c^q}}, c \in C \tag{5.15}$$

$$\frac{PDC_c}{PM_c} = \frac{\delta_c^q}{(1 - \delta_c^q)} \left(\frac{QM_c}{QDC_c}\right)^{1 - \rho_c^q}, c \in C \tag{5.16}$$

市场上销售商品的价格PQ_c是两者的加权平均数：

$$PQ_c = PDC_c \cdot \frac{QDC_c}{QQ_c} + PM_c \cdot \frac{QM_c}{QQ_c}, c \in C \tag{5.17}$$

也可以写成：

$$PQ_c \cdot QQ_c = PDC_c \cdot QDC_c + PM_c \cdot QM_c, c \in C \tag{5.18}$$

公式（5.15）、公式（5.16）和公式（5.18）三个等式形成了在PQ、PDC、PM价格下决定QQ、QDC、QM三者之间按照阿明顿条件供应分配的优化条件。进口商品的价格PM_c由国际市场价格、汇率和关税决定：

$$PM_c = p\omega m_c (1 + tm_c)REER, c \in C \tag{5.19}$$

tm_c为进口商品的关税。$p\omega m$是利用外币计算的商品价格。因为活动和商品是一对一的关系，因此，国内生产国内销售的活动和商品的价格和数量一致，存在以下一对一的映射关系：

$$QDC_c = \sum_a IDENT_{ac} \cdot QDA_a \tag{5.20}$$

$$PDC_c = \sum_a IDENT_{ac} \cdot PDA_a \tag{5.21}$$

公式（5.1）~公式（5.21）共21个等式包含18个函数关系，描述了生产模块包括活动和商品之间的关系。

开放经济模型的主体机构包括居民、企业、政府和国外。劳动力为居民所有，劳动力总供应为QLS。居民收入为：

$$YH_h = WL \cdot shif_{entk}QLS + WK \cdot shif_{hk} \cdot QKS + transfr_{h\,ent} + transfr_{h\,gov} \tag{5.22}$$

$transfr_{h\,gov}$为政府对居民的转移支付，$transfr_{h\,ent}$为国外对居民的转移支付。资本要素收入分配给居民和企业。资本总供应为QKS，$shif_{hk}$为资本要素收入分配给居民的份额，$shif_{entk}$为资本要素收入分配给企业的份额。

居民的可支配收入为 $YH(1 - ti_h)$，其中 ti_h 为居民的所得税税率；再减去储蓄，由消费倾向 mpc_h 决定。效用函数为柯布-道格拉斯函数，从效用函数导出的居民对商品 c 的消费需求是：

$$PQ_c \cdot QH_{ch} = shrh_{ch} \cdot mpc_h \cdot (1 - ti_h) \cdot YH_h, c \in C, h \in H \tag{5.23}$$

企业税前收入包括资本投入获取的收入加上政府对企业的转移支付。本模型两者都包括政府转移支付，企业也可能从国外得到转移收入，不过在 SAM 表中国外给国内的企业的转移支付 $transfr_{entrow} = 0$。因此有：

$$YENT = shi_{entk} \cdot WK \cdot QKS + transfr_{entgov} \tag{5.24}$$

企业的储蓄等于企业的收入减去所得税：

$$ENTSAV = (1 - ti_{ent})YENT \tag{5.25}$$

该国经济总投资，即资本形成，由各个部门的投资组成，并且假设投资外生决定：

$$EINV = \sum_c PQ_c \cdot \overline{QINV_c}, c \in C \tag{5.26}$$

政府的税收为从生产活动中征收的增值税，对居民征收的所得税，对企业征收的所得税，其税率为 ti_{ent}，进口关税，以及得到的国外对政府的转移支付 $transfr_{grow}$：

$$YG = \sum_a (tval_a \cdot WL \cdot QLD_a + tvak_a \cdot WK \cdot QKD_a) + \sum_a \frac{tbus_a}{1 + tbus_a} \cdot PA_a \cdot QA_a +$$
$$ti_h \cdot YH_h + ti_{ent} \cdot YENT + \sum_c tm_c \cdot p\omega m_c \cdot QM_c \cdot REER + \tag{5.27}$$
$$\sum_c te_c \cdot p\omega e_c \cdot QE_c \cdot REER + transfr_{grow} \cdot REER$$

模型中没有假定出口关税，因此 $\sum_c te_c \cdot p\omega e_c \cdot QE_c \cdot REER = 0$。$transfr_{grow}$ 表示该国接受国外的援助或者该国政府拥有大量的国外政府的债券，因此获得利息收入，我国政府每年就有大量的美元债券利息收入。

政府支出包括政府在商品上的消费，以及对居民和企业的转移支付：

$$EG = \sum_a PQ_a \cdot QG_a + transfr_{hg} + transfr_{entg} \tag{5.28}$$

假设政府在商品上的消费外生决定，上述函数改为：

$$EG = \sum_a PQ_a \cdot \overline{QG_a} + transfr_{hg} + transfr_{entg} \tag{5.29}$$

政府的收入和支出之差为政府净储蓄 GSAV。如果是正的，表现为财政盈余。这里政府不强求财政收支平衡，因此 GSAV 内生：

$$GSAV = YG - EG \tag{5.30}$$

外国市场的供应量和需求量，在本模型中采用的是国际经济学中的"小国假设"，也就是在给定价格的条件下，这些变量是内生的，即这个国家的进口量和出口量都不受限制。因此，前面生产模块中的 CES 条件的部分，已经决定了出口数量；阿明顿条件部分已经决定了进口的数量。

系统平衡条件，也就是市场出清。这里有进口商品和出口商品一些细节需要调整。所有国内生产的国内销售的供应等于所有国内的需求。有下列等式：

$$QQ_c = \sum_a QINT_{ca} + \sum_h QH_{ch} + \overline{QINV_c} + \overline{QG_c}, c \in C \tag{5.31}$$

可以看出，这是 SAM 表上商品账户的平衡条件。因为 QQ 为国内市场销售商品，因此，没有出口部分的需求。

要素市场出清，要求要素需求等于供给，有：

$$\sum_a QLD_a = QLS \tag{5.32}$$

$$\sum_a QKD_a = QKS \tag{5.33}$$

这里 QLS 和 QKS 分别是劳动力和资本供给的总数。开放经济有外汇收支平衡问题，经常性项目的外汇收支赤字，由资本账户和外汇储备变动来补偿，就是用国外净储蓄 FSAV 来补偿。汇率体制主要有浮动汇率和固定汇率。相应地，CGE 通常用两种外汇体制闭合：一种是浮动汇率体制闭合。在这种情况下，国际收支平衡由汇率 REER 调节来实现。这时 FSAV 等于零，经常性项目的赤字等于资本项目的盈余。另一种为固定汇率体制的闭合。这时汇率 REER 是固定的，而相对于外汇收支来说一般是不平衡的，可以是顺差，也可以是逆差，在模型中体现为国外储蓄 FSAV 的变化，国际收支的结算单位是国际储备货币。本模型的海外账户交易基本符合经济实际，有经常性的贸易进出口往来、资本项目的往来、国内外的转移支付，因此国际收支的恒等式为：

$$\sum_c p\omega m_c \cdot QM_c = \sum_a p\omega e_c \cdot QE_c + \sum_h transfr_{h\,row} + transfr_{ent\,row}$$
$$+transfr_{g\,row} + FSAV \qquad (5.34)$$
$$= \sum_a p\omega e_c \cdot QE_c + transfr_{g\,row} + FSAV$$

因为在 SAM 表中，国外对居民和企业的转移支付为零。外贸账户的闭合基本都假定是固定汇率或者是浮动汇率，但是我国是介于两者之间的汇率，所以为了更好地分析实际有效汇率的影响作用，本书把 FSAV 审定为外生变量，而把实际有效汇率设定为内生变量。这样就有：

$$FSAV = \overline{FSAV} \qquad (5.35)$$

公式（5.1）~公式（5.35）总共 35 个等式包含 31 个函数关系等式组，构成了该 CGE 模型的通用部分。

内生变量为：

QA_a——经济活动生产的产品数量以及相关部门 a 的数量；

QVA_a——相关部门 a 的增值投入数量；

$QINTA_a$——中间投入总量；

PA_a——经济活动生产商品的价格以及相关部门 a 的商品的价格；

PVA_a——含增值税的增值部分总价格指数；

$PINTA_a$——中间投入总价格指数；

$QINT_{ac}$——经济活动部门生产的商品数量；

QLD_a——劳动力需求量；

QKD_a——资本要素需求量；

WL——劳动力价格即工资；

WK——资本市场的资本价格；

QDA_a——国内生产国内使用商品 a 的数量；

PDA_a——国内生产国内使用商品 a 的价格；

QDC$_c$——国内生产国内使用商品 c 的数量；

PDC$_c$——国内生产国内使用商品 c 的价格；

QE$_a$——生产商品 a 出口的数量；

PE$_a$——国内生产商品 a 的出口价格。

另外还有 REER，QQ$_c$，PQ$_c$，QM$_c$，PM$_c$，YH，QLS，QKS，QH$_a$，YENT，ENTSAV，EINV，YG，EG，GSAV，REER，共 33 个变量。

这里多了两个变量，还没有提供闭合条件。考虑到凯恩斯经济条件，需加上凯恩斯理论的刚性价格条件。由于劳动力和资本要素价格，通过生产模块，是其他所有价格的基础，所以设置：

$$WL = \overline{WL} = 1 \tag{5.36}$$

$$WK = \overline{WK} = 1 \tag{5.37}$$

这样整个模型等式和变量各为 33 组。方程矩阵是正方形，可以求解。凯恩斯闭合还需要需求方面的数量的外生变量，才能使方程有解。本模型中因为投资和政府消费量是外生的，已经起到这个作用。

通常为了研究宏观经济变量 GDP 和 PGDP，可以加上下面的等式：

$$GDP = \sum_c (QH_c + \overline{QINV_c} + \overline{QG_c} + QE_c - QM_c) \tag{5.38}$$

$$PGDP \cdot GDP = \sum_{c \in C} PQ_c \cdot (QH_c + QINV_c + QG_c) + \sum_c PE_c \cdot QE_c - \\ \sum_c PM_c \cdot QM_c + \sum_c tm_c \cdot p\omega m_c \cdot REER \cdot QM_c \tag{5.39}$$

以及投资储蓄的等式，包括虚拟变量 VBIS。如果模型正确，VBIS 应该等于零。

$$EINV = \sum_h (1 - mpc_h)(1 - ti_c) \cdot YH + ENTSAV + GSAV + \\ REER \cdot FSAV + VBIS \tag{5.40}$$

公式（5.1）~公式（5.40）总共 40 个等式 36 个函数关系基本表达式，前文已述的 33 个变量加上 GDP，PGDP 和 VBIS 共 36 个变量，构建成一个完整的可计算一般均衡模型。

5.3　人民币实际有效汇率对我国就业的影响

5.3.1　可计算一般均衡模型的估计与求解

5.2节阐述了可计算一般均衡模型的构建过程，但是为了保证模型的有效性和准确性需要对模型的参数进行设定。本节根据社会核算矩阵的统计经验和国内外文献对模型中的外生参数进行估计。生产函数、CES函数和阿明顿条件的函数的弹性 ρ_a，ρ_a^{va}，ρ_a^t，ρ_c^q 可以利用计量方法外生确定。需要靠SAM表估计校调的参数有：投入产出系数（ica_{ca}），函数的规模项（α_a^q，α_a^{va}），函数的份额项（δ_a^q，δ_{LOha}^{va}），税率参数（tval，tvak，ti_h，ti_{ent}，tm_c），转移支付参数（$transfr_{h\,ent}$，$transfr_{h\,gov}$，$transfr_{g\,row}$，$transfr_{ent\,g}$），经济主体在要素收入上的份额（$shif_{h\,k}$，$shif_{ent\,k}$），主体机构对各商品的消费占总额比例（$shrh_a$），其他（mpc_h，$p\omega m_c$，$p\omega e_c$）。这些参数的确定都是参考国内外相关研究人员的研究成果。相关的参数表归纳为表5-8至表5-15。

表5-8　　　　　　　　　　产业活动的投入产出系数

商品或活动名称	第一产业活动	第二产业活动	第三产业活动
第一产业商品	0.375	0.165	0.038
第二产业商品	0.45	1.48	1.692
第三产业商品	0.167	0.356	1.171

表5-9　　　　　　　　　　函数的规模项参数

商品或活动名称	α_a^q	α_a^{va}
第一产业	1.403	0.609
第二产业	2.979	2.241
第三产业	3.991	3.081

表5-10 函数的份额项参数

商品或活动名称	δ_a^q	δ_{LOha}^{va}
第一产业活动	0.168	0.756
第二产业活动	0.453	0.647
第三产业活动	0.432	0.761

表5-11 税率参数

商品或活动名称	tm_c	ti_{ent}	ti_h	tvak	tval
第一产业	0.106	0.032	0.051	0.112	0.097
第二产业	0.285	0.028	0.034	0.113	0.102
第三产业	0.329	0.038	0.042	0.104	0.188

表5-12 转移支付参数

经济主体	$transfr_{h\,ent}$	$transfr_{h\,gov}$	$transfr_{g\,row}$	$transfr_{ent\,g}$
农村居民	0.055	0.043		
城镇居民	0.084	0.094		
政府			0.041	
企业				0.074

表5-13 经济主体要素收入份额

经济主体	$shif_{h\,k}$	$shif_{ent\,k}$
农村居民	0.007	0.271
城镇居民	0.015	0.736
企业		0.965

表5-14 要素之间的替代弹性

活动名称	替代弹性
第一产业	0.413
第二产业	1.056
第三产业	0.723

表5-15 居民需求函数中的弹性

商品名称	农村居民	城镇居民
第一产业	0.756	0.623
第二产业	1.023	1.147
第三产业	0.856	0.945

在核算矩阵的SAM表中，国外账户的收入与支出的数值是用外汇折算为本国货币单位的数值。这些账户的数值都是用外汇数量与汇率相乘计算得出的，本书为了体现国外账户的真实价值以及对中国国内经济的实际影响，采用的是实际有效汇率进行测算，所以更能增强国外账户的真实性。模型中包括国外对本国政府的转移支付 $transfr_{grow}$，这个数值是以外币计量的，但是要换算成本国的货币单位与间接表示的我国人民币实际有效汇率倒数相乘，再引入到该CGE模型中。在对国际收支平衡校调和估算时，要引入实际有效汇率进行估算，不能把汇率设置成1，因为汇率在经济现实中基本不等于1，还有就是要研究实际有效汇率的变动百分比对经济各部门的影响，这就更需要同国内数值统计的标准相一致。

5.3.2 实际有效汇率变动的政策模拟

通过建立的可计算一般均衡模型，本书对人民币实际有效汇率的变动对就业影响情况进行模拟，主要是分析我国人民币实际有效汇率上升，也就是人民币不断升值对我国就业的主要影响，影响主要归纳为两个方面，即人民币升值对劳动力要素的影响和人民币升值对相关的三大产业劳动力需求的影响。这三大产业是我国劳动力就业的主要吸收体，汇率对三大产业劳动力需求的影响，也就具体体现了我国就业形势的状况。在分析中设定人民币升值的三个幅度，即人民币实际有效汇率上升5%、10%和20%的情况下，分别模拟了对劳动力要素的流动以及对三大产业劳动力需求变化的影响。从模拟的变化中我们可以看出人民币升值对我国就业问题在不同产业和不同区域之间的影响，这为我国解决就业问题提供了政策上的路径。

人民币升值的不同幅度对我国劳动力要素的影响有所不同，其中劳动力要素分成农村劳动力和城镇劳动力。具体影响见表5-16、表5-17和表5-18。

表5-16　　　　实际有效汇率上升5%对生产部门劳动力
需求的影响

生产部门	农村劳动力			城镇劳动力		
	基期值（千万人）	模拟值（千万人）	变化（%）	基期值（千万人）	模拟值（千万人）	变化（%）
第一产业	49.421	49.543	0.248	28.621	28.696	0.263
第二产业	19.627	20.117	2.496	16.684	17.076	2.354
第三产业	9.781	10.149	3.751	7.621	7.894	3.587

表5-17　　　　实际有效汇率上升10%对生产部门劳动力
需求的影响

生产部门	农村劳动力			城镇劳动力		
	基期值（千万人）	模拟值（千万人）	变化（%）	基期值（千万人）	模拟值（千万人）	变化（%）
第一产业	49.421	49.568	0.298	28.621	28.701	0.281
第二产业	19.627	20.219	3.018	16.684	17.177	2.954
第三产业	9.781	10.186	4.145	7.621	7.975	4.647

表5-18　　　　实际有效汇率上升20%对生产部门劳动力
需求的影响

生产部门	农村劳动力			城镇劳动力		
	基期值（千万人）	模拟值（千万人）	变化（%）	基期值（千万人）	模拟值（千万人）	变化（%）
第一产业	49.421	49.576	0.314	28.621	28.707	0.302
第二产业	19.627	20.353	3.698	16.684	17.283	3.359
第三产业	9.781	10.268	4.985	7.621	8.021	5.246

从表5-16、表5-17和表5-18的模拟结果来看，我国人民币升值也就是人民币实际有效汇率上升在整体上正向地促进了我国就业，只是在某些特定的部门影响会有所不同，但是整体上人民币升值有利于我国就业问题缓解这个整体方向。综合分析人民币升值的每一个幅度，人民币实际有效汇率上升对我国第一产业的就业影响相对而言比较稳定，原因是我国农村劳动力虽然呈向城镇流动的迹象，但是随着我国农业自身生产率的提高，农业人口存有大量的剩余，所以人民币实际有效汇率的变动对农业的影响不是很大。人民币实际有效汇率上升对我国第二产业的影响也具有正向作用，自21世纪以来我国经济保持高速增长，尤其第二产业对经济增长的贡献非常突出。同时，第二产业中的相关产业是我国贸易出口的主体，是利用外需拉动我国经济增长的核心力量，第二产业是开放性最高的一个产业。所以，第二产业的开放性增强有利于促进就业量的增加，第二产业在设备、原料、中间产品以及出口等方面整合性很强，该产业为了实现利润的最大化降低生产成本，生产要素的整合有很大部分需要从外国进口采购。由于人民币实际有效汇率上升，用外国货币度量的进口要素的价格下降，促使生产的成本降低从而使得企业在生产中利润上升，在汇率的升值中获得利益。人民币实际有效汇率上升的幅度越大，企业的利润空间越大，越会促使企业扩大投资，第二产业整体投资水平的扩大会显著地提供更多的就业。

从第二产业与第三产业对比来说，第二产业与国外的要素联系密切，因而在人民币升值的情况下第二产业应当比第三产业受到更强的冲击。但是，从模拟的数据变化程度来看，在人民币实际有效汇率上升的冲击影响下，第二产业比第三产业变化的程度要低，这说明人民币实际有效汇率上升对第二产业中一些行业的冲击是负效应，致使降低了人民币升值对整个第二产业的整体冲击效应。考虑到中国行业的实际构成情况，人民币升值也就是人民币实际有效汇率上升对我国劳动密集型行业的影响具有负向的效应。存在劳动密集型行业是每个国家经济发展不可逾越的阶段，我国正处于商品经济发展由初期向中期过渡的阶段，劳动密集型产业在中国的发展还将存在很长一段时期，该类型的行业主要是依靠降低劳动力成本来获得行业利润的。我国目前劳动力成本较低，国内的很多行业如纺织和服装业都是劳动密集型行业，其产品在出口获利中占有较大份额；同时，国外的企业也到中国投资兴建生产基地，利用中国廉价的劳动力来获得更大的收益。这两种类型的企业在人民币实际有效汇率上升的情况下，劳动力的成本上升，并且企业产品的出口量也大幅下滑，这两方面给企业带来很大损失，企业的利润受损就会缩小规模，减少该类型企业的就业量，最终影响我国的整体就业水平。

从第三产业来看，人民币实际有效汇率上升对第三产业整体的就业具有正向的促进作用，对我国就业水平的贡献程度最大。我国的第三产业与我国的人民币实际有效汇率已经形成紧密的互动关系。随着我国产业结构的升级和第三产业对外开放程度的不断加深，第三产业在国民经济中的比重不断增大，这也是我国产业结构升级发展的必然趋势，经济越发达的经济体其第三产业在国民经济中的比重越高。第三产业本身就是解决就业问题的主要载体，再加上人民币升值的促进作用，第三产业已经逐步成为解决我国就业问题的主要产业力量。

结合我国产业结构发展的整体规划，稳步发展第一产业，农业的就业是民生的根本，是广大人民群众最直接、最现实、最根本的利益。解决农村劳动力的就业问题关系到农村改革、发展与稳定，主要应该在解决农村地区就业岗位的不足，提升农村劳动力就业的指导性工作与服务，提高农村劳动力的综合素质，健全农业的产业链条以及开发农村的深加工产业等方面进行建设。

对于第二产业我们要处理好其中的劳动密集型和资本密集型产业之间的关系，加快产业类型的调整，建立第二产业的劳动力向第三产业的转移路径，提升第二产业中生产项目的开发能力，稳步推进与国际水平对接的产业项目，培养高素质的企业经理人团队，建立合理的产业链等，以此接收和吸纳更多的劳动力，缓解我国就业市场的压力。

从现阶段我国经济发展的形势看，第三产业的发展和壮大是缓解我国就业压力的根本和有效途径。人民币实际有效汇率上升对我国产业结构的影响很大，国家一定要积极调整宏观的经济政策导向，加大对我国第三产业的投资规模，接收民间的投资，形成高效的竞争机制，提升劳动力在产业之间的流动效率，进一步扩大服务业的对外开放度，最终充分发挥第三产业对就业的吸纳作用。在充分发挥第三产业解决就业能力的同时，推动和促进我国三大产业结构的全面优化和升级，在宏观体系下通过三大产业的相互配合来缓解就业压力，实现我国宏观经济稳定、持续和高效的发展。

5.4 结论

本章主要研究了人民币实际有效汇率对我国就业的影响。就业问题是当今每个国家乃至世界经济发展中都面临的难题，能否解决就业问题关系到整个国家宏观经济的发展持续性和动力性，只有在经济发展的基础上实现充分的就业，国家经济的发展才能健康平稳。

本章首先介绍了可计算一般均衡模型，该模型能够很好地拟合我国汇率变动的程度对我国就业的影响。建立可计算一般均衡模型要先绘制适合研究问题的社会核算矩阵账户表，并对该账户表应用交叉熵法（CE）使账户平衡。本章对我国的社会核算矩阵采用了对活动账户进行三大产业的拆分，对要素居民进行城镇居民和农村居民的拆分，这样有利于分析汇率变动对我国三大产业的影响，也有利于对我国劳动力就业的流动趋势进行分析。随后，本章根据可计算一般均衡模型的一般原理，结合我国经济发展的实际情况，建立适合我国经济发展模式的可计算一般均衡模型，将平衡表的数据代入可计算一般均衡模型，分别采用人民币实际有效汇率变动的不同幅度，来模拟人民币实际有效汇率上升对我国三大产业就业的影响程度。通过以上分析我们认为，人民币实际有效汇率对我国就业的影响越来越大，汇率已经成为我国调节我国宏观经济变量的重要因素。进行人民币实际有效汇率对就业影响的实证分析，对我国政府实现宏观经济的调控目标具有重大的参考价值和借鉴意义。

第6章　人民币实际有效汇率对
贸易收支的影响

　　经济开放国家的对外贸易交流是拉动经济增长的主要动力之一，在国家拉动内需促进本国经济增长的同时，也要不断地扩大出口，用外需来拉动经济增长。国际收支是国家宏观经济构成中的重要成分之一，体现着一国在国际市场上的竞争地位，国际收支形成的主要经济活动包括国际贸易、国际投资和国际技术转让，但是体现在国际收支账户中的主要是经常项目和资本项目。20世纪90年代初期，随着我国改革开放的不断深化，我国商品进出口贸易额逐年增长，商品贸易的收支情况基本是贸易顺差占主导，这源于我国经济开放由起步阶段向扩张阶段迈进，首先扩大开放的是商品贸易市场，而我国的资本市场基本还处于国家管制的状态，国际投资交流在20世纪90年代初期一直都保持在稳定水平。但是，20世纪90年代中后期以来除了金融危机的发生对我国国际收支产生轻微的影响，在大部分年份中我国国际收支账户中经常项目和资本项目的双顺差趋势逐步增强，即使在我国人民币汇率出现大幅波动的情况下，我国的国际收支账户盈余状况也没有发生根本的转变，这种经济表现似乎与传统的国际贸易理论相背离，但是汇率作为本外币的交换比价，其对国际收支的调节作用受到很多经济因素的制约，并且汇率的变动达到一定的幅度前，其对国际贸易以及国际投资的流动影响将表现出很强的滞后性，汇率作用的时效机制都基本体现在中长期的影响上。

6.1 汇率与国际收支的理论描述

6.1.1 汇率变动与国际收支的弹性理论

汇率在国与国的经济交往中有着重要的地位，只有汇率存在，各国之间的交往和联系才能实现。所以，在汇率发生变动的情况下，国与国交换的进出口商品的价格也将发生变动，这种价格的变动对两国的国内贸易需求和供给产生影响，进而影响国与国之间的国际收支状况。当一国的货币升值时，相对于其他国家来说本国出口商品的价格上涨，而本国从其他国家进口商品的价格相对下降，从而导致出口的降低和进口的上升，进而使国际收支的状况发生变化；反之，当一国的货币贬值时，相对于其他国家来说本国出口商品价格下降，而本国从其他国家进口商品的价格相对上升，从而导致出口的上升和进口的下降，进而促使国际收支账户发生变化。然而，一国货币的贬值或者升值不是确定性地使本国的国际收支账户发生预期的变化，还会经常发生汇率的变动与国际收支状况的改变不一致的情况，这种汇率的变动与国际收支背离不断促使国内外学者加深对汇率和国际收支关系的研究。

20世纪30年代，琼·罗宾逊采用马歇尔的研究方法，研究一国汇率变动对该国国际收支和国际条件的影响关系，对汇率的研究主要采取局部均衡和供求弹性相结合的方式，建立了汇率与国际收支弹性理论的基础。随后，阿巴·勒纳对其完善并发展，最终形成弹性理论，弹性理论认为在贸易条件不变的情况下，贸易品价格的相对变化将改变商品的需求，需求的变化改变进出口的力量对比进而改变国际收支状况。

（1）马歇尔-勒纳约束

弹性理论认为一国货币相对其他国货币贬值，能否改变该国的国际收支状况，主要起决定作用的是贸易商品的需求和供给弹性。由于是国与国之间商品的需求关系，所以存在四个弹性，即出口商品的需求弹性、出口商品的供给弹性、进口商品的需求弹性、进口商品的供给弹性。假定在非充分就业的前提下，一国的出口商品具有完全的供给弹性，货币的贬值效用完全取决于需求弹性。用 α_x 表示本国对贬值国出口商品的需求弹性，α_m 表示本国对贬值国进口的需求弹性，β_x 表示本国对贬值国出口的供给弹性，β_m 表示本国对贬值国进口的供给弹性，则当 $|\alpha_x| + |\alpha_m| > 1$ 时，即出口的需求弹性与进口的需求弹性绝对值之和大于1时，贬值可以改善贸易收支状况。

（2）毕肯戴克-罗宾逊-梅茨勒条件

马歇尔-勒纳约束的一个重要假设是进出口商品的供给是完全弹性的，这样的假定使进出口商品的供给价格完全刚性，这种假定在现实的经济交往中根本不存在，一般情形是进出口的变化会影响供给价格的变化，所以以马歇尔-勒纳约束的局限性很大。

毕肯戴克-罗宾逊-梅茨勒条件是放弃了供给完全弹性的假定，具体的推导过程如下：

假设 TB 表示国际收支账户出口与进口的差额；P_x 表示出口贸易品的本币价格；P_x^* 表示出口贸易品的外币价格；P_m 表示进口贸易品的本币价格；P_m^* 表示进口贸易品的外币价格；X 表示出口量；M 表示进口量；e 表示直接标价法下的名义汇率，那么很容易得到国际收支的表达式：

$$TB = P_x^* X - P_m^* M \tag{6.1}$$

当没有交易障碍和贸易限制时，有：

$$P_x = eP_x^*, P_m = eP_m^* \tag{6.2}$$

一般进口的需求是本国货币价格的函数，出口的需求是外国货币价格的函数，进口的供给是外国货币价格的函数，出口的供给是本国货币价格的函数，在供求平衡时，有：

$$D_m(P_m) = S_m(P_m^*), S_x(P_x) = D_x(P_x^*) \qquad (6.3)$$

将（6.3）式对 e 求导，整理可得：

$$\frac{\partial TB}{\partial e} = P_m^* M \left[\frac{-\alpha_x(1-\beta_x)}{\beta_x - \alpha_x} - \frac{\beta_m(1+\alpha_m)}{\beta_m - \alpha_m} - 1 \right] \qquad (6.4)$$

从（6.4）式可以看出，本币贬值使国际收支改善的条件是上式大于零，有：

$$\frac{-\alpha_x(1-\beta_x)}{\beta_x - \alpha_x} - \frac{\beta_m(1+\alpha_m)}{\beta_m - \alpha_m} - 1 > 0 \qquad (6.5)$$

整理得出：

$$\frac{\alpha_x \alpha_m(1+\beta_x+\beta_m) - \beta_x \beta_m(1+\alpha_x+\alpha_m)}{(\beta_x - \alpha_x)(\beta_m - \alpha_m)} > 1 \qquad (6.6)$$

公式（6.6）就是供给非完全弹性情况下，本币贬值使国际收支改善的条件。

（3）时滞效应和 J 曲线效应

现实的贸易中，国际收支和汇率之间的反应是有时滞性的，也就是说汇率对国际收支的影响主要有三个阶段。第一阶段是贸易的交易没有汇率的反应迅速，虽然汇率已经变动但是商品的暂时性贸易还是保持原有的汇率水平，所以国际收支的状况不仅不会改善，相反还会有继续小幅恶化的表现。第二阶段是汇率的传导阶段，商品的价格随着汇率的变动而变动，但进出口交易数量变动暂时是缓慢的，因此这时进出口的贸易量变化的程度取决于汇率的变动幅度和商品的供给和需求的相对无弹性的对比组合状态。第三阶段是进出口商品量的变化阶段，该阶段是汇率变动的真实影响过程，国家的贸易情况会随之发生逆转，进出口商品的弹性对比关系决定着国际收支的调整。

对于上述国际收支对汇率变化的调整的时滞效应，国外经济学家按照马歇尔-勒纳的约束，描绘出一国货币贬值的 J 曲线效应，该效应基本解释了在贬值的初期进口国的进口贸易品数量并没有下降，而出口的贸易品数量也没有上升，这样导致国际收支的状况暂时性恶化，但是，经过汇率一定时期的传导，在贸易品的弹性符合马歇尔-勒纳约束时，本国的国际收支会慢慢地得到改善和调节。

（4）汇率传导的不完全性

前文的阐述没有考虑到汇率自身的传导过程中的不完全性，汇率的传导是指一国的货币价格对本国货币和其贸易伙伴国货币之间的波动响应程度。汇率传导的完全性只存在于贸易一价定律成立的前提下，汇率变动的幅度能完全体现国与国进出口贸易品的价格变动，并且两者之间变动的幅度一样。汇率完全传导是建立在很苛刻的市场假设前提下，要求市场处于完全竞争的状态，进口国是贸易商品价格的接受者，并且不存在贸易的交易成本以及贸易壁垒的限制等。但是，在当今的国际贸易交往中国家之间有错综复杂的利益关系，各国都根据自己本国的利益来对贸易进行干涉，所以一价定律的成立完全是不现实的，国外学者也实证检验了一价定律的有效性，检验的大部分结果都是一价定律不成立。既然一价定律不成立，必然激发很多学者用大量的实证来研究汇率传导的不完全性，证明这种汇率传导不完全性也是普遍存在的，并且汇率对贸易品价格的传导作用越来越弱，这必然导致汇率的变动对国际收支状况的根本性改善受到限制。

6.1.2　汇率变动与国际收支乘数论、吸收论和货币论

（1）汇率变动与国际收支乘数论

汇率作为国民经济指标的重要组成部分，其变动的作用机理离不开整体国民经济这个体系，要把反映国家实力的因素也就是国民收入的变化考虑进来。在马歇尔-勒纳约束下，本国货币贬值会引发出口贸易品的增加，必然引起国内生产总值的增长，而国内生产总值的增长会增加社会的总需求，因而对贸易进口商品的需求也增加，进口的扩大也阻碍国际收支状况的改善。我们把因国民收入而影响进口的效应称为进口收入效应，其效应的强弱取决于国内生产总值的增长幅度和国家的边际进口倾向（ρ），所以当引入进口收入效应时，国际收支变动（ΔTB）的表达式为：

$$\Delta TB = (\Delta V_x - \Delta V_m)_{auto} - m\Delta Y \qquad (6.7)$$

其中，$(\Delta V_x - \Delta V_m)_{auto}$ 为国际收支的自发性变动成分；$m\Delta Y$ 为国内生产总值变动的引致成分；V_x 和 V_m 分别是以本国货币衡量的贸易出口量和进口量。哈伯格采用的是弹性分析法与乘数理论结合到一起，并给出货币价值变动对国际收支影响更为精确的约束条件：

$$|\alpha_x| + |\alpha_m| > 1 + m \qquad (6.8)$$

哈伯格条件是指贸易品进出口需求弹性的绝对值之和大于1加m的总和。国际贸易是国与国之间的经济交流，其中任何一方发生变化都对贸易伙伴国产生很大影响，这可以称为外部回馈效应。如果引入贸易伙伴国的回馈效应，那么本国国际收支变动就转变成：

$$\Delta TB = (\Delta V_x - \Delta V_m)_{auto} - m\Delta Y - m^*\Delta Y^* \qquad (6.9)$$

这里，$(\Delta V_x - \Delta V_m)_{auto}$ 仍然是国际收支的自发性变动成分，$m\Delta Y$ 为国内生产总值变动的引致成分，增加的成分 m^* 和 ΔY^* 分别表示贸易伙伴国的边际进口倾向和贸易伙伴国的国民收入变动。哈伯格又更进一步证明在国际贸易中存在外部回馈效应并且在一国货币贬值的情况下，国际收支状况转变的约束条件是：

$$|\alpha_x| + |\alpha_m| > 1 + m + m^* \qquad (6.10)$$

一国商品的进出口需求弹性之和大于1加上本国和贸易伙伴国的边际进口倾向的总和。

（2）汇率变动与国际收支的吸收论

米德和亚历山大在20世纪中期提出吸收论，其主要思想是把国际收支和国民收入的核算结合到一起，表示为：

$$Y = C + I + G + (X - M) = A + B \qquad (6.11)$$

这里的Y表示国民收入，C消费支出、I投资支出、G政府支出、X出口额、M进口额，都是国民收入支出核算方式的基本组成部分。假定 $A = C + I + G$ 作为吸收项支出，$B = X - M$ 是国际收支项，据此得到：

$$B = Y - A \qquad (6.12)$$

汇率与国际收支的吸收论是引入等式的因果逻辑关系，把等式的右边看成原因，把等式的左边看成结果。从等式的表达可以看出，国际收支出现盈余的结果状态是吸收项支出小于国民收入所引起的，相反，国际收支出现赤字的结果状态是吸收项支出大于国民收入所引起的。所以要改变国际收支的盈余和赤字状态，就必须改变吸收项支出和国民收入的对比状态。

同时，吸收理论把吸收项支出界定为自发性吸收和倾向性吸收两个部分，前者独立于国民收入，后者与国民收入有正向的边际效应，是国民收入增加中用于国内的份额。假设用c表示边际吸收倾向，则总的吸收表示为：

$$A = D + cY \qquad (6.13)$$

将上式代入式（6.12）中得到：

$$B = (1 - c)Y - D \qquad (6.14)$$

$$\partial B = (1 - c)\partial Y - \partial D \qquad (6.15)$$

由公式（6.15）可以看出汇率与国际收支的吸收理论相对于本币贬值过程中国际收支状态的转变取决于以下三方面因素：一是∂Y本币汇率变动对国民收入的影响程度；二是c国民收入变动对吸收的影响程度；三是∂D本币变动对自发性吸收的影响程度，只有在这三者的共同影响作用下，才能断定汇率变动对国际收支的盈余或赤字状态转变产生影响。

（3）汇率变动与国际收支货币论

罗伯特·蒙代尔和哈里·约翰逊最早提出了有关汇率变动与国际收支的货币论，随后经过弗伦克尔等学者的进一步发展最终形成完善的体系。货币论有三个前提假设：第一，在一国宏观经济内外均衡的条件下，该国真实的货币需求量是收入和利率的稳态关系函数；第二，货币供给的调整不影响本国的实际产出；第三，进出口商品的价格由世界市场的供求关系决定，世界范围内各国的商品价格和利率同世界市场的整体水平很接近。

从一国市场的长期发展来看，一国的货币供给(M_s)和货币需求(M_d)在货币市场是均衡的，即：

$$M_s = M_d \qquad (6.16)$$

现在引入本国的价格水平变量(P)、实际国民收入变量(y)、本国利率水平(i)，如假设前提条件一成立，有：

$$M_d = Pf(y,i) \tag{6.17}$$

本国的货币供给应该是本国的货币信贷额(D)和国际储备(R)在一定货币乘数(m)下形成的总体的货币供给：

$$M_s = m(D + R) \tag{6.18}$$

为了简化计算，我们时常假定 m = 1，于是有：

$$M_s = D + R = M_d , R = M_d - D \tag{6.19}$$

公式（6.19）为汇率与国际收支货币论的表达式，可以看出贸易收支的盈余或者赤字是由货币自身的供求引发的。国际收支赤字实质上就是本国货币供给量超过货币的需求量。因为假设条件中货币的供应量没有实际产出效应，所以在商品价格水平不变的情况下，多余的货币供给要寻求另外的平衡机制。对一国经济而言，经济运营的主体要增加货币支出来对冲多余的货币供给，这样国家经济体中货币出现流出，最终形成贸易收支赤字。相反，本国的货币供给小于货币需求就会发生货币流入的现象，最终促成国际收支盈余。

在上述分析的基础上，货币论解释汇率变动对国际收支状况影响在货币意义上的界定。但是如果一价定律同时也成立，本国货币的需求函数就表达为：

$$M_d = eP^*f(y,i) \tag{6.20}$$

这里 e 是以本国货币表示的外币价格，P^* 为贸易伙伴国的国内价格水平，汇率 e 和 P^* 的乘积就表示本国价格水平。假定一国的货币发生升值，但是直接表示法的 e 下降引起 e 和 P^* 的乘积也降低，导致 M_d 国内货币需求下降，在国内信贷保持一定情况下国际收支的赤字就会增加。

所以总结货币论的主要思想是本国货币的升值将引起国内价格水平的下降和实际货币余额增加，从而对经济具有扩张的作用。在货币升值的情况下还要改善贸易收支，就要求本国的货币供给量不能减少。

6.1.3　汇率的波动性对国际收支的影响

国际上货币体系经历了很多次的变化，在世界进入以浮动汇率为主导的汇率体系以来，各国对本国的汇率逐步开放，汇率自由浮动的趋势下国家之间的汇率波动日益频繁。汇率的短期波动对国际贸易的影响作用凸显出来，国内外很多学者都研究了不确定条件下国家进出口生产商的活动，从汇率直接影响的主体进出口商的企业行为来研究汇率对国际贸易的影响，因为汇率的波动会对不同风险类型的生产厂商产生不同的影响，进而影响国家之间的贸易收支状况。20世纪70年代中后期，学者们主要从出口厂商所面临的风险角度来分析厂商的生产行为，指出出口厂商的主要风险是汇率的波动，商品不管以何种货币结算，汇率的波动都会对商品的生产和交易产生影响。当本国的厂商选择用外币进行贸易结算时，虽然交易价格和数量由贸易合同决定，但是汇率的波动对出口厂商的实际收入仍然有较大影响。当厂商选择本币交易时，暂时性地回避了价格风险，但是本国货币价值的变动会对国内相关替代品的价格产生影响，市场中的替代品会对本厂商的产品产生替代效应，进而影响本厂商的销售量。要是从固定汇率和浮动汇率的角度分析，浮动汇率在一定程度上限制了国与国之间的贸易发展，因为在固定汇率制度下汇率变动的风险较低，因此进出口厂商对进出口交易有确定性预期，国际贸易的汇率稳定性促进了贸易的种类和规模的扩大，而且由于贸易的资源整合作用，贸易双方在经济交换中共同受益。

至于是浮动汇率还是固定汇率对贸易有积极促进作用，两者其实各有各的优缺点，针对以上浮动汇率因价格的交易风险而限制贸易的发展，不少学者对其也进行了反驳，提出汇率的波动对国际贸易有积极的促进作用。其主要从三个角度进行了说明：第一，从资源整合优化角度看，每个国家都需要资产分配的均衡，并且资源的利用追求最优；从进出口厂商的资本利用效率角度来说，放弃国外资本资源的利益损失远远大于汇率波动带来的利益损失，企业还可以利用汇率波动来使厂商的资源达到整合和优化的目的。第二，风险规避类型的进出口厂商会通过扩大贸易出口量来弥补汇率变动所带来的损失，贸易量的扩大有利于提高厂商的收入，收入的提高能够对冲资本逃离该厂商的替代效应。第三，在国际金融衍生工具日新月异的发展形势下，规避汇率风险的金融工具也为贸易的顺利平稳进行提供了保障，在利润驱动下，厂商不会退出贸易市场。反过来，汇率的变动给厂商带来高风险和高收益并存的抉择机会，这促使更多的竞争者进入贸易产业，从而有利于产品、劳务和资源在国际市场上的优化配置，最终使进出口厂商的收益最大化。

6.2 我国国际收支的主要特征和表现

为了全面而深入地分析人民币实际有效汇率对我国国际收支的影响，首先要了解我国国际收支近些年的发展状况，以及我国国际收支账户的发展特征和现状，在此基础上分别对人民币实际有效汇率对我国的贸易收支和国外直接投资的影响进行实证研究，使两者的实证分析更加有目的性和实际意义。

6.2.1 我国国际收支的现状与特征

根据我国每年公布的国际收支报告，对我国的国际收支平衡表中主要项目差额进行整理，编制了1982—2018年主要项目差额的国际收支平衡表（见表6-1）。

表6-1　　　1982—2018年主要项目差额中国国际收支平衡表　　单位：亿美元

年份	国际收支差额	经常项目差额	资本和金融项目差额	储备资产差额	净误差与遗漏
1982	39.4	56.7	−17.4	−42.2	2.8
1983	28.7	42.4	−13.7	−27.0	−1.7
1984	−17.2	20.3	−37.5	5.3	11.9
1985	−29.3	−114.2	84.9	54.2	−24.9
1986	−5.0	−70.4	65.4	17.3	−12.3
1987	30.3	3.0	27.3	−16.6	−13.7
1988	14.7	−38.0	52.7	−4.6	−10.1
1989	21.1	−43.2	64.3	−22.0	0.9

续表

年份	国际收支差额	经常项目差额	资本和金融项目差额	储备资产差额	净误差与遗漏
1990	92.2	120.0	−27.7	−60.9	−31.3
1991	178.5	132.7	45.8	−110.9	−67.6
1992	61.5	64.0	−2.5	21.0	−82.5
1993	115.7	−119.0	234.7	−17.7	−98.0
1994	403.0	76.6	326.4	−305.3	−97.8
1995	402.9	16.2	386.8	−224.6	−178.3
1996	472.1	72.4	399.7	−316.6	−155.5
1997	580.2	369.6	210.2	−357.2	−222.5
1998	251.5	314.7	−63.2	−64.3	−187.2
1999	262.9	211.1	51.8	−85.1	−177.9
2000	223.5	205.2	19.2	−105.5	−118.9
2001	521.8	174.1	347.8	−473.3	−48.6
2002	677.1	354.2	322.9	−755.1	77.9
2003	979.3	430.5	548.7	−1 061.5	82.2
2004	1 770.9	689.4	1 081.5	−1 900.6	129.7
2005	2 277.3	1 323.8	953.5	−2 506.5	229.2
2006	2 811.5	2 318.4	493.1	−2 847.8	36.3
2007	4 474.1	3 531.8	942.3	−4 607.0	132.9
2008	4 607.0	4 205.7	401.3	−4 795.4	188.4
2009	4 417.3	2 432.6	1 984.7	−4 003.4	−413.8
2010	5 246.8	2 378.1	2 868.6	−4 717.4	−529.4
2011	4 015.7	1 361.0	2 654.7	−3 878.0	−137.7

续表

年份	国际收支差额	经常项目差额	资本和金融项目差额	储备资产差额	净误差与遗漏
2012	1 836.3	2 153.9	−317.7	−965.5	−870.7
2013	4 943.0	1 482.0	3 461.0	−4 313.8	−629.2
2014	1 846.5	2 196.8	382.4	−1 177.8	−1 401.4
2015	−1 299.8	3 041.6	−912.1	3 429.4	−2 129.6
2016	−2 142.1	2 022.0	272.5	4 436.6	−2 294.5
2017	3 045.6	1 951.2	179.3	−915.2	−2 130.5
2018	1 790.9	255.0	1 532.3	−188.9	−1 787.3

注：数据来源为1982—2018年度国际收支报告。

从表6-1中我们可以看出，我国的国际收支在1982—1992年期间还是在正常的收支浮动范围内。在这期间我国的国际收支中经常项目与资本和金融项目基本都是互补的态势，不是国际收支中经常项目盈余，就是资本和金融项目盈余，两者的相互抵消使我国的国际收支始终保持平衡的运行态势。这段时期我国的国际收支总体上基本平衡，主要原因是这段时期我国的汇率制度从双重汇率回归到单一的汇率，汇率虽然有几次下调，但是对我国贸易的规模和影响不大，同时这段时期是我国改革开放的初期阶段，国家商品市场和资本市场的开放程度很低，因此这段时期是我国贸易经济发展的起步阶段。

自1993年以来，我国的国际收支状况发生了实质性的转变，1993—1994年我国的国际收支的经常项目从逆差很大转变为较高规模的逆差，经常项目发生根本性的转变。在这以后到2018年我国的经常项目都是处于顺差盈余的状态，并且顺差的数额不断增大，尤其是2000年以后顺差的增幅不断增大，在2015年增幅达到顶峰，直至在2018年大幅回落至小幅顺差。与此同时我国国际收支中的资本和金融项目在1993年后也是持续的顺差，仅在1998年出现逆差的情况，原因是1997年发生了亚洲金融危机，冲击了亚洲国家之间的贸易交往，我国在亚洲金融危机中承诺人民币不贬值，没有影响我国的资本输出，进而资本和金融项目突发暂时性的逆差。但是随着亚洲金融危机影响的消散，我国的资本和金融项目与经常项目的发展势态趋于一致，这种经常项目与资本和金融项目同时持续顺差称为"双顺差"。"双顺差"基本持续到2011年，之后资本和金融项目在2012年和2015年出现逆差，是因为美国经济复苏、美元强势，我国跨境资本流出加剧，导致资本和金融项目出现逆差。经常项目与资本和金融项目的双顺差使我国的外汇储备逐年增加，在2000年前我国外汇储备增加的主要推动因素是外国直接投资的不断扩大，但是2000年至今我国外汇储备高速增长的主要推动因素是我国经常项目的扩张。2006年底我国的外汇储备超过了1万亿美元，2007年由美国次级贷款危机引发的全球性金融危机对世界的外贸经济造成很大影响，但是我国的外汇储备仍然稳定增长，到2017年末外汇储备达到31 399.49亿美元，2018年末外汇储备达到30 727.12亿美元，比较稳定地维持在3万亿美元的水平。

1994—2018年，我国长期国际收支处于双顺差，表明这种情况不可能是国民经济的自身波动和短暂性的经济冲击所导致。从归纳的数据上看，国际收支双顺差的存在已经是我国国际收支失衡的重要原因。在这段时期内我国发生双顺差的年份占总年份的比重将近70%，如果按照国际惯例把经常项目顺差与资本和金融项目的顺差额加总占国内生产总值的比重超出5%为确定性的双顺差，那么我国双顺差的比重远高于这个比重，要想进一步分析深层次原因就需要对国际收支中经常项目与资本和金融项目的构成成分进行详细分解，只有这样才能找出我国国际收支出现双顺差并且失衡逐步扩大的根本原因。

6.2.2　我国国际收支双顺差的主要表现

我国自1994年以来经常项目与资本和金融项目双顺差的状况一直持续存在，所以双顺差是我国国际收支账户失衡的主要特征，在经济大国中经济持续双顺差并且逐年上升是很少见的。要分析大国形成这种状况的原因，就得从国际收支账户中破坏国际收支均衡的主要账户中寻求原因，在主要账户的结构细分账户中寻找影响因素。

（1）货物贸易顺差是经常项目顺差的主要根源

在我国的国际收支平衡表中，经常项目账户主要包括三个账户项目。其中，排首要位置的是货物和服务项目，货物和服务项目自然是由货物项目和服务项目两项构成，并且货物项目所占的比重非常大。排次要位置是收益账户，该账户主要包括职工报酬和投资收益两项，两者的差额差不多，但是总量上还是有差距的。第三个是经常转移账户，其主要是由各级政府和其他部门两个账户组成，并且以其他部门的收入为主导。

我国1982—2018年度的国际收支报告经过归纳得出国际收支中经常项目的差额变动（见表6-2）。从表6-2中可以看到在经常项目中货物项目的收支状况基本决定经常项目是顺差还是逆差，在1990年以后货物贸易几乎都处于顺差的状态，并且顺差的涨幅还不断扩大。而服务差额这个账户只在20世纪80年代是顺差，20世纪90年代到现在一直为逆差。收益差额账户在这段时期内初期是顺差，到1993年以后变成逆差并且逆差额逐年上升。经常转移账户长期保持顺差的状态，在2013年以后变为逆差，但是占经常项目总顺差比重始终不高，由此看出货物贸易在经常账户中处于主导性地位。

表6-2　　　　　　　1982—2018年经常项目差额变动表　　　　单位：亿美元

年份	经常项目差额	货物和服务差额	货物差额	服务差额	收益差额	经常转移差额
1982	56.7	48.1	42.5	5.6	3.8	4.9
1983	42.4	25.7	19.9	5.8	11.6	5.1
1984	20.3	0.5	0.1	0.4	15.3	4.4
1985	−114.2	−125.0	−131.2	6.2	8.4	2.4
1986	−70.4	−73.9	−91.4	17.5	−0.2	3.8
1987	3.0	2.9	−16.6	19.5	−2.2	2.2
1988	−38.0	−40.6	−53.2	12.5	−1.6	4.2
1989	−43.2	−49.3	−56.2	6.9	2.3	3.8
1990	120.0	106.7	91.7	15.0	10.6	2.7

续表

年份	经常项目差额	货物和服务差额	货物差额	服务差额	收益差额	经常转移差额
1991	132.7	116.0	87.4	28.6	8.4	8.3
1992	64.0	50.0	51.8	−1.9	2.5	11.6
1993	−119.0	−117.9	−106.5	−11.4	−12.8	11.7
1994	76.6	73.6	72.9	0.7	−10.4	13.4
1995	16.2	119.6	180.5	−60.9	−117.7	14.3
1996	72.4	175.5	195.4	−19.9	−124.4	21.3
1997	369.6	428.2	462.2	−34.0	−110.0	51.4
1998	314.7	438.4	466.1	−27.8	−166.4	42.8
1999	211.1	306.4	359.8	−53.4	−144.7	49.4
2000	205.2	288.7	344.7	−56.0	−146.7	63.1
2001	174.1	280.9	340.2	−59.3	−191.7	84.9
2002	354.2	373.8	441.7	−67.8	−149.5	129.8
2003	430.5	358.2	443.7	−85.5	−102.2	174.5
2004	689.4	511.7	589.8	−78.1	−51.3	229.0
2005	1 323.8	1 246.3	1 341.9	−95.6	−161.1	238.7
2006	2 318.4	2 089.2	2 177.5	−88.3	−51.4	280.7
2007	3 531.8	3 080.4	3 159.5	−79.1	80.4	371.0
2008	4 205.7	3 488.3	3 606.5	−118.1	285.8	431.6
2009	2 432.6	2 201.3	2 495.1	−293.8	−85.3	316.6
2010	2 378.1	2 230.2	2 541.8	−311.6	−259.0	406.9
2011	1 361.0	1 819.0	2 435.5	−616.5	−703.2	245.1
2012	2 153.9	2 318.4	3 215.9	−897.5	−198.9	34.3
2013	1 482.0	2 353.8	3 598.9	−1 245.1	−784.4	−87.3

续表

年份	经常项目差额	货物和服务差额	货物差额	服务差额	收益差额	经常转移差额
2014	2 196.8	2 840.2	4 759.9	−1 919.7	−341.1	−302.3
2015	3 041.6	3 578.7	5 761.9	−2 183.2	−410.6	−126.5
2016	2 022.0	2 557.4	4 888.8	−2 331.5	−440.1	−95.2
2017	1 951.2	2 170.1	4 759.4	−2 589.3	−100.4	−118.6
2018	255.0	1 030.0	3 951.7	−2 921.7	−750.9	−24.1

注：数据来源于1982—2018年度国际收支报告。

经常项目中货物贸易额占经常项目的比例是最大的。在2002年之前货物顺差的额度都是同经常项目的总额几乎一样大，1982年货物的贸易顺差额只是经常项目的85%左右，之后此比重逐年上升，到2001年该比重达到最大值165%，随后出现下降的趋势，但是在2018年年末此比重仍然为76%。图6-1显示货物顺差的增长幅度同经常项目的增长幅度高度一致，所以可以断定货物的贸易收支状况是我国国际收支中经常账户的主导者和推动者。

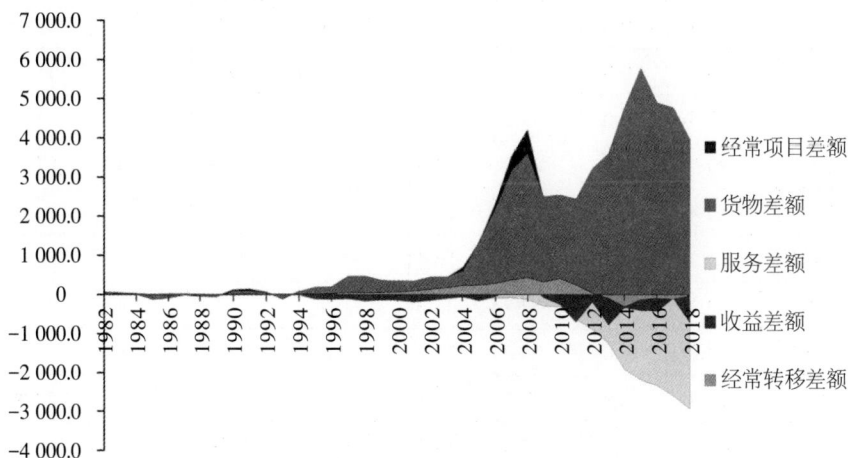

图6-1　1982—2018年经常项目及其几个子项目趋势图

（2）外国直接投资是资本和金融项目顺差的主要根源

资本和金融项目由两个主要账户构成，即资本项目账户和金融项目账户。而金融项目账户分成直接投资、证券投资和其他投资三个子项目账户。表6-3是从1982—2018年度国际收支报告中统计总结出的数据，该表显示了我国1982—2018年的资本和金融账户的数据变动情况。其中资本和金融账户这段时期几乎都处于顺差的状态，只有个别年份出现逆差，顺差在2000年以后增长的速度非常快。我国在1997年之前没有资本项目账户的统计数据，1997—2004年资本账户是小幅度的逆差状态，但是2005年之后资本账户的赤字状态出现了逆转，形成较大幅度的顺差盈余并且之后每年都很平稳地增加。在资本和金融账户中资本项目所占比重非常小，而金融项目账户中从其差额可以看出金融账户是顺差还是逆差，基本决定资本和金融总账户的顺逆差状况，因此金融账户在资本和金融账户中占据决定性的地位。

表6-3　　　　　1982—2018年资本和金融项目差额表　　　　单位：亿美元

年份	资本和金融项目差额	资本和金融项目差额						
		资本项目差额	金融项目差额	金融项目差额				
				直接投资差额	直接投资差额		证券投资差额	其他投资差额
					我国在外直接投资	外国在华直接投资		
1982	−17.4	0.0	−17.4	3.9	−0.4	4.3	0.2	−21.4
1983	−13.7	0.0	−13.7	8.2	−0.9	9.2	−6.2	−15.7
1984	−37.5	0.0	−37.5	12.9	−1.3	14.2	−16.4	−34.0
1985	84.9	0.0	84.9	13.3	−6.3	19.6	30.3	41.3
1986	65.4	0.0	65.4	17.9	−4.5	22.4	15.7	31.8
1987	27.3	0.0	27.3	16.7	−6.5	23.1	10.5	0.1
1988	52.7	0.0	52.7	23.4	−8.5	31.9	8.8	20.5
1989	64.3	0.0	64.3	26.1	−7.8	33.9	−1.8	40.0
1990	−27.7	0.0	−27.7	26.6	−8.3	34.9	−2.4	−51.9
1991	45.8	0.0	45.8	34.5	−9.1	43.7	2.4	8.9
1992	−2.5	0.0	−2.5	71.6	−40.0	111.6	−0.6	−73.5
1993	234.7	0.0	234.7	231.2	−44.0	275.2	30.5	−26.9
1994	326.4	0.0	326.4	317.9	−20.0	337.9	35.4	−26.9

续表

年份	资本和金融项目差额	资本和金融项目差额						
		资本项目差额	金融项目差额					
				直接投资差额	直接投资差额		证券投资差额	其他投资差额
					我国在外直接投资	外国在华直接投资		
1995	386.8	0.0	386.8	338.5	−20.0	358.5	7.9	40.4
1996	399.7	0.0	399.7	380.7	−21.1	401.8	17.4	1.6
1997	210.2	−0.2	210.4	416.7	−25.6	442.4	69.4	−275.8
1998	−63.2	−0.5	−62.7	411.2	−26.3	437.5	−37.3	−436.6
1999	51.8	−0.3	52.1	369.8	−17.7	387.5	−112.3	−205.4
2000	19.2	−0.4	19.6	374.8	−9.2	384.0	−39.9	−315.3
2001	347.8	−0.5	348.3	373.6	−68.9	442.4	−194.1	168.8
2002	322.9	−0.5	323.4	467.9	−25.2	493.1	−103.4	−41.1
2003	548.7	−0.5	549.2	494.4	−0.1	494.6	114.4	−59.6
2004	1 081.5	−0.7	1 082.2	601.4	−19.6	621.1	197.4	283.3
2005	953.5	41.0	912.5	903.8	−137.3	1 041.1	−47.1	55.8
2006	493.1	40.2	452.9	1 001.5	−239.3	1 240.8	−684.2	135.5
2007	942.3	31.0	911.3	1 390.9	−171.5	1 562.5	164.4	−644.1
2008	401.3	30.5	370.7	1 147.9	−567.4	1 715.3	348.5	−1 125.7
2009	1 984.7	39.4	1 945.3	871.7	−438.9	1 310.6	270.9	802.8
2010	2 868.6	46.3	2 822.3	1 857.5	−579.5	2 437.0	240.4	724.5
2011	2 654.7	54.5	2 600.2	2 316.5	−484.2	2 800.7	196.4	87.3
2012	−317.7	42.7	−360.4	1 762.5	−649.6	2 412.1	477.8	−2 600.7
2013	3 461.0	30.5	3 430.5	2 179.6	−729.7	2 909.3	528.9	722.0
2014	382.4	−0.3	382.7	2 086.8	−804.2	2 891.0	824.3	−2 528.4
2015	−912.1	3.2	−915.2	681.0	−913.0	1 594.0	−664.7	−4 340.0
2016	272.5	−3.4	275.9	−416.7	−945.0	528.3	−522.7	−3 167.4
2017	179.3	−0.9	180.2	277.9	−967.0	1 244.9	295.0	518.9
2018	1532.3	−5.7	1 538.0	923.4	−978.0	1 901.4	1068.7	−203.8

注：数据来源于1982—2018年度国际收支报告。

在金融项目账户中，直接投资差额在1982—2018年基本处于顺差的状态，并且扩张的比重同资本和金融账户的整体形势一致。我国在外直接投资一直都是逆差的状态，证券投资和其他投资则是逆差和顺差交替出现，但没有对整体的账户盈余状态产生决定性的影响。2001年后我国正式加入世界贸易组织，这要求我国不仅要对外全面开放商品市场，而且对我国资本市场的完善与国际化也提上日程，我国的境外投资和外资来华投资的规模也逐步扩大，尤其是2005年之后外资对我国证券市场和其他投资的规模有很大提升，虽然从总额上来看，占我国资本和金融账户的比重仍然很低，但是这两个项目在今后的国际收支账户中的影响力会逐步加大，从而为我国提供更多的调节路径来调控国际收支账户并使其达到均衡状态。为了更好地说明外国在华直接投资的主导地位，我们描绘出图6-2进行形象的体现。

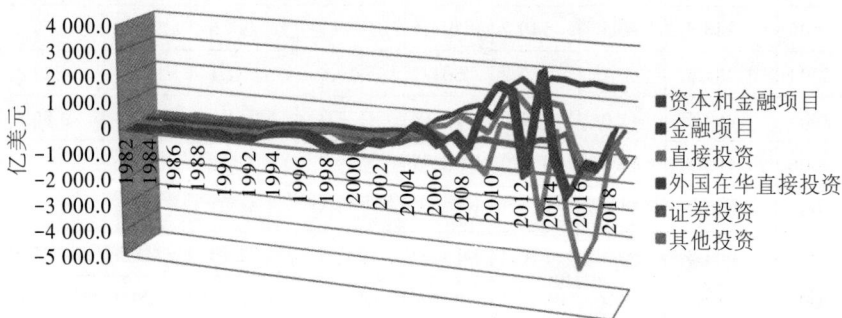

图6-2　1982—2018年资本和金融项目及其子项目差额变动情况

基于会计复式记账的平衡原则而设置一个人为的净误差与遗漏账户，是为了提升国际收支统计效力和反映我国国际收支统计遗漏的因素。

净误差与遗漏的原因有：统计资料不完整，统计期限、统计方法、统计标准以及计价原则不一样。根据国际统计经验，净误差与遗漏可能为正也可能为负。当净误差与遗漏为正数时也就是在账户的贷方，表示统计以外的资本短期内向国内流动，如果净误差与遗漏为负数也就是在账户的借方，表示统计以外的资本短期内向国外流动。1982—2018年我国国际收支账户中的净误差与遗漏账户的变化情况如

图 6-3 所示。1982—1985 年间净误差与遗漏项目正负相间，说明这一时期统计之外流进和流出不明显或者没有，但是 1986—1997 年净误差与遗漏都是负值（除 1989 年外）并且达到最大流出值，随后一直到 2001 年逐渐回落，这说明我国这段时期是资本外逃的时期。但是，在 2002 年国际收支中的净误差与遗漏变成正值，这又说明我国出现资本流入迹象，并在 2005 年达到最大的正值。2005—2006 年出现资本流出迹象，原因是我国进行了汇率改革，人民币小幅升值，同时参考一篮子货币汇率的政策增加了我国汇率变动的不确定性，说明国外资本已经获利，为了规避风险暂时地撤出国内，引发资本流出的状况。2007 年我国的经济形势较好，人民币升值的压力增大并且预期强烈，股市也达到了最高点，这引发国际热钱回流以继续获利，进而 2007 年有一定规模的资本流入。但是，在 2007 年后半段爆发了美国次贷危机，世界各国的实体经济以及虚拟经济都受到强烈的冲击，这使国际资本迅速撤离规避风险，所以 2015—2018 年资本不断显示出外流的情况。热钱的流入与流出使我国经济波动性加剧，经济出现不稳定的态势，容易破坏实体经济结构和资本证券市场运行机制，扰乱国内的经济秩序，因此我国密切关注国外热钱的动向。

（亿美元）

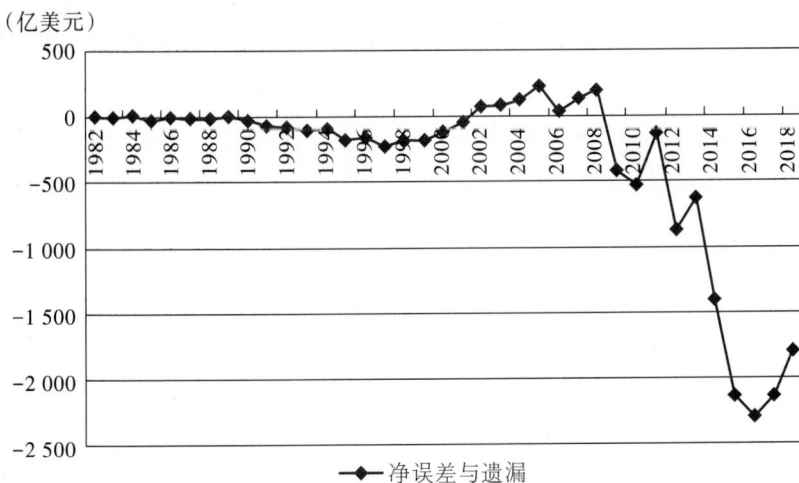

图 6-3　1982—2018 年净误差与遗漏变动情况

6.3　人民币实际有效汇率对我国贸易收支的影响

6.3.1　实际有效汇率影响贸易收支的模型建立

考虑一个 Bahmani-Oskooee 和 Brook（1999）的比较静态国际收支模型。其总的前提和假设是将世界划分为两个经济体——本国和外国，同时贸易品和非贸易品之间没有完全的替代性。

根据经济学原理，开放国家的市场均衡同样也是需求和供给共同作用的结果。从需求方面来说，开放经济中商品的需求主要取决于实际收入和相对价格。实际收入对商品需求有正的影响效应，而相对价格对商品需求有负的影响效应。本国和外国的进口商品需求分别为：

$$D_M = D_M\left(Y, \frac{P_M}{P}\right), \partial D_M / \partial Y > 0 \tag{6.21}$$

$$D_M^f = D_M^f\left(Y^f, \frac{P_M^f}{P^f}\right), \partial D_M^f / \partial Y^f > 0 \tag{6.22}$$

这里，D_M 表示本国对进口贸易品的需求，D_M^f 表示外国对进口贸易品的需求。Y 表示本国的实际收入，Y^f 表示外国的实际收入。P_M 表示本国货币衡量进口贸易品的价格，P 表示本国非贸易品的价格。P_M^f 表示用外币衡量的外国进口贸易品的价格，P^f 表示外国非贸易品的价格。

在完全竞争的世界市场假设条件下，国内外贸易品的供给只取决于贸易品的相对价格水平，所以有：

$$S_X = S_X\left(\frac{P_X}{P}\right) \tag{6.23}$$

$$S_X^f = S_X^f\left(\frac{P_X^f}{P^f}\right) \tag{6.24}$$

其中，S_X 表示本国出口贸易品的供给，S_X^f 表示外国出口贸易品的供给。P_X 表示以本国货币衡量的本国出口贸易品的价格，P_X^f 表示以外国货币衡量的外国出口贸易品的价格。如果假设 e 为本国以直接标价方式表示的名义汇率，有：

$$P_M = e P_X^f \tag{6.25}$$

$$P_M^f = (1/e)P_X \qquad (6.26)$$

令 $p_M = P_M/P$，$p_M^f = P_M^f/P^f$，$p_X = P_X/P$，$p_X^f = P_X^f/P^f$，则有：

$$p_M = P_M/P = eP_X^f/P = \left(eP^f/P\right)\left(P_X^f/P^f\right) = qP_X^f/P^f = qp_X^f \qquad (6.27)$$

其中，$q = eP^f/P$ 表示实际汇率。同理可以得到：

$$p_M^f = p_X/q \qquad (6.28)$$

本国和外国的市场处于均衡时，有：

$$D_M = S_X^f，D_M^f = S_X \qquad (6.29)$$

由此，本国的贸易收支可表示为：

$$TB = p_X S_X - p_M D_M = p_X D_M^f - qp_X^f D_M \qquad (6.30)$$

联立以上所有方程，可以求出实际汇率 q，本国实际收入 Y 和外国实际收入 Y_f 为解释变量的贸易收支函数为：

$$TB = TB\left(q,Y,Y^f\right) \qquad (6.31)$$

根据传统的市场经济理论，如果一国实际收入 Y 上升，对商品的总需求也必然增加，其中总需求中包含对贸易品需求增加的份额，因此会推动进口贸易品的增加，进口的增加会扩大贸易收支逆差，从分析中预计 $\partial TB/\partial Y < 0$。如果一国实际收入的相对增加是本国进口贸易替代品的实际生产效率提高所引发的，在本国商品对进口商品的替代效应作用下，会减少对进口贸易品的需求量，从而会促进贸易收支转向顺差路径，预计可能发生 $\partial TB/\partial Y > 0$ 的情况，这种状况容易发生在开放程度不高并且存在贸易壁垒的国家。

从外国实际收入的角度来看，如果外国实际收入 Y^* 上升，外国对其进口贸易品的需求增加，相对于本国来说出口贸易品的数量上升，因此会使本国的贸易收支转向顺差的趋势路径上，预计 $\partial TB/\partial Y^f > 0$。同理，如果国外实际收入的上升是因为国外进口贸易品的替代品生产效率的提高，那么相反外国会减少对进口贸易品的需求，本国出口贸易品的数量会下降，引发本国的贸易收支导向逆差的路径上，预计 $\partial TB/\partial Y^f < 0$。

如果本国货币升值也就是 $q = eP^f/P$ 的数值下降，本国的贸易品短期内会因贸易品价格的上升而竞争力下降，进而在中长期促进贸易品的进口并且抑制出口贸易，对于本国的贸易收支来说贸易收支转向顺差趋势。

6.3.2 人民币实际有效汇率对我国贸易收支的影响

（1）模型设定与数据选取

根据本章第1节的理论和国内外相关学者的实证分析，以及上述的模型推导，建立我国贸易收支计量模型如下：

$$tb_t = \alpha_0 + \alpha_1 \ln Y_t + \alpha_2 \ln Y_t^f + \alpha_3 \ln REER_t + \varepsilon_t \tag{6.32}$$

其中，$tb_t = \ln TB_t$，是对我国贸易收支取自然对数。我们设定 TB = EX/IM，为出口额与进口额之比，所以 tb_t 的对数形式既能反映出口额与进口额变化的百分比，也能印证马歇尔-勒纳约束条件。取对数后能使时间序列数据更加平稳，有利于分析每个变量之间的关系。进口和出口的月度数据来自Wind资讯经济数据库，并对数据采用X11的季节调整法来消除季度影响。

$\ln Y_t$ 表示我国实际收入的对数值。采用以1995年为基期，对每月的名义国内生产总值经过月消费者价格指数调整值作为度量我国实际收入的指标。1995年起每月的消费者价格指数和每月的国内生产总值均来自Wind资讯经济数据库，并且采用X11的季节调整法消除月度影响。

$\ln Y_t^f$ 表示世界实际收入的对数值。国家和地区的选取与前面一致，以我国一篮子货币中的16个主要贸易伙伴的季度实际国内（地区）生产总值为基础，再根据各国和地区每月的国民收入增减比例进行调整，测算得出各个国家和地区准确的月度国内（地区）生产总值数据，再根据各个国家和地区消费者价格指数的月度数据算出每月的实际国内（地区）生产总值，最后经过年度的贸易权重加权平均，得出世界实际收入的月度数据。该计算所有的数据来源于IMF的 Direction of Trade Statistics 和 International Financial Statistics 以及Wind资讯经济数据库，中国台湾的数据取自该地区的统计年鉴，同样也对每月的世界实际收入进行X11季度法调整。

$\ln REER$ 表示人民币实际有效汇率的对数，该项数据直接采用本书

第2章测算的人民币实际有效汇率作为样本数据。

（2）对模型时间序列变量的单位根检验

现实经济中统计的时间序列数据基本上都是非平稳的，使用非平稳的时间序列数据进行的回归是谬误回归。为了有效避免谬误回归，我们采取协整的方法进行分析，协整分析表明非平稳时间序列变量之间的线性组合具有平稳性，进而得出非平稳时间序列变量之间具有协整性的长期均衡关系。在协整分析前要对模型中每个经济要素变量的时间序列进行平稳性检验。

采用ADF单位根检验法对tb、$\ln Y$、$\ln Y^f$和$\ln REER$时间序列进行平稳性检验。表6-4显示平稳性检验的结果，变量tb、$\ln Y$、$\ln Y^f$和$\ln REER$都存在单位根，因而是非平稳的时间序列，但是其一阶差分形式Δtb、$\Delta \ln Y$、$\Delta \ln Y^f$和$\Delta \ln REER$都在1%的显著水平上拒绝存在单位根的假设，所以变量tb、$\ln Y$、$\ln Y^f$和$\ln REER$都是一阶单整的时间序列变量。

表6-4　　　　貿易收支变量时间序列的单位根检验结果

变量	检验类型 (c, t, p)	ADF 统计量	1%临界值	5%临界值	10%临界值	结论
tb	(c, t, 2)	−0.56969	−3.472259	−2.879846	−2.57661	非平稳
Δtb	(0, 0, 1)	−19.7778	−3.470179	−2.878937	−2.576124	平稳
REER	(c, 0, 1)	−2.38862	−3.464643	−2.876515	−2.574831	非平稳
$\Delta REER$	(c, 0, 1)	−13.8658	−3.464827	−2.876595	−2.574874	平稳
Y	(c, 1, 1)	−1.62458	−3.465627	−2.872195	−2.575674	非平稳
ΔY	(c, 0, 1)	−17.0821	−3.467927	−2.878495	−2.575374	平稳
Y^f	(c, 1, 3)	−1.86136	−3.465202	−2.876759	−2.574962	非平稳
ΔY^f	(c, 1, 2)	−3.41659	−2.459759	−2.879859	−2.615647	平稳

（3）协整检验

协整检验采用Johansen极大似然检验方法来检验各个经济变量之间的协整关系，前面用ADF检验已经知道tb、$\ln Y$、$\ln Y^f$和$\ln REER$变量都是一阶单整。EG两步协整检验法有自身的缺点，其对样本有限制，并且不能检验多重协整关系。Johansen极大似然检验能够避免EG两步法的不足，并且是在向量自回归的模型下应用极大似然的估计方法来检验经济变量之间的协整关系。

由于Johansen协整检验方法对于滞后期的选择非常敏感，因此正确选择我国贸易收支模型的滞后期成为检验的关键步骤。本书主要采用AIC和SC准则的衡量标准对滞后期进行选择，滞后期数的检验结果见表6-5。

表6-5　　　　　　　　　贸易收支模型滞后期数的选择

Lag	LogL	LR	FPE	AIC	SC	HQ
0	183.1294	NA	−5.025781	−3.062041	−2.967608	−3.023702
1	970.575	1507.588	−6.147595	−16.24915	−15.77698	−16.05745
2	1 018.245	88.00641*	−6.985248	−16.79052*	−15.94062*	−16.44547*
3	1 031.507	23.57582	−6.325891	−16.7437	−15.51607	−16.2453
4	1 039.22	13.185	−6.258764	−16.60205	−14.99668	−15.95029

注：*表示依据相应的准则应选择的滞后长度。

从表6-5中我们可以看出：根据AIC和SC准则，我国国际收支方程的滞后期数为2阶。

协整检验与分析确定了滞后期数，下面就可以利用迹统计量和最大特征值统计量来检验我国国际收支方程各变量之间是否具有协整性，Johansen检验结果如表6-6所示。

表6-6　　　　我国贸易收支方程各变量变动协整关系检验结果

原假定（协整向量数）	特征值	迹统计量	5%临界值	最大特征值统计量	5%临界值
0个***	0.09447	31.23112	47.85613	15.57982	27.58434
最多1个	0.072623	15.6513	29.79707	11.83697	21.13162
最多2个	0.021176	3.814336	15.49471	3.360319	14.2646
最多3个	0.002888	0.454017	3.841466	0.454017	3.841466

由检验的结果可以看出，Johansen检验中的迹统计量和最大特征值统计量都在5%的显著水平上拒绝了原假设，这充分说明我国的国际收支模型中tb、ln Y、ln Y^f 和 ln REER之间存在协整关系。由检验的结果可知，tb、ln Y、ln Y^f 和 ln REER之间在5%的显著性水平上存在一个协整关系。这说明它们是带有滞后随机游走的一阶差分平稳时间序列，并且它们之间的线性组合在长期内有均衡关系。该向量自回归是有效的回归，单协整关系决定分析短期影响模型中应引入单个误差纠正项。

表6-7为我国贸易收支方程标准化协整参数。

表6-7   **我国贸易收支方程标准化协整参数**

tb	Y	Y^f	REER
1	1.146247	−2.116877	1.972632
	(0.48248)	(0.91963)	(0.77802)
	[−2.116877]	[2.66758]	[2.48248]

注：圆括号中数字为标准误，方括号中数字为T统计量。

由标准化参数的检验结果表6-7可以得到tb、ln Y、ln Y^f 和 ln REER一个协整关系的长期标准化协整方程为：

$$tb = -1.146247Y + 2.116877Y^f - 1.972632REER \qquad (6.33)$$

公式（6.33）这个标准化长期方程，体现了我国人民币实际有效汇率、我国实际收入和外国实际收入都是我国贸易收支的重要影响因素。长期来看，人民币的升值有助于改善我国贸易收支的顺差过大，人民币实际有效汇率指数上升1%，我国的贸易收支的赤字增加1.972632%；我国的贸易收支与我国的实际收入的影响负相关，也就是我国实际收入上升1%，长期的影响是我国的贸易收支顺差额下降1.146247%；其他国家实际收入对我国贸易收支有正的影响效应，如果世界上其他国家的实际收入上升1%，长期的影响是我国的贸易收支顺差额上升2.116877%。因此，人民币实际有效汇率对我国贸易收支的调节具有长期的影响效应。我国的经济自2000年以来平均每年以9%的速度增长，在经济增长的同时也形成我国人民币的预期升值压力，2005年汇改以来我国的人民币逐年升值。公式（6.33）反映出我国人民币不断升值会在长期内对我国的贸易收支顺差的幅度产生重大影响。同时，我们注意到世界的实际收入对我国贸易收支正弹性大于我国实际有效汇率负弹性绝对值，这说明世界市场的影响会在一定程度上对冲汇率对国际收支的调节作用，所以我国贸易收支状况的调节要综合考虑各个影响贸易收支因素的调节力。

（4）向量误差修正模型分析

VEC模型的一般形式为：

$$\Delta y_t = \sum_{j=1}^{p-1} \Gamma_j \Delta y_{t-j} + \alpha\beta' y_{t-1} + \varepsilon_t$$

$$= \alpha ecm_{t-1} + \sum_{j=1}^{p-1} \Gamma_j \Delta y_{t-j} + \varepsilon_t$$

(6.34)

公式（6.34）是一个误差修正模型。α和β分别为n×r阶的修正系数和协整参数矩阵。修正系数矩阵α反映了变量之间偏离均衡状态时，该变量的误差修正项对差分形式的被解释变量调整到其稳定状态的速率，这个经济体系的方差分解项都是经济因素的即时扰动对自变量的即期影响。β为协整参数矩阵，矩阵中的列向量表示协整序列，有多少列就有多少协整向量。$ecm_{t-1} = \beta' y_{t-1}$为误差修正项，反映了变量之间的长期均衡关系。

下面我们通过分析VEC模型的误差修正项来研究我国贸易收支方程各经济变量向长期均衡的调整速度。我国总体贸易收支方程误差修正模型如下：

$$\Delta tb_t = -0.099399ECM_{t-1} - 0.374663\Delta tb_{t-1} - 0.132152tb_{t-2}$$
$$- 1.225558\Delta y_{t-1} - 1.655452\Delta y_{t-2} + 1.320939\Delta y^f_{t-1}$$
$$+ 1.017975\Delta y^f_{t-2} - 0.672747\Delta reer_{t-1} + 1.110186\Delta reer_{t-2}$$
$$+ 0.004151$$

(6.35)

其中，ECM代表误差修正项，它预示着变量向长期均衡的调整。ECM前面的系数表示模型中变量在每个时期里自身失衡比例的自我修正能力，其绝对值越大，表明自我修正的能力就越强。从估计的公式可以看出，在每个月份内我国贸易收支偏离长期均衡值的**9.9399%**的比例得到自我修复，由于自我修复的比例不是很高，因此短期的失衡向长期均衡的调整期限为7~8个月。

（5）脉冲响应及方差分解

从向量误差修正模型可知模型的解释变量在整体程度上受到短期因素冲击后向长期均衡路径调整的比例和速度，但是模型中的解释变量没有对被解释变量的短期冲击机理、冲击的相对比例以及冲击的递归特征做出详细的分析解释。所以下面将从脉冲响应函数和方差分解两个方面对短期的冲击进行细分解释。

脉冲响应是一个系统中某个变量变动对其他变量所带来的冲击反应。设一个向量VAR自回归写成向量$MA(\infty)$形式：

$$y_t = \mu + \varepsilon_t + \Psi_1 \varepsilon_{t-1} + \Psi_2 \varepsilon_{t-2} + \cdots \tag{6.36}$$

因此，矩阵Ψ_s表示为：

$$\frac{\partial y_{t+s}}{\partial \varepsilon_t'} = \Psi_s \tag{6.37}$$

即Ψ_s的第i行、第j列元素等于时期t第j个变量以冲击性ε_{jt}增加一个单位而其他时期没有冲击性变动情况下对时期$t+s$的i个变量值$(y_{i,\ t+s})$的影响。如果我们假设ε_t的每一个元素都发生变化，那么这些变化对向量y_{t+s}的冲击影响综合值为：

$$\Delta y_{t+s} = \frac{\partial y_{t+s}}{\partial \varepsilon_{1t}} \delta_1 + \frac{\partial y_{t+s}}{\partial \varepsilon_{2t}} \delta_2 + \cdots + \frac{\partial y_{t+s}}{\partial \varepsilon_{nt}} \delta_n = \Psi_s \delta \tag{6.38}$$

其中$\delta = (\delta_1,\ \delta_2,\ \cdots,\ \delta_n)'$，求动态算子需要对模型实施模拟，令$y_{t-1} = y_{t-2} = \cdots = y_{t-p} = 0$，$\varepsilon_{jt} = 1$，其他元素都是零，模拟出$t$，$t+1$，$t+2$，$\cdots$序列表达式。该模拟中时期$t+s$时向量$y_{t+s}$的值是矩阵$\Psi_s$中的第$j$列。对每一个冲击的脉冲分别进行模拟，则可以得到$\Psi_s$的列矩阵，而$\Psi_s$的第$i$行、第$j$列元素为：$\partial y_{i,\ t+s} / \partial \varepsilon_{jt}$，就是$s$的一个脉冲响应函数。利用脉冲响应的原理可以分析模型中$\ln Y$、$\ln Y^f$和$\ln REER$三个变量对tb的动态影响。我国贸易收支方程人民币实际有效汇率对贸易收支的脉冲响应如图6-4所示。

从图6-4可以看到：人民币实际有效汇率$\ln REER$一个标准正向冲击首先引起我国贸易收支tb在第1期小幅下降，从第2期到第3期就强

Response of LTB to Cholesky
One S.D.LREER Innovation

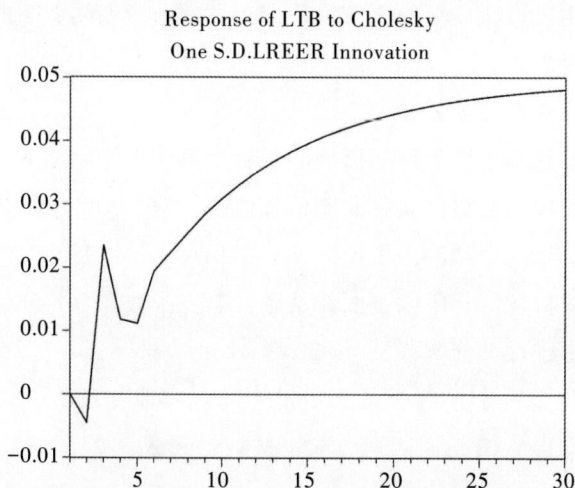

图6-4 人民币实际有效汇率对贸易收支脉冲响应

劲地上升，第4期和第5期小幅下降，第5期之后逐步上升并在第15期以后逐渐平稳。这说明我国人民币实际有效汇率对我国贸易收支的影响在两年左右，脉冲曲线的短期J曲线效应在前两个月内非常明显，并最终逐步引发长期的影响作用，所以我国人民币实际有效汇率的变动可以有效调节我国贸易收支的盈余或赤字的状况。

方差分解则是将预测误差方差分解成系统中各个变量所形成冲击的贡献度。假设一个p阶向量自回归模型：

$$Y_t = B + \sum_{i=1}^{p} \Gamma_i Y_{t-i} + \varepsilon_t \tag{6.39}$$

其中，自回归向量系统的平稳性对向量系统的冲击构成一个向量扩展形式和预测形式，分别为：

$$y_{t+s} = \mu + \varepsilon_{t+s} + \Psi_1 \varepsilon_{t+s-1} + \Psi_2 \varepsilon_{t+s-2} + \cdots + \Psi_{s-1} \varepsilon_{t+1} + F_{11}^{(s)}(y_t - \mu)$$
$$+ F_{12}^{(s)}(y_{t-1} - \mu) + \cdots + F_{1p}^{(s)}(y_{t-p} - \mu) \tag{6.40}$$

$$\hat{y}_{t+s/t} = \mu + F_{11}^{(s)}(y_t - \mu) + F_{12}^{(s)}(y_{t-1} - \mu) + \cdots + F_{1p}^{(s)}(y_{t-p} - \mu) \tag{6.41}$$

所以有向量回归的误差为：

$$y_{t+s} - \hat{y}_{t+s/t} = \varepsilon_{t+s} + \Psi_1 \varepsilon_{t+s-1} + \Psi_2 \varepsilon_{t+s-2} + \cdots + \Psi_{s-1} \varepsilon_{t+1} \tag{6.42}$$

因此前s期的预测均方差为：

$$MSE = E[(y_{t+s} - \hat{y}_{t+s/t})(y_{t+s} - \hat{y}_{t+s/t})']$$
$$= \Omega + \Psi_1 \Omega \Psi_1' + \Psi_2 \Omega \Psi_2' + \cdots + \Psi_{s-1} \Omega \Psi_{s-1}' \tag{6.43}$$

　　现在利用上述原理对我国贸易收支模型进行方差分解，研究 ln Y、ln Y^f 和 ln REER 发生扰动时，其 tb 有多大程度应归因于受到该扰动的影响。也就是要研究各个经济变量自身冲击项对总体贸易收支的独立"贡献度"。方差分解结果如图6-5和表6-8所示。

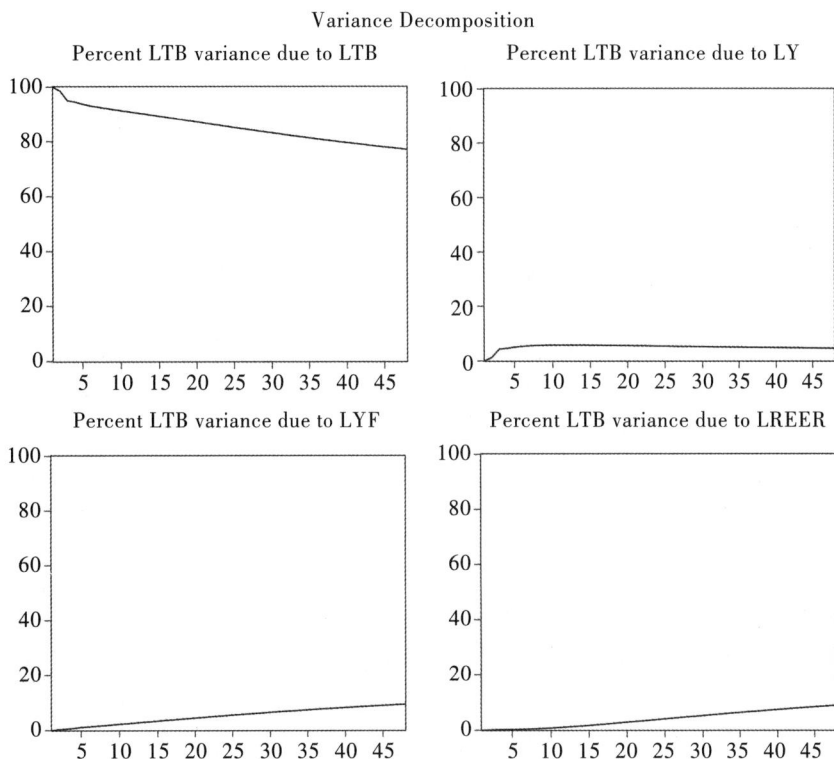

图6-5　我国贸易收支的方差分解图

表6-8　　　　　　　　　　　　贸易收支方程的方差分解

时期	Y（%）	Y^f（%）	REER（%）
1	0	0	0
2	1.227576	0.250937	0.008042
3	4.306541	0.473016	0.182334
4	4.592967	0.705747	0.192527
5	5.007622	1.057872	0.201317

续表

时期	Y（%）	Y^f（%）	REER（%）
6	5.336863	1.273116	0.266818
7	5.510786	1.496223	0.351707
8	5.625197	1.730151	0.458398
9	5.698642	1.957957	0.586439
10	5.739184	2.185625	0.731598
11	5.758104	2.413652	0.893349
12	5.761426	2.641297	1.069966
13	5.753120	2.868825	1.259266
14	5.736285	3.095945	1.459549
15	5.713160	3.322280	1.669240
16	5.685368	3.547541	1.886846
17	5.654132	3.771442	2.110993
18	5.620375	3.993705	2.340431
19	5.584799	4.214082	2.574028
20	5.547945	4.432351	2.810771
21	5.510227	4.648322	3.049755
22	5.471967	4.86183	3.290177
23	5.433414	5.072737	3.531331
24	5.394762	5.280930	3.772597
25	5.356163	5.486318	4.013435
26	5.317735	5.688829	4.253376
27	5.279570	5.888409	4.492017
28	5.241739	6.085018	4.729013

时期	Y（%）	Y^f（%）	REER（%）
29	5.204296	6.278634	4.964070
30	5.167285	6.469242	5.196940
31	5.130736	6.656840	5.427415
32	5.094673	6.841436	5.655325
33	5.059114	7.023044	5.880529
34	5.024070	7.201684	6.102916
35	4.989548	7.377385	6.322396
36	4.955554	7.550176	6.538903
37	4.922088	7.720095	6.752388
38	4.889149	7.887179	6.962818
39	4.856735	8.051472	7.170175
40	4.824842	8.213015	7.374449
41	4.793464	8.371855	7.575645
42	4.762596	8.528040	7.773773
43	4.732230	8.681616	7.968853
44	4.702359	8.832632	8.160909
45	4.672976	8.981138	8.349971
46	4.644072	9.127182	8.536073
47	4.615638	9.270814	8.719254
48	4.587666	9.412082	8.899555

从表6-8可以看出，人民币实际有效汇率对我国贸易收支的影响始终保持在5%左右，上下浮动基本不超过1%，人民币实际有效汇率对我国贸易收支的长期影响和短期影响都非常稳定。世界实际收入对我国贸易收支的影响逐期加强，平均每期保持0.2%的增幅，并且在24期也就是两年后世界实际收入对贸易收支的影响超过了国内实际收入对贸易收支的影响，这说明我国实际收入对我国贸易收支的影响短期内就能达到应有的效应，并且始终保持稳定的影响水平。但是，世界经济的周期性影响主要表现在长期效应上，并且逐步上升，超过我国实际收入对贸易收支的影响。这也从侧面证实了前面协整分析中贸易收支的世界实际收入弹性高于我国的实际收入弹性。形成这种态势的原因主要是同一时期内我国的实际收入增长比世界实际收入的增长快很多，从而使我国贸易收支短期和长期都稳定地受国内实际收入的影响，在长期内受世界实际收入不断递增的影响。

人民币实际有效汇率对我国贸易收支的影响在初期非常小，比国内实际收入和世界实际收入的影响都小，并且人民币实际有效汇率对贸易收支的贡献比例上升非常缓慢，经过两年半左右时间才超过国内实际收入的影响，并与世界实际收入的影响逐年贴近。这说明我国的人民币实际有效汇率对我国贸易经济的影响，体现出非常明显的J曲线效应，随着时间的推移，人民币实际有效汇率对贸易收支的影响不断加深，最终达到调节贸易收支顺差或者逆差的目的。初期对我国贸易收支的影响程度小的原因可以归结为，我国汇率还处于管理浮动的阶段，汇率没有对世界市场完全开放。要想加大汇率对贸易收支的调节力度，提高贸易进出口厂商对汇率变动的风险意识，就得把人民币汇率的完全自由浮动作为我国今后汇率改革的总体目标，以及汇率政策的主要调整方向。

6.4 结论

本章主要分析人民币实际有效汇率对我国贸易收支的影响。首先，介绍了贸易收支的基本理论，从理论模型中得到影响贸易收支的主要经济因素。其次，对我国贸易收支的发展情况进行分析，详细地分析了我国 1994—2018 年贸易收支的状况和特征，并对我国贸易收支账户的构成以及发展状况进行详细的分析。最后，根据贸易收支理论框架、实际有效汇率对贸易收支的影响采用向量误差修正模型进行分析，详细分析人民币实际有效汇率以及其他经济因素对我国贸易收支的影响。以上分析对我国政府调节国际收支平衡及促进我国宏观经济稳定发展有着参考价值和借鉴意义。

第7章 人民币实际有效汇率对外国 直接投资的影响

汇率作为国际经济交往的桥梁，对我国的进出口贸易以及贸易收支账户有直接的传导作用，并且对国际的直接投资活动也有重要影响。国内外学者主要是从汇率的水平变动和汇率的波动两个角度来研究汇率对外国直接投资的影响。

7.1 汇率与国外投资的理论与实证描述

国内外很多学者从汇率水平的变动对外国直接投资的影响进行实证研究，虽然没有得出一个确定性的结论，但是大部分实证研究都证实：在其他条件不变的情况下，一国汇率的变动会对外国直接投资产生影响，汇率下降（贬值）会在一定程度上促进外国直接投资的净流入增加，而汇率上升（升值）会阻碍外国直接投资的流入。

Kohlhagen（1997）利用两国经济交往的相对静态模型，来分析汇率的变动对进出口厂商收益和创建投资的影响。分析的结果是如果外国直接投资者的本国货币升值，会使该国的进口厂商加大对国外的投资，扩大国外的生产规模来满足自己国内的商品需求。Goldberg 和 Klein（1997）对日本和美国的对外投资流向进行实证分析，分析得出日本货币的升值推动了日本在亚洲地区的对外直接投资，同时美国的美元升值也推动美国的对外直接投资倾向于拉丁美洲和亚洲，充分地证实了一国货币的升值会促使该国向国外直接投资的增加，来获得最大的生产收益和最大的资本收益。Kawai 和 Urata（1998）以日本经济发展中的汇率变动为样本，主要分析日元在升值时期内，日本向国外直接投资的变动情况，分析得出日元的升值促进了日本在亚洲地区直接投资的上升，是日元升值与国外的生产成本下降以及汇率波动财富效应的综合作用结果。Blonigen（1997）以日本在 1975—1992 年间的对外直接投资为研究对象，研究得出由于相对成本效应和财富效应的刺激，在这段日元对美元升值的时期内日本加大对外国生产厂商的收购以及在国外的直接投资，以此来获得在世界范围内的最小成本支出与最大收益的结合，促进了日本的对外直接投资的增加。Ih-rig（1997）以美国为样本研究了实际汇率与对外直接投资之间的关系，通过对实际汇率和对外直接投资数据的经济周期分割和动态流向分离，得出经济周期因素和动态流向因素不管是在相对劳动力成本还是在财富效应上，实际汇率对对外直接投资的影响都是显著的，并且在经济周期和动态流向两个方面都是显著稳定的。Gregory 和 Mc-Corriston（2005）以 1985—1994 年间英国的对外投资为研究样本，实证研究得出被投资国的货币贬值与英国生产厂商的利润之间具有正效应关系。

然而，有些国外学者持相反观点。Dewenter（1995）以美国 1975—1989 年的外国直接投资数据为样本，直接用对外国直接投资的绝对量作为解释变量，实证的结果显示币值的变动与外国直接投资之间没有显著的相关关系。Pan（2003）对我国的汇率水平与外国直接投资的关系进行了研究，实证结果显示汇率并不是显著影响外国直接投资的主要因素。同时有些学者对外国直接投资进行了细分，从多个角度研究汇率对外国直接投资的影响。Benassy-Quere（2001）研究的结果显示，如果一国的货币贬值会使外国直接投资中的出口型生产商的市场竞争力上升，但是已经在该国投资过并要开拓该国商品市场的生产商竞争力下降了，而当地居民的实际购买力下降也会影响对商品的需求。Baek 和 Okawa（2001）对日本与主要贸易国的外国直接投资进行实证研究，结果表明主要贸易国的货币升值对外国直接投资的流入与流出没有显著的影响，只是对出口导向型生产厂商的外国直接投资流入具有显著的负面效应。

国外很多学者也从汇率的波动幅度与外国直接投资的关系进行分析，虽然没有得出确定性结论，但是大多数的研究都证明其影响作用关系确实存在。Amuedo-Doranes 和 Pozo（1999）以美国作为研究对象，采用 1976—1999 年的年度数据为样本，分析美元的汇率波动幅度对外国直接投资流动的影响。实证的结果是外国直接投资与汇率的波动幅度之间有显著的相关关系，并且在短时间内汇率波动幅度的增大会冲击美国外国直接投资的流入。Bizozowski（2003）对新兴市场国家以及经济转型主要国家的外国直接投资进行实证分析，分析结果显示，汇率的波动以及波动的幅度对外国直接投资的影响具有负效应，进而冲击了外国直接投资的国际流动。Barrell（2004）对欧盟各国之间的汇率波动性对外国直接投资的影响进行实证分析，结果得出汇率波动幅度的加强客观上提高了汇率的不确定性风险，进而对国与国之间的对外投资产生负向的影响效应。

Cushman（1985）研究得出与上面不相一致的结论，他分析得出汇率的波动幅度加大能够限制出口从而增加对本地产品供应，进而规避汇率波动的不确定性风险，同时还得出美国汇率的波动幅度对美国的外国直接投资流入具有负向的影响。Aizenman 和 Joshua（1993）分别对经济变量的性质进行名义性与实际性的区分，研究得出在名义性经济变量的变动下，汇率的波动幅度对外国直接投资具有正向的影响关系。Gorg（2001）对美国与主要的贸易伙伴国之间的直接投资流动的关系进行分析。研究结果表明，美元汇率的波动幅度与对美国的外国直接投资流动性没有相关关系。同时，从汇率变动的角度研究显示美元的升值与美国的对外直接投资流出之间具有正相关关系，而美元的贬值与美国的外国直接投资流入具有正相关的关系。

我国学者对人民币汇率与外国直接投资的关系研究主要集中在定性方面。陈浪南、王瑞锟、林海蒂（1999）研究我国汇率水平的变动与美日两国对我国的直接投资流入流出之间的关系，分析得出我国人民币升值导致美日对我国的外国直接投资下降。邢予青（2003）以日本对我国的外国直接投资为研究对象，分析了我国汇率水平的变动对我国外国直接投资的影响。以1981—2000年日本对我国主要制造部门的直接投资为样本，用面板数据实证检验得出人民币相对日元升值，对日本向我国的直接投资具有显著正向效应。黄志勇（2005）通过对我国不同类型外资企业进行分析，以1983—2002年的年度数据为样本，实证结果表明从长期来看人民币贬值对我国的外国直接投资增加具有积极的促进作用，但是短期内对我国的外国直接投资影响不显著。邱立成和刘文军（2006）采用1980—2003年的年度数据分析我国人民币汇率变动对我国外国直接投资的短期和长期影响。实证的结果表明，人民币长时期的贬值以及波动幅度的上升对我国的外国直接投资流入具有正向的影响，而汇率的短期变化与波动对我国的外国直接投资没有显著的影响。

7.2　外国直接投资在我国国民经济中的地位和作用

我国自1992年以来外国直接投资的规模不断扩大，外国直接投资的流入逐年增长，到2009年底我国累计批准的外国直接投资项目有917 994个，累计实际使用外资合同金额20 064.68亿美元。由此可以看出外国直接投资在促进我国经济的持续、稳定及高速发展中起到重要的作用。根据我国每年的国际收支报告归纳出1985—2018年我国外国直接投资的年流入额（如图7-1所示）。

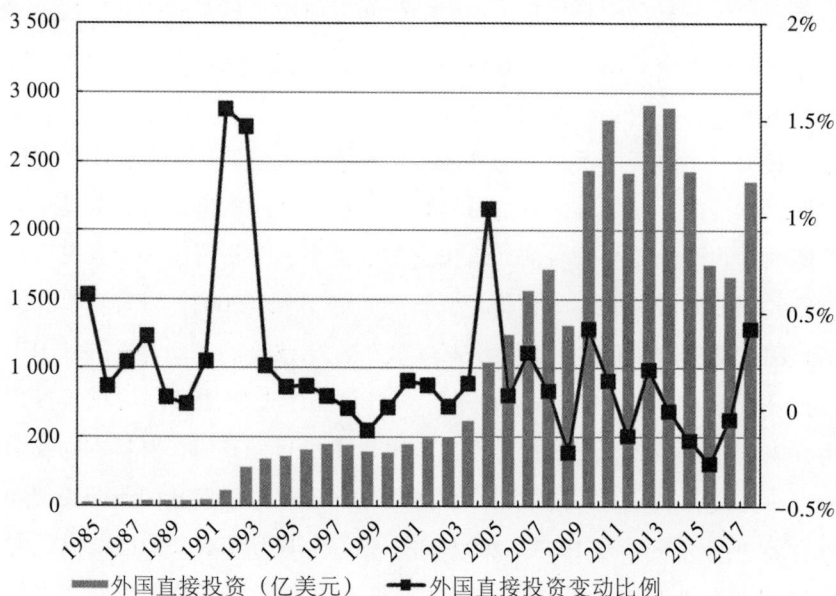

图7-1 1985—2018年我国外国直接投资流入额

从图7-1可以看出，自1985年以来我国的外国直接投资流入额逐年增长，从1985年的20亿美元增长到2018年底的2 354亿美元，同1985年相比增长了近116.7倍，增长速度十分惊人。增长如此迅速的主要原因是这段时期我国由封闭的计划经济体制向对外开放的市场经济体制转变，并且经历了我国改革开放不断扩大与深化的初期阶段。从图7-1可以看出，在1985—1991年间，我国的外国直接投资的流入不管是数量还是变动幅度都比较小。在1992—1998年我国经济逐步开放的初级阶段，我国的外国直接投资逐年上升，即使在1997年亚洲金融危机期间，我国的外国直接投资也没有受到强烈的冲击而只是增长比例稍有回落，原因是我国坚守人民币不贬值原则，降低了外国直接投资的汇率风险，不仅为我国金融市场的稳定创造了条件，也为亚洲金融危机的平息做出巨大贡献。2000—2004年我国的外国直接投资流入额也稳步上升，但是增长的幅度比较小，其原因是我国在2001年加入了世界贸易组织，按照世界贸易组织的协定我国不仅要逐步开放商品市场，而且要逐步开放资本市场。我国有充足的廉价劳动力资源和广阔的商品消费市场，在我国经济稳步发展的情况下，跨国公司都看好我国的市场发展潜力，因此逐步加大对我的直接投资，使这段时期我的外国直接投资稳步上升。2005—2014年我国的外国直接投资增幅逐步扩大，尤其是在2005年我国的外国直接投资流入额翻倍增长，之后逐年平均以15%的幅度增长。2005年翻倍增长的原因是我国进行了汇率体制改革，实行管理浮动体制下参考一篮子货币的汇率政策，我国的人民币汇率改变了以美元为中心的汇率体制，加大了我国人民币汇率的波动灵活性，之前的单纯盯住美元的汇率制度使我国的汇率承担了美元变动风险，进而对我国的进出口贸易品市场和资本市场都产生冲击。在我国汇率改革之后人民币逐步升值，到2010年人民币的升值幅度达到25%左右，按一般传统的汇率与外国直接投资的理论，一国货币不断升值会促进外国直接投资的流入增加，在相对成本效应和财富效应作用下我国的外国直接投资在2005—2010年间基本保持上升趋势，仅在2009年有所下降，原因是2009年突然发生由美国次级贷款危机而引发的全球性金融危机，世界金融市场的动荡促使各个国家为了降低金融危机带来的损失纷纷回笼在外国的直接投资，因此2009年我国的外国直接投资流出状态明显。金融危机后我国外国直接投资又逐年增长，在2013年达到历史最高值2 909亿美元，随后因美国经济复苏强劲，资金的逐利性质使资本回流美国，因此我国外国直接投资的流入有所下降，到2017年下降到1 661亿美元，2018年我国外国直接投资的流入回弹至2 354亿美元。综上所述，随着我国经济的稳定增长和对外开放的不断深化，我国的外国直接投资会在国民经济中发挥越来越重要的作用。

本节分别从外国直接投资占全国固定资产投资的比重、外国直接投资对我国工业产值的贡献、外国直接投资增加国家税收、外国直接投资推动进出口贸易等方面来分析外国直接投资在我国国民经济中的作用。

7.2.1 外国直接投资对我国固定资产投资的贡献

中国实际使用外资金额占全社会固定资产投资比重如图7-2所示，数据来源于《中国商务年鉴2019》。从图7-2中可以看出，自1992年以来，我国外国直接投资的流入持续增加，实际使用外资金额占全社会固定资产比重在20世纪90年代从7%左右逐年增加，到1994年达到最大

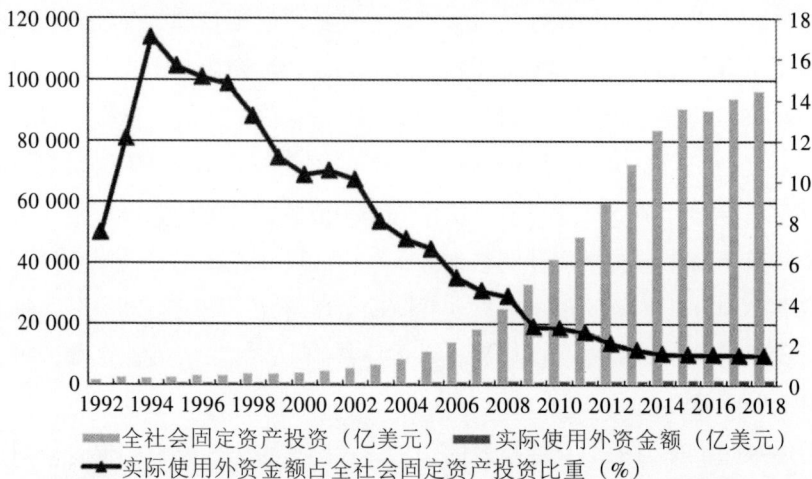

图7-2 1992—2018年中国实际使用外资占全社会固定资产投资比重

比重17%，但是自1995年以后实际使用外资金额占全社会固定资产比重逐年下降，到2018年已经下降到1.44%左右。这种比例状态只能体现相对状态，而从绝对的增长情况来看我国实际使用外资金额仍是逐年上升的，只是我国经济的高速发展促成我国固定投资增长幅度比利用外资的增幅高。从实际使用外资的绝对增加额来说，我国的外国直接投资仍然是我国固定资产投资的一项重要资金来源。

7.2.2 外国直接投资对我国工业总产值的贡献

我国外商投资企业工业产值占全国工业总产值比重如图7-3所示，数据来源于《中国统计年鉴2019》。从图7-3中可以看出，自1990年以来随着外国直接投资的不断上升，外国投资的企业对我国总工业产值的贡献比重不断上升，并在2003年达到最大比重35.87%，2003年以后随着我国国内企业的发展壮大，其贡献比重不断下降，到2018年外国投资企业对我国总工业产值的贡献比重下降至23.29%。但是，外商企业的工业产值的绝对数是不断上升的，这从侧面反映出我国利用外资对促进我国产业的升级和改造起到了决定性的作用，外资以及中外合资的企业给我国带来了先进的生产技术和生产经验，客观上从生产规模和生产效率上都促进了我国国内企业的发展壮大，降低我国国民经济对外国直

接投资的依赖程度，提高我国民族企业自力更生、自主发展的能力，能
够在全球性的市场竞争中占有重要位置，奠定我国民族经济在世界经济
竞争中逐步崛起的地位。虽然外商投资的工业产值有所下降，但仍然在
我国的国民经济中占有重要的位置，对我国企业的产业升级和技术改进
发挥着至关重要的作用。

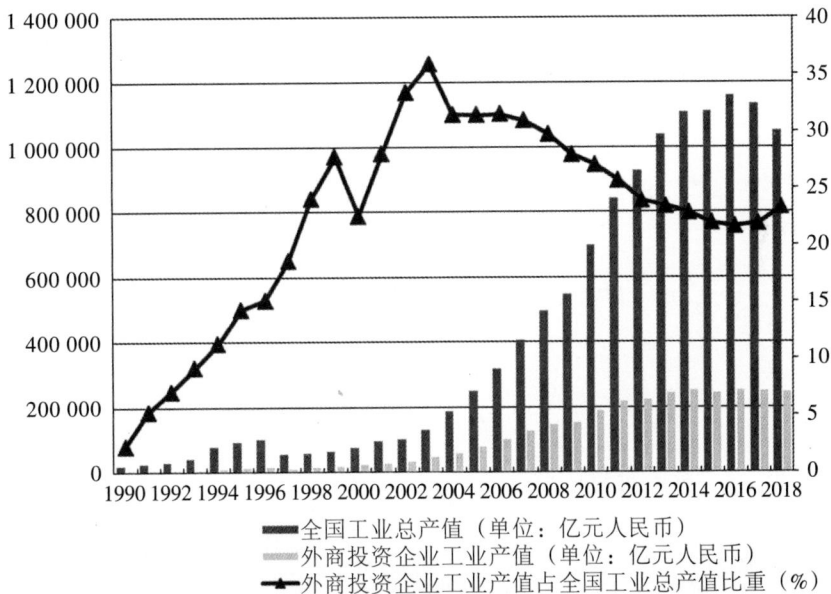

图 7-3　1990—2018 年中国外商投资工业产值占全国工业总产值比重

7.2.3　外国直接投资对我国税收的贡献

外国直接投资对我国税收的影响如图 7-4 所示，其数据来源于
《中国商务年鉴 2019》。从图 7-4 中可以看出，1992—2018 年，我国外
国直接投资的涉外税占我国全国总税收的比重不断上升，逐年稳步增
长，在 2003 年比重达到最高，随后每年都保持在 20% 左右浮动，2018
年外国直接投资的涉外税占我国全国总税收的比重为 19.44%。上述变
动说明外国直接投资的涉外税对我国国民收入做出了重要贡献，有利
于缓解我国各级政府的财政赤字，保持我国政府财政收支的平衡。但
是，我国外国直接投资的税收占全国税收的比重同期都小于外国直接
投资的工业产值占全国工业总产值的比重，这反映出我国对外国直接

投资的企业在税收方面给予非常优惠的政策，客观上这种优惠政策一定程度上吸引我国的外国直接投资的流入。

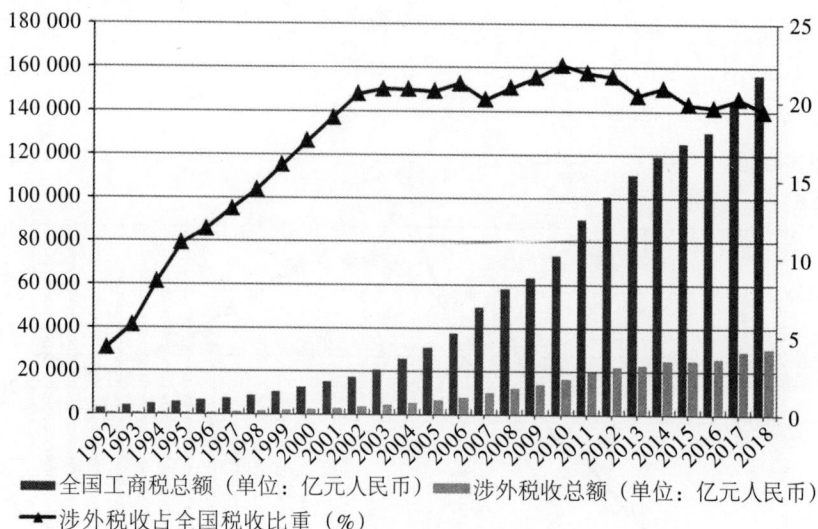

图7-4　1992—2018年中国的外国直接投资税收情况

7.2.4　外国直接投资对我国出口的贡献

外国直接投资对我国出口的贡献如图7-5所示，其数据来源于《中国商务年鉴2019》。从图7-5中可以看出，我国的外国直接投资对我国出口的增长具有强大的推动作用。1992—2016年，我国的出口每年都以较大幅度增长，出口的顺差不断扩大，从1992年的顺差43.55亿美元增长到2016年的顺差5 097.05亿美元，增加了116倍。我国外国直接投资的企业出口额从1992年的173.6亿美元逐步增长，到2012年达到10 226.2亿美元，逐年持续的增长使整体的增幅将近58倍，2013—2018年，外国直接投资的企业出口额保持在1万亿美元水平。由于我国外国直接投资企业的出口增速同期基本都大于我国整体出口的增速，因此外国直接投资企业的出口占我国总出口的比重不断上升，并在2006年比重达到最大值58.18%，而2006—2018年有小幅的回落，至41.65%水平，但是从总体上来说出口垂直导向型投资在我国的外国直接投资中占首要地位。

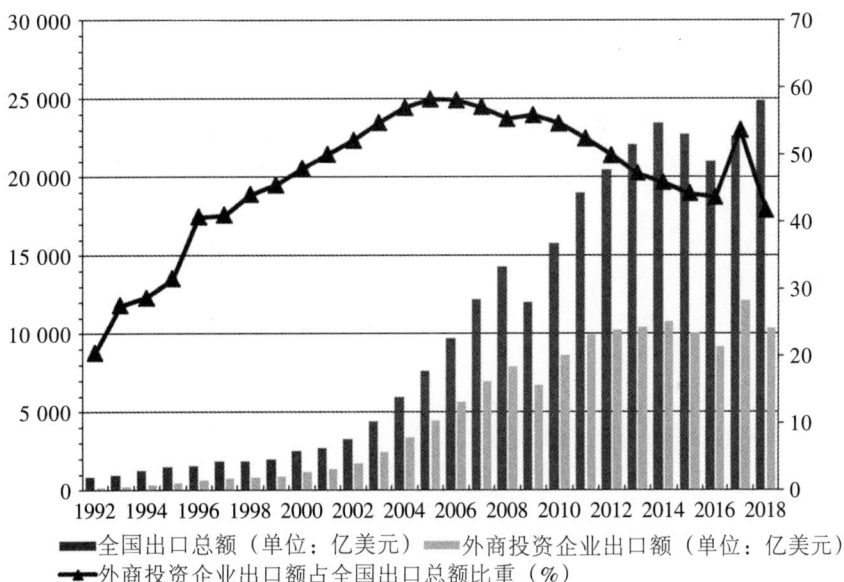

图7-5　1992—2018年中国外商投资企业出口额及比重

7.2.5　外国直接投资对我国进口的贡献

外国直接投资对我国进口的贡献如图7-6所示，其数据来源于《中国商务年鉴2019》。从图7-6中可以看出，1992—1995年，我国外国直接投资企业的进口额占我国进口总额的比重不断上升，到1995年上升到47.66%，这说明在此阶段进口垂直导向型的投资在我国外国直接投资中占主导地位。1996—2010年，外国直接投资企业的进口额占我国总进口额的比重基本在50%~60%之间波动，并在2007年占比达到历史最高水平58.53%。2011—2018年，外国直接投资企业的进口额占我国进口总额的比重逐步下降，在40%~50%之间波动，这说明外国直接投资企业的进口对我国总进口的贡献始终保持在稳定的水平上。通过与上面出口的发展趋势比较，两者的发展趋势基本一致，说明我国的贸易顺差过大，不是由外国直接投资引发的进口和出口比例失调造成的。

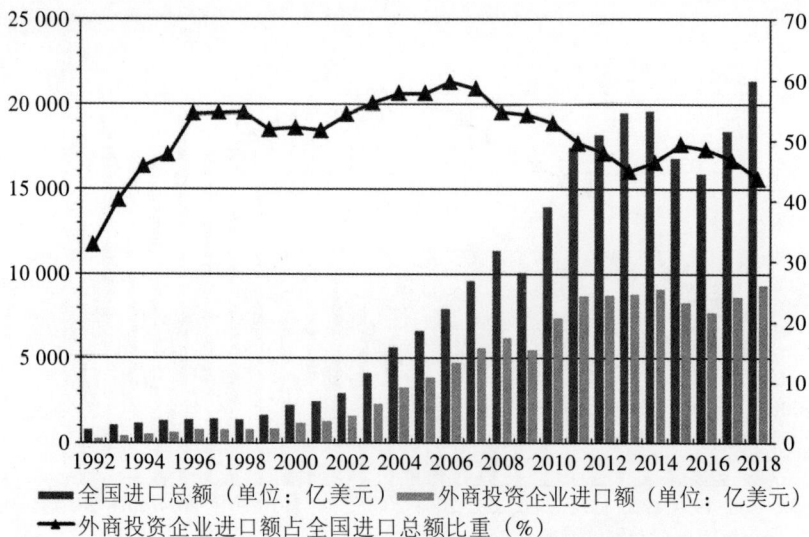

图7-6　1992—2018年中国外商投资企业进口额及比重

7.2.6　人民币实际有效汇率与我国外国直接投资流入长期走势的相关性分析

人民币实际有效汇率与我国外国直接投资流入的长期走势对比如图7-7所示，数据来源于中国各年的国际收支报告和IMF各年的《国际金融统计》。

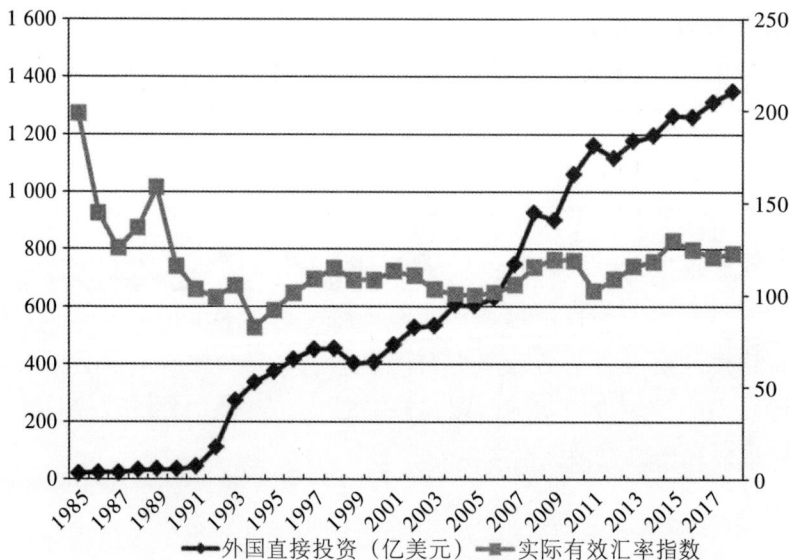

图7-7　1985—2018年人民币实际有效汇率与我国外国直接投资走势

　　根据外国直接投资与人民币实际有效汇率的整体走势（如图7-7所示）可以看出，我国的人民币实际有效汇率同外国直接投资之间相关度很高，除在1985—1992年之间人民币实际有效汇率与外国直接投资的走势有些背离，1992年以后人民币实际有效汇率与外国直接投资的关系非常紧密。由于我们采用的是间接标价法，人民币实际有效汇率指数的上升表示人民币升值，下降则表示人民币贬值。1992年以来的对比走势基本体现出，人民币实际有效汇率上升（也就是人民币升值），我国外国直接投资会小幅上升，人民币实际有效汇率下降（也就是人民币贬值），我国的外国直接投资流入的增速会提高。同时，还可以看出1992年以来我国外国直接投资的增长幅度明显大于人民币实际有效汇率的波动幅度，这说明我国外国直接投资流入中出口导向型的垂直投资占总外国直接投资的比重较高，并且外国直接投资对人民币实际有效汇率的变动反应越来越敏感。

　　从外国直接投资的变动和人民币实际有效汇率变动对比图（如图7-8所示）可以看出，1985年以来我国的外国直接投资和人民币实际有效汇率的走势可以分为四个阶段：

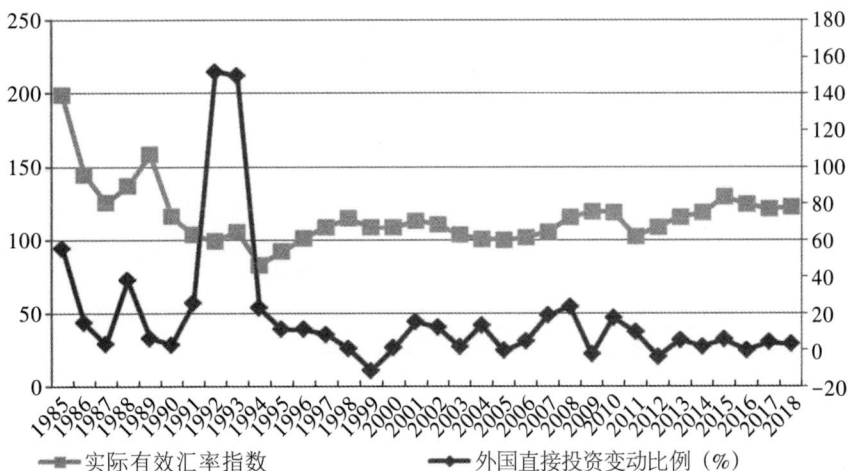

图7-8　1985—2018年外国直接投资的变动和人民币实际有效汇率变动对比图

　　第一阶段是1985—1991年。这一阶段我国的外国直接投资变动幅度非常小，说明我国当时处于对外开放的初级阶段，我国吸引外国直接投资的政策和制度都不完善，国外还没有完全认清我国的经济形势和市场潜力，所以外国直接投资的企业都比较谨慎。但是在这段时期人民币实际有效汇率的波动幅度很大，基本处于加速的贬值时期，按汇率变动与外国直接投资的理论来说，一国货币持续贬值会促进外国直接投资的流入，然而我国的实际情况并不是这样，原因是我国这段时期实质上实行双重汇率，对进出口贸易结算和外贸单位经济效益核算的贸易外汇是按当时的出口换汇成本确定结算价格，致使人民币实际有效汇率大幅贬值，我国的外国直接投资的量比较小，对汇率的变动十分不敏感，所以人民币实际有效汇率变动还不能对我国外国直接投资的流入造成比较大的影响。

第二阶段是1992—1999年。这一阶段我国的外国直接投资的绝对量一直处于上升阶段，但是自身的变动幅度同人民币实际有效汇率的变动走势基本保持一致。1992—1994年，我国人民币还是处于大幅贬值的阶段，实际有效汇率指数由99下降到82.7左右，但是我国的外国直接投资突然急速上涨，涨幅达到155%左右，这说明这三年时间我国的人民币贬值显著地促进了外国直接投资的流入，客观的促进因素还有1992年我国明确指出要进行市场化改革，鼓励地方政府引进外资并给外资提供优惠的扶植政策，我国外国直接投资的流入幅度猛增。但是在1995—1999年，我国的人民币实际有效汇率出现小幅度的升值，这一阶段我国的外国直接投资的绝对量出现下降，并且增幅也明显下降，在1999年出现了负增长（增长率为−11%），这说明我国人民币的升值阻碍了这段时期我国外国直接投资的流入。

第三阶段是2000—2005年。在这一阶段我国外国直接投资的流入开始快速恢复，直接投资流入的变动幅度逐渐扩大，2005年增幅达到103%左右。人民币实际有效汇率在这一时期也出现小幅的贬值并且贬值的波动幅度非常小，但是我国外国直接投资流入的增幅却非常大。原因有两个：一是这一时期是亚洲金融危机期间，受到抑制的外国直接投资逐步释放；二是2000年以来我国的外国直接投资对人民币实际有效汇率的波动越来越敏感。

第四阶段是2006—2018年。这段时期人民币实际有效汇率指数不断攀升，人民币升值的幅度达到25%左右。这源于我国人民币国际升值压力，以及我国参考一篮子货币汇率的改革，人民币的汇率波动更能体现我国人民币实际价值的变动，人民币的升值阻碍了我国外国直接投资的流入。在这段时期我国外国直接投资的增幅下降到负增长，同时也反映出我国的外国直接投资对我国汇率变动的反应越来越敏感。

7.3 实际有效汇率对我国外国直接投资的影响分析

根据国际公司投资理论，国际公司的投资模式主要分为两种：一种是出口导向型投资，另一种是市场导向型投资。出口导向型投资是指国际公司把产品的不同生产阶段分散到不同的国家和地区，这样能够在世界范围内利用最优质的生产资源，使产品的生产成本达到最低而销售的利润最大化。市场导向型投资是指国际公司把相互替代的产品放在不同国家生产，以提高生产利润并规避国家之间的贸易壁垒，进而开拓国外的商品市场，提高产品的销售量并增加产品的总利润。出口导向型投资的实质是追求产品生产过程中的生产成本最小化，而市场导向型投资的实质是注重产品在被投资国的市场发展潜力。根据7.2节对外国直接投资在我国国民经济中的表现和作用的分析，可以看出出口导向型的外国直接投资对我国外国直接投资的流入和流出具有决定性作用。下面将以出口导向型投资为研究对象，建立人民币实际有效汇率影响外国直接投资的理论模型。

7.3.1 理论模型的建立

假设某一国际性公司计划在贸易伙伴国的国家1和国家2进行投资来生产产品，最终的商品返销回本国，向国家1和国家2投资的工厂以相同的规模、生产设备以及同样的管理水平来生产同样的产品。根据标准的柯布-道格拉斯生产函数，该国际公司的生产函数表示为：

$$Q = \lambda K^\alpha L^\beta, \alpha + \beta < 1 \tag{7.1}$$

其中，Q 为总产量，K 表示资本要素投入量，L 表示劳动力要素投入量；α 和 β 分别表示资本产出弹性和劳动力产出弹性，$\alpha + \beta < 1$ 表示该

企业的生产规模报酬递减，此假设是考虑到国际公司在生产成本相对较低的国家投资生产，因此在本身生产技术先进的情况下该公司的生产处在规模报酬递减阶段。

假设该国际公司在国家1和国家2两个工厂的利润函数分别为：

$$\pi_{c1} = P(\lambda K_{c1}^{\alpha} L_{c1}^{\beta}) - e_{c1}(r_{c1} K_{c1} + w_{c1} L_{c1}) \tag{7.2}$$

$$\pi_{c2} = P(\lambda K_{c2}^{\alpha} L_{c2}^{\beta}) - e_{c2}(r_{c2} K_{c2} + w_{c2} L_{c2}) \tag{7.3}$$

其中，P 表示以国际公司本国货币衡量的产出品价格；K_{c1} 和 K_{c2} 分别表示国际公司在国家1和国家2的直接资金流入；L_{c1} 和 L_{c2} 分别表示国际公司在国家1和国家2的劳动力要素投入；e_{c1} 和 e_{c2} 分别表示国家1和国家2的货币对本国货币的双边汇率；r_{c1} 和 r_{c2} 分别表示国家1和国家2的资本价值；w_{c1} 和 w_{c2} 分别表示国家1和国家2的劳动力工资水平。

该国际公司在国家1和国家2的两个工厂的总利润函数为：

$$\pi = P(\lambda K_{c1}^{\alpha} L_{c1}^{\beta} + \lambda K_{c2}^{\alpha} L_{c2}^{\beta}) - e_{c1}(r_{c1} K_{c1} + w_{c1} L_{c1}) - e_{c2}(r_{c2} K_{c2} + w_{c2} L_{c2}) \tag{7.4}$$

利润最大化一阶条件为：

$$\frac{\partial \pi}{\partial K_{c1}} = 0, \; \frac{\partial \pi}{\partial K_{c2}} = 0, \; \frac{\partial \pi}{\partial L_{c1}} = 0, \; \frac{\partial \pi}{\partial L_{c2}} = 0 \tag{7.5}$$

由上述四个公式推导出：

$$\alpha P \lambda K_{c1}^{\alpha-1} L_{c1}^{\beta} - e_{c1} r_{c1} = 0, \; \alpha P \lambda K_{c2}^{\alpha-1} L_{c2}^{\beta} - e_{c2} r_{c2} = 0 \tag{7.6}$$

$$\beta P \lambda K_{c1}^{\alpha} L_{c1}^{\beta-1} - e_{c1} w_{c1} = 0, \; \beta P \lambda K_{c2}^{\alpha} L_{c2}^{\beta-1} - e_{c2} w_{c2} = 0 \tag{7.7}$$

对上面四个等式同时取对数并解出 $\log K_{c1}$ 和 $\log K_{c2}$ 的表达式有：

$$(1 - \alpha - \beta)\log K_{c1} = -\left[(1 - \beta)\log(e_{c1} r_{c1}) + \beta \log(e_{c1} w_{c1})\right]$$
$$+ \log(P\lambda) + (1 - \beta)\log\alpha - \beta \log\beta \tag{7.8}$$

$$(1 - \alpha - \beta)\log K_{c2} = -\left[(1 - \beta)\log(e_{c2} r_{c2}) + \beta \log(e_{c2} w_{c2})\right]$$
$$+ \log(P\lambda) + (1 - \beta)\log\alpha - \beta \log\beta \tag{7.9}$$

由上面两个公式左右同时相减整理得到：

$$(1 - \alpha - \beta)\log\left(\frac{K_{c1}}{K_{c2}}\right) = -\left[(1 - \beta)\log\left(\frac{e_{c1} r_{c1}}{e_{c2} r_{c2}}\right) + \beta \log\left(\frac{e_{c1} w_{c1}}{e_{c2} w_{c2}}\right)\right] \tag{7.10}$$

对上面等式等号右边对数项中的分子和分母分别同时除以 r 和 w 得到：

$$(1 - \alpha - \beta)\log\left(\frac{K_{c1}}{K_{c2}}\right) = -\left[(1 - \beta)\log\left(\frac{e_{c1}r_{c1}/r}{e_{c2}r_{c2}/r}\right) + \beta\log\left(\frac{e_{c1}w_{c1}/w}{e_{c2}w_{c2}/w}\right)\right] \quad (7.11)$$

其中，r 和 w 分别表示国际公司本国的资本价值和工资水平；$e_{c1}r_{c1}/r$ 表示国家 1 相对于国际公司本国资本要素的价值对比，也是以资本要素价值衡量的国家 1 的货币对国际公司本国货币的实际有效汇率水平。

$e_{c1}w_{c1}/w$ 表示国家 1 相对于国际公司本国的劳动力价值对比，也是以劳动力价格衡量的国家 1 货币对国际公司本国货币的实际有效汇率水平。

同理，$e_{c2}r_{c2}/r$ 表示国家 2 相对于国际公司本国的资本要素价值对比，也是以资本要素价值衡量的国家 2 货币对国际公司本国货币的实际有效汇率水平。

$e_{c2}w_{c2}/w$ 表示国家 2 相对于国际公司本国的劳动力价值对比，也是以劳动力价格衡量的国家 2 货币对国际公司本国货币的实际有效汇率水平。

$\dfrac{e_{c1}r_{c1}/r}{e_{c2}r_{c2}/r}$ 和 $\dfrac{e_{c1}w_{c1}/w}{e_{c2}w_{c2}/w}$ 实际上分别是以资本要素的相对价格、劳动力相对价格水平定义的国家 1 货币与国家 2 货币之间的实际有效汇率水平。

由公式（7.11）可推出：

$$\log\left(\frac{K_{c1}}{K_{c2}}\right) = -(1 - \alpha - \beta)^{-1}\left[(1 - \beta)\log\left(\frac{e_{c1}r_{c1}/r}{e_{c2}r_{c2}/r}\right) + \beta\log\left(\frac{e_{c1}w_{c1}/w}{e_{c2}w_{c2}/w}\right)\right] \quad (7.12)$$

由公式（7.12）可以看出，国家 1 的外国直接投资的流动关系是实际有效汇率水平的单调函数，并且系数的取值 $(1 - \beta)$ 为负，因此两者之间呈现出相反的影响效应。如果 $e_{c1}r_{c1}/r$ 的取值上升，表示国家 1 的货币同国际公司的本国货币相比出现了实际有效汇率水平上升，那么国家 1 的外国直接投资的流入要相对下降，并且将会转移到相对货币贬值的国家，这一结论同基本的汇率变动与外国直接投资关系的传统理论一致。本质上来说实际有效汇率衡量出外国直接投资承载国的货币与国际公司本国货币的相对竞争购买力，外国直接投资承载国的货币实际升值，致使外国的投资公司在该国利用其资本和劳动力的成本相对上升，削减了该国产品在国际市场中的竞争力。

7.3.2 实证模型设定与数据说明

根据理论模型（7.12）的推导，我们建立实际有效汇率与外国直接投资的影响关系模型，该模型表示如下：

$$\ln \text{FDI}_{it} = \alpha_i + \beta_i \ln \text{GDP}_{it} + \gamma_i \ln \text{GDP}_{et} + \delta_i \ln \text{OPEN}_{it} + \theta_i \ln \text{REER}_{it} + u_{it} \quad (7.13)$$

为了扩大样本容量，以便更精确地计量人民币实际有效汇率与对我国外国直接投资的影响，采用衡量我国人民币实际有效汇率的16个国家和地区的年度面板数据，样本期为1992—2018年。

这16个国家和地区是：中国香港、中国台湾以及新加坡、韩国、泰国、日本、印度尼西亚、马来西亚、澳大利亚、美国、加拿大、英国、德国、法国、意大利、荷兰。选择这16个国家和地区作为样本的依据是，这些国家和地区历年流入我国内地（大陆）的直接投资的年度总额占我国年度境外直接投资的流入量80%以上。

被解释变量 FDI_{it} 表示在第t年第i国（地区）对我国的实际直接投资，数据来源是各期的《中国商务年鉴》。

解释变量 GDP_{it} 代表第i国（地区）的实际国内（地区）生产总值，是衡量一国（地区）经济规模的核心度量变量，一国（地区）经济规模的大小决定着该国（地区）对外直接投资的水平，并且两者之间存在着正效应的关系，所以初步断定 $\beta_i > 0$。在本书中我们所使用的 GDP_{it} 为以2000年价格水平衡量的第i国（地区）在第t年的实际国内（地区）生产总值，数据来源是国际货币基金组织各期的《国际金融统计》。

解释变量 GDP_{et} 表示我国的经济规模，其经济意义是衡量我国的经济规模以及市场潜力的变化对外国直接投资的影响。从国际公司投资的衡量标准方面来说，如果贸易条件不发生改变，该国家（地区）的经济规模越大，其市场发展前景和空间越广阔，外国直接投资中以市场导向型投资的市场潜力越大，进而驱动外国直接投资流入水平的提高。此外，对于国家（地区）内部来说，一国（地区）的国内（地区）生产总值能够体现该国（地区）经济的发展潜力和发展水平，预示着未来该国（地区）总体经济实力和市场购买力的提高，国家（地区）资源开发与利用提升，劳动生产力以及技术水平提高，投资的政策环境以及生产条件改善，这些都对我国外国直接投资的流入具有很强的促进作用。于是预期推断 $\gamma_i > 0$。使用的 GDP_{et} 为以2000年价格水平衡量的我国在第 t 年的实际国内生产总值，数据来源是国际货币基金组织各期的《国际金融统计》。

解释变量 $OPEN_{it}$ 表示第 i 国（地区）的对外开放程度。一国（地区）的开放程度对外国直接投资的影响可以归结为以下两个方面：一方面，假设某个经济体的对外依存度越高，那么该国（地区）的贸易交往越频繁，对贸易限制性的条件越少，因此该国（地区）吸引国际公司进行市场导向型投资的意愿下降，从而发生国际贸易与外国直接投资的相互替代效应，也就是国际贸易对外国直接投资产生挤出效应。另一方面，如果国家（地区）之间的贸易交往依存度增强，国（地区）与国（地区）之间政治、经济、法律的了解较深，交易成本的下降使外国直接投资的地域风险下降，因此从这个角度来说，贸易依存度的增强对外国直接投资的两种类型都有积极的推动作用。国际贸易与外国直接投资是相辅相成的，国际贸易对外国直接投资具有提升效应。在这里把 $OPEN_{it}$ 作为对外国直接投资的影响因素引入模型中，其目的就是衡量国际贸易对外国直接投资的挤出效应和增长效应中何者处于决定性的位置。

$OPEN_{it}$ 的度量我们表示为 $(EX_{it} + IM_{it})/GDP_{et}^d$，其中 EX_{it} 和 IM_{it} 分别表示我国在第 t 年对第 i 国（地区）的名义美元出口额和名义美元进口额，GDP_{et}^d 表示我国在第 t 年以美元表示的名义国内生产总值。这些数据来自各年的《中国商务年鉴》。

变量 $REER_{it}$ 作为一个对外国直接投资的影响因素放入模型。实际有效汇率 REER 是国家（地区）之间直接投资的媒介，因此它自身的变化和波动对我国外国直接投资的流动具有重要的导向作用。

REER$_{it}$表示第 t 年人民币对第 i 国（地区）货币的实际有效汇率，计算的表达式为：

$$REER_{it} = \prod_{i=1}^{16}(NBER_{it} \times \frac{CPI_{it}}{CPI_{ct}})^{w_i} \tag{7.14}$$

其中，NBER$_{it}$以间接表示法表示的第 t 期人民币与第 i 国（地区）的双边名义汇率，CPI$_{it}$表示第 i 国（地区）第 t 期的消费者价格指数，CPI$_{ct}$表示我国第 t 期的指数。w$_i$为计算有效汇率时第 i 国（地区）第 t 期货币所占权重，直接采用表2-1的货币权重。REER$_{it}$数值的上升表示人民币相对第 i 国（地区）货币实际升值，相反则表示人民币贬值。这些数据来自国际货币基金组织各期的《国际金融统计》。

外国直接投资主要分为市场导向型和出口导向型两种类型，但是这两种类型的投资方式对实际有效汇率的变动反映效果有所不同。首先，对于市场导向型的外国直接投资来说，由于这种类型的投资避开了国与国之间的经济壁垒，生产的产品直接在投资的接受国销售，相比于本国生产来说降低了生产和销售的成本。假设外国直接投资的接受国货币升值，接受国的国内消费者实际购买力上升，并且接受国在此情况下倾向于提高贸易壁垒来维护本国贸易经济的稳定，所以接受国的外国直接投资中市场导向型投资的流入增加。相反，假设外国直接投资接受国的货币贬值，对市场导向型的直接投资来说只是外币度量的生产成本下降致使企业利润增加，而外币度量的价格导致销售量下降致使企业利润减少，两方面的正负影响效应使企业的利润基本保持不变，因此，外国直接投资中市场导向型投资对投资接受国的货币贬值不敏感。其次，对于出口导向型的外国直接投资来说，由于这种类型的投资是以产品生产过程中每个环节的成本最小化为目的，假设外国直接投资接受国的货币升值，相对于国际公司的本国来说，生产产品的投入要素成本提高，国际公司的财富相对减少，从而导致接受国的外国直接投资中出口导向型投资的流入减少。相反，假设外国直接投资接受国的货币贬值，对于出口导向型的直接投资来说其产品的销售只是针对海外市场，由于产品的生产地和销售地是分离的，对于产品来说外币度量的成本将致使利润增加，并且产品的外币度量的价格不变使销售量不受影响，两方面的影响使国际公司的利润上升，因此，外国直接投资的接受国出口导向型投资的流入增加。此外，外国直接投资的接受国货币贬值，相对于接受国来说国际公司的财富增加。依据货币贬值的成本效应和财富效应，外国直接投资中出口导向型的流入能在货币贬值中得到双重的促进。

根据上述分析我们可以判定，把REER$_{it}$引入模型作为一个主要的解释变量，不仅能够分析人民币实际有效汇率变化对外国直接投资流向和流量的影响，还能够进一步分析出我国的外国直接投资的流入类型。

把α$_i$作为截距项表示各个国家（地区）之间的非观测效应，主要是去除像文化、民族、政治、经济政策、隐含的风险等因素对外国直接投资的影响。这些因素对外国直接投资的流动也起着重要作用，我们只有把这些因素对外国直接投资的影响去除掉，才能准确地衡量人民币实际汇率变化对我国外国直接投资流入的影响。

7.3.3 模型的计量方法

在对面板数据模型进行估计时，使用的样本数据具有个体、指标、时间三个维度上的信息。模型设定准确与否将关系到该模型估计结果对现实经济的拟合效果，因此必须对模型形式进行检验，检验样本数据究竟适合哪种面板模型形式，从而避免模型设定的偏差，提高参数估计的有效性。首先要检验刻画被解释变量的参数是否在所有横截面样本点和时间上都是常数。[①]

由于上述原因我们经常使用协方差分析方法来进行检验，主要检验两个假设：

假设 A：该面板数据模型当中，假设在每个贸易伙伴国家（地区）存在个体影响而无结构变化，并且个体影响可以用截距项α$_i$的差别来说明，即该模型中每个国家（地区）方程的截距项α$_i$不同，而系数向量(β、γ、δ、θ)相同，故称为变截距模型，即：

$$H_A : FDI_{it} = \alpha_i + \beta \ln GDP_{it} + \gamma \ln GDP_{ct} + \delta \ln OPEN_{it} + \theta \ln REER_{it} + u_{it} \quad (7.15)$$

---

① 李子奈，叶阿忠. 高等计量经济学［M］. 北京：清华大学出版社，2000：133–134.

假设 B：该面板数据模型当中，假设在每个贸易伙伴国家（地区）中既无个体影响也没有结构的变化，即对于每个贸易伙伴国（地区）来说，模型的截距项(α)和系数向量(β、γ、δ、θ)均相同，即：

$$H_B:FDI_{it} = \alpha + \beta \ln GDP_{it} + \gamma \ln GDP_{ct} + \delta \ln OPEN_{it} + \theta \ln REER_{it} + u_{it} \qquad (7.16)$$

如果接受假设 B 则可以认为样本数据符合模型（7.16），为不变系数模型，不需要进行下一步检验。如果拒绝假设 B，则需要检验假设 A。如果接受假设 A，则认为样本数据符合模型（7.15），反之，则认为样本数据符合模型（7.13），为变系数模型。

经过对模型（7.13）、模型（7.15）和模型（7.16）残差平方和的计算，得出在假设 B 下检验统计量 F_B 服从相应自由度下的 F 分布，表示为：

$$F_B = \frac{S_3 - S_1 / [(n-1)(K+1)]}{S_1 / [nT - n(K+1)]} \sim F[(n-1)(K+1), n(T-K-1)] \qquad (7.17)$$

如果所计算得到的统计量 F_B 的值大于给定置信区间的相应临界值，则拒绝假设 B 继续检验假设 A。反之，则认为样本数据符合模型（7.16）是无个体影响的不变系数模型。

而在假设 A 下检验统计量 F_A 也服从相应自由度下的 F 分布，表示为：

$$F_A = \frac{S_2 - S_1 / [(n-1)(K+1)]}{S_1 / [nT - n(K+1)]} \sim F[(n-1)K, n(T-K-1)] \qquad (7.18)$$

如果所计算得到的统计量 F_A 的值大于给定置信区间的相应临界值，则拒绝假设 A，采用的模型（7.13）为变系数模型。反之，则认为样本数据符合模型（7.15），是变截距模型。

表 7-1 归纳检验的结果，对假设 B 的检验结果是 $F_B = 10.67$，大于显著水平为 5% 的临界值，所以拒绝假设 B，即该模型中每个国家（地区）的方程的截距项(α)和系数向量(β、γ、δ、θ)是不相同的，样本数据在时间和空间的维度上有显著的差异。对假设 A 的检验得出 $F_A = 0.98$，小于显著水平为 5% 的临界值，这说明不能拒绝假设 A，因此，我们认为该面板数据模型的截距项(α)在不同的时间和地域维度上有差异，然而系数向量(β、γ、δ、θ)在不同的时间和地域的维度上是一致的。所以，经过面板数据模型的设定分析，可以确定选择变截距的面板模型能够很好地拟合实际的经济影响关系。

表7-1 实际有效汇率对外国直接投资的影响关系

模型形式设定检验结果

检验统计量	F_B	F_A
	10.67*	0.98
	(2.07)	(1.66)
Hausman检验	4.47*	
（W统计量）	(3.59)	

注：括号为统计量的临界值，*表示在5%的显著水平下拒绝原假设。

根据样本个体影响处理的形式不同，变截距模型还分为固定影响和随机影响模型两种，因此还需要确定选择固定效应影响模型还是随机效应影响模型。Hausman（1978）指出，随机影响模型要优于固定影响模型，其主要原因是固定影响模型将个体跨截面变化确定为常数使得分析比较死板，并在估计当中将损失较多的自由度。但是，随机影响模型也并不是完全没有缺点，其假设随机变化的个体影响与模型中的解释变量不相关，这样的假设有时会使得在模型的设定中漏掉了一些关键的影响解释变量，导致模型估计的结果出现偏差。

在选择随机影响还是固定影响模型时，要先对随机影响的模型进行检验，检验模型中是否存在个体影响与解释变量不相关的假设，因此Hausman提出了一个严密的统计检验方法——Hausman检验。该检验的原假设是：随机影响的模型中个体影响解释变量不相关，检验过程所构造的统计量(W)形式如下：

$$W = [b - \hat{\beta}]'\hat{\textstyle\sum}^{-1}[b - \hat{\beta}] \tag{7.19}$$

其中，b为固定影响模型中回归系数的估计结果，$\hat{\beta}$为随机影响模型中回归系数的估计结果。$\hat{\textstyle\sum}$为两类模型中回归系数估计结果之差的方差，即：

$$\hat{\textstyle\sum} = \mathrm{var}[b - \hat{\beta}] \tag{7.20}$$

在假设的条件下统计量W服从自由度为k的χ^2分布，k为模型中解释变量的个数。表7-1的统计结果显示，W = 4.47，大于显著水平5%的临界值，因此拒绝原假设表示该面板数据采用固定影响模型更加拟合经济的运行状态。

对于固定影响变截距模型由于假定个体成员的个体影响可以由常数项的不同来说明，各个成员方程中的截距项 α_i 为跨截面变化的常数。由于在估计参数 α_i 时被写成可观测的虚拟变量的系数形式，因此对解释变量的系数向量进行经典最小二乘方法估计时，就被定义为最小二乘虚拟变量（LSDV）估计。但是在考虑到固定影响变截距模型中，随机误差项不满足相互独立的假设，则需要使用广义最小二乘法（GLS）对模型进行估计。同期相关协方差的存在使得不同个体成员在同一时期的随机误差项是相关的，但是在不同时期是不相关的，此时个体成员之间存在协方差的方差结构类似于个体成员方程体系下的近似不相关回归（SUR），对由个体成员方程所构成的系统进行广义最小二乘估计。在分析固定影响模型时，我们扩展固定影响模型，加入动态因子，并对两个模型的前后变化进行对比分析。

模型（7.15）的回归检验结果在表7-2中列出，通过表7-2中的回归结果来具体分析模型中的 GDP_{it}、GDP_{et}、$OPEN_{it}$、$REER_{it}$ 变量对我国外国直接投资流入的影响。

表7-2 面板模型估计结果

解释变量	固定效应	动态固定效应
C	15.062478	11.98541
	(5.623478) ***	(3.514329) ***
$lnGDP_{it}$	0.142315	0.087326
	(0.795231) **	(0.701256) **
$lnGDP_{et}$	2.315478	1.024873
	(0.526847)	(0.302981) ***
$lnOPEN_{it}$	1.065298	0.551431
	(0.3625431) ***	(0.237894) ***
$lnREER_{it}$	-1.265984	-0.732549
	(0.365219) ***	(0.3026514) ***

续表

解释变量	固定效应	动态固定效应
$\ln FDI_{it-1}$	—	0.624159
	—	(0.062347)***
HKG-C	3.256945	2.052849
TW-C	1.639857	0.865414
SG-C	2.9521454	1.623587
KOR-C	3.0125468	1.516958
THA-C	0.583356	0.256471
MAS-C	0.9329856	0.436212
INA-C	0.7258471	0.362594
USA-C	-3.0215874	-1.521462
CAN-C	2.0632587	1.052146
GER-C	1.522163	0.741445
FRA-C	0.754162	0.362147
UK-C	2.786023	1.395682
NED-C	1.2325411	0.656214
ITA-C	0.2317887	0.092124
JAP-C	-3.621532	-2.987416
AUS-C	0.6589746	0.347144
评价指标	$\overline{R^2} = 0.91$	$\overline{R^2} = 0.97$
	DW=1.83	DW=2.13

注：括号中为t值，*、**、***分别表示在10%、5%、1%的显著性水平下显著。

第一，国外的实际 GDP_{it} 对我国的外国直接投资有显著的影响，我国的外国直接投资与第i国（地区）的国内（生产）生产总值正相关。在其他条件不变的情况下，该国（地区）的国内（生产）生产总值上升1%，我国的外国直接投资将上升0.142315%，直接体现出贸易国家

（地区）的经济总量增大，其促使我国的外国直接投资流入上升。从参数的估计数值上来说，虽然检验的结果是显著的，但从数值的大小来说对我国外国直接投资流入的影响程度比较小。同其他解释变量比较而言，贸易国伙伴（地区）的经济总量是决定我国外国直接投资流入的次要因素。原因主要体现在两个方面：贸易伙伴国（地区）的经济增长并没有形成对外直接投资的推动力；由于世界市场全球化，世界各国的经济贸易投资往来在地域上逐步分散，这种分散的对外投资使贸易伙伴国（地区）对某个固定国家（地区）的直接投资产生分流。

第二，我国的GDP_{ct}对我国的外国直接投资也具有显著的影响，并与我国的实际国内生产总值正相关。在其他条件不变的情况下，我国的实际国内生产总值上升1%，我国的外国直接投资将上升2.315478%。该参数的估计值和检验的结果都是显著的，并且估计值本身数值的大小说明对我国外国直接投资流入的影响是十分显著的。前面的分析指出，国家的经济规模越大，暗含着该国的市场发展前景越广阔，外国直接投资中以市场导向型投资的市场潜力越大，进而驱动外国直接投资流入水平的提高。从该解释变量的估计系数能够得出，我国的实际国内生产总值对吸引我国外国直接投资中的市场导向型投资的流入具有很大影响。此外，我国的实际国内生产总值能够体现经济的发展潜力和发展水平，预示着未来总体经济实力和市场购买力的提高，国家资源的开发与利用提升，劳动生产力以及技术水平提高，投资的政策环境以及生产条件改善，这些都对我国的外国直接投资中出口导向型投资的流入具有很强的促进作用。该变量的估计系数充分表明我国实际国内生产总值对外国直接投资中两种类型的流入都有很显著的影响。

第三，对于解释变量$OPEN_{it}$与我国的外国直接投资具有显著影响，并与我国对第i国（地区）的贸易开放度正相关。在其他条件不变的情况下，我国对第i国（地区）的贸易开放度增加1%，我国的外国直接投资流入也上升1.065298%。该估计系数在统计上和经济上都是显著的，说明我国的外贸依存度对我国外国直接投资的流入具有吸引作用。这体现出我国的国际贸易往来与我国外国直接投资是相互促进的，也体现出外商投资中的出口导向型投资在我国的外国直接投资中占据决定性的位置。

第四，人民币实际有效汇率 $REER_{it}$ 对我国的外国直接投资具有显著的影响，并与人民币实际有效汇率负相关。在其他条件不变的情况下，我国的实际有效汇率 $REER_{it}$ 下降1%，也就是相当于人民币实际贬值1%，我国的外国直接投资流入上升1.265984%。人民币实际贬值对我国外国直接投资的流入具有促进作用。20世纪80年代初到90年代中期我国的人民币大幅贬值，这种贬值的幅度对我国的外国直接投资中的出口导向型投资具有强化作用。外国直接投资的前期对当期以及今后的影响非常大，因为投资是一项长时期的经济行为，投资形成的巨大沉没成本使外国投资者进入容易但是退出困难。同时，在这段时期我国的汇率实质上盯住美元，但是世界大部分国家实行自由浮动的汇率制度，其他货币对美元基本都是自由浮动的，所以间接表示我国人民币对其他货币也是自由浮动的，即使在这段时期我国名义上的汇率基本没有变化，但是实际有效汇率在这段时期还是处于贬值的过程中，客观上形成我国对外国直接投资中出口导向型投资具有强大的吸引力。由模型估计出的系数值充分表明人民币实际有效汇率对我国外国直接投资中出口导向型的流入具有强大推动力，也从侧面证实出口导向型投资在我国外国直接投资中占有很大比重。

第五，对各个国家和地区截距项的估计值反映的是各个国家和地区所具有的非观测固定效应对我国外国直接投资流入的影响。截距项要去除文化、民族、政治、经济政策、隐含的风险等因素对外国直接投资的影响。这些因素对外国直接投资的流动也有着重要影响。截距项的估计值如果是负数，说明非观测固定效应中负面因素超过正面因素对我国外国直接投资流入的影响。反之，估计值如果是正数，则说明正面因素的影响超过了负面因素对我国外国直接投资流入的影响。将各个国家和地区分成四个主要的区域：北美区域主要有美国和加拿大；欧洲区域主要有德国、法国、英国、荷兰和意大利；东亚和东南亚区域主要有中国香港特别行政区、中国台湾以及韩国、新加坡、泰国、印度尼西亚和马来西亚；日澳区域包括日本和澳大利亚。具体分析过程如下：首先，北美区域中美国和加拿大的截距项差距很大，美国是负的截距项，加拿大是正的截距项，美国的负截距项说明美国与我国的政治因素有负效应，客观上加大了的政治风险因素，对我国的外国直接投资的流入具有抵制作用。同时，加拿大的正截距项说明加拿大与我国的经济交往非常平稳，民族和文化的交流很多，所以加拿大对我国的直接投资促进了我国外国直接投资的流入增加。其次，欧洲区域截距都是正的但是程度有所差别，截距由大到小是英国、德国、荷兰、法国、意大利，这个序列也基本体现了我国与欧洲各国之间经济以及政治交往的程度，英国和我国的资本往来可以通过中国香港特别行政区的平台来进行，英国熟悉和了解中国的经济和文化。因此英国对我国的外国直接投资的流入具有更显著的正面影响，其他欧洲国家与我国的政治和经济文化交流发展很平稳，但是发展的速度很缓慢，因而这些国家的对外投资与我国外国直接投资流入的正效应不强。再次，东亚和东南亚区域是与我国经济政治交往很频繁的区域，由于地理位置、民族文化等因素与我国有很深的历史渊源，尤其是韩国、新加坡与我国在民族和文化上联系密切，因此对我国外国直接投资流入的影响占有主要位置。同时新兴的经济体泰国、马来西亚、印度尼西亚等国家与我国的经济文化交流逐步加深，在我国的外国直接投资流入中也发挥越来越重要的作用。

为了研究前一期外国直接投资对当期的外国直接投资的影响，我们建立动态固定效应模型，表示如下：

$$FDI_{it} = \alpha_i + \beta \ln GDP_{it} + \gamma \ln GDP_{et} + \delta \ln OPEN_{it} + \theta \ln REER_{it} + \lambda \ln FDI_{it-1} + u_{it}$$

$$(7.21)$$

这里的 FDI_{it-1} 是第 i 国（地区）第 $t-1$ 年对我国的外国直接投资，其模型的回归检验结果列示在表7-2中。经过与模型（7.15）对比得出的结论是：

首先，面板数据的一阶滞后项 FDI_{it-1} 对我国的外国直接投资具有显著影响，与我国的外国直接投资正相关。在其他条件不变的情况下，一阶滞后的外国直接投资上升1%，引起下一期的外国直接投资增加0.62347%。该参数的估计值不管在统计上还是在经济上都是显著的。其主要原因可以归结为两个方面：一是如果国际公司在某国的投资规模越来越大，对以后的投资具有示范效应，后进入的公司可以依托先进入的公司来获取生产、销售以及该国政治和经济等商业信息，进而降低再投资的政治和市场风险。二是随着投资规模越来越大最终形成规模经济效应，提高了该国的生产要素对企业的依存度，进而凭借企业的优势地位来降低生产成本。

其次，对每个估计的参数进行比较可以发现，动态固定效应模型的参数估计数值都变小。其原因是一阶滞后项 FDI_{it-1} 已经含有前期各变量对当期外国直接投资的影响，加上每个解释变量相邻时期之间存在高度相关性，所以加入滞后项 FDI_{it-1} 后，每个解释变量的系数以及非观测固定效应截距的估计值都变小。

7.4 结论

本章主要研究人民币实际有效汇率对外国直接投资的影响。首先，根据第1章中论述的汇率与外国直接投资的基本理论，结合国内外学者的理论与实证研究，在跨国的两个国外厂商之间建立以利润最大化为目标的投资模型，该模型反映了外国国际公司的投资流向与国家之间汇率的关系。其次，详细地介绍了我国1994—2018年的外国直接投资的发展状况以及主要特征：外国直接投资在2000年以后发展非常迅速，同贸易收支的发展形势基本一致，但是这种双顺差的局面是一种国际收支严重不均衡的状态，国际收支不均衡造成我国的汇率波动性加强，贸易伙伴为了调节自身国际收支的平衡不断给我国的汇率施加压力，导致我国的汇率发生经常性和持续性的波动，汇率波动性加大给我国宏观经济发展带来不稳定性。在分析人民币实际有效汇率对我国外国直接投资的影响时，本章采用度量人民币实际有效汇率的16个贸易伙伴年度面板数据作为样本，对人民币实际有效汇率对外国直接投资的影响进行实证分析，最终总结出人民币实际有效汇率对我国外国直接投资的负向影响，对我国改善我国国际收支的不平衡，以及保持宏观经济稳定发展有着重要的参考价值和借鉴意义。

第 8 章　结论

　　本书对我国汇率的衡量以人民币实际有效汇率作为主要参考指标，在对人民币实际有效汇率及其波动性进行测算和分析的基础上，重点研究了人民币实际有效汇率的均衡以及失调，分析人民币实际有效汇率的短期和长期均衡以及失调的程度，并对其中均衡的变动和失调的原因进行解释。在此基础上着重从四个角度分析人民币实际有效汇率对我国宏观主要经济变量的影响，即人民币实际有效汇率对我国物价水平的影响、人民币实际有效汇率对我国就业的影响、人民币实际有效汇率对我国贸易收支的影响、人民币实际有效汇率对我国外国直接投资的影响，根据对上述问题的实证分析主要得出以下六点结论：

　　第一，在我国对外开放不断深化的经济发展阶段，人民币实际有效汇率度量人民币与其他国家货币价值的真实比例关系，不仅表明我国整体宏观经济在世界经济市场上占有重要位置，也表明人民币实际有效汇率对国内经济的调节作用以及对世界经济的影响作用都显著增强。在这种经济发展形势下，更加体现出我国在 2005 年对汇率体制进行改革的必要性。在这次改革的基础上，我国的经济发展运行中人民币实际有效汇率对我国经济的影响作用凸显出来。通过对我国20世纪90年代到2018年的人民币实际有效汇率的度量以及其波动性的解析，揭示出人民币实际有效汇率与我国以及国际宏观经济形势发展有着密切的关联性，已经成为我国宏观经济中的重要影响变量。

第二，均衡汇率是汇率自身与其他经济因素综合作用的结果，汇率的失衡影响着国家其他宏观经济因素的失衡。影响我国人民币实际有效汇率均衡的因素主要是税收余额、资本净流入、进口税率、出口退税率、政府支出比率、贸易条件、国内生产总值、货币供给变动八个主要经济因素。其中只有货币供给变动对我国人民币实际有效汇率均衡有负的影响效应，其他经济因素都是正的影响作用，其中贸易条件所表现出来的正冲击最大，也就是进出口的直接冲击对我国人民币实际有效汇率均衡的影响最突出，其他因素的短期影响不是很显著，但是长期来看影响很显著。研究我国人民币实际有效汇率短期与长期的均衡、短期与长期的失调将对我国宏观经济的走势有方向性指导作用，并对我国宏观经济的发展重心和调控政策的侧重点应放在哪里都有很强的指导性与预见性。

第三，人民币实际有效汇率的度量以及波动性、人民币实际有效汇率的均衡与失调都是我国宏观经济因素相互影响和相互作用的结果。人民币实际有效汇率是我国宏观经济的重要组成部分，对我国整体价格水平的影响主要体现为两个传递作用，首先占主导地位的传递作用是对我国进口价格水平的影响，影响程度在时间和幅度上都是最强烈的；其次是对我国内部消费者价格水平的影响，虽然人民币实际有效汇率对国内物价水平的传导关系的反应弧比较长，但是随着我国对外开放水平的提高，进口商品以及要素的价格影响我国国内物价水平的程度加深，在这个过程中我们要抓住人民币实际有效汇率对我国国内消费者价格的影响，为我国对宏观经济中价格水平的调控创造更加灵活和有效的调节手段和工具，这样可以提高我国宏观经济调控的有效性和针对性。通胀是一个国家在经济发展中如影随形的经济问题，能否处理好价格水平与经济发展之间的关系，关乎整个宏观经济的稳定发展。因此，汇率对价格水平的影响作用给我国宏观调控、保持经济稳步发展提供了一个有效的调控和影响路径。

第四，人民币实际有效汇率与就业有着非常密切的关系。通过应用可计算一般均衡模型来模拟我国人民币升值的不同幅度对我国三大产业的影响发现，我国人民币实际有效汇率的上升对我国三大产业吸收劳动力有着促进作用，能给我国的就业提供更多的岗位，在一定程度上缓解了我国的就业压力。另外，人民币实际有效汇率对我国的城镇和农村劳动力的转移有着指导作用，有效地纠正我国就业市场发展的不平衡，调节我国劳动力的供需结构不合理。人民币实际有效汇率能够表明我国哪种类型的产业发展比较迅速，这种发展较快的产业在规模扩张的时期一定会提供大量的劳动力就业需求，我们要根据这些就业需求的变化来调整我国劳动力的培养和供给，逐步形成合理的劳动力供给和劳动力需求市场配置状况，最终有效实现整体宏观经济的充分就业，为我国宏观经济目标的实现提供可靠的调控方式。

第五，汇率作为国家之间经济、政治以及文化交流的桥梁，显然对我国的贸易收支具有控制和调节作用。目前我国的出口量逐年扩大，外需的拉动对我国经济增长的贡献度不断上升，贸易经济发展是否均衡稳定，关系到我国整体宏观经济稳定与否。在我国贸易进出口顺差不断加大的发展形势下，人民币实际有效汇率大幅上升应该对我国的进出口贸易有较大影响，但是从实证分析结果来看我国的进出口贸易还是处于供给和需求对汇率弹性的反应比较不敏感和迟缓阶段，这充分说明我国的贸易市场体系不完善，人民币汇率的市场形成机制没有真正地形成对贸易商品市场进出口需求和供给的调节力。并且人民币实际有效汇率对我国贸易商品的调节反应时滞比较长，一般都在中长期才能对我国的贸易收支状况起到调节作用。因此，我国还需要进一步加深对我国的汇率体制改革，逐步完善汇率对进出口商品贸易的调节机制，最终实现我国贸易收支的平衡，实现我国宏观经济调控的主要目标。

第六，我国的产品市场需求潜力巨大，劳动力和资源等生产要素市场供给成本优势明显，随着我国对外开放程度的不断加深，世界主要国家都加强对我国的经济交流与合作，在我国贸易出口顺差不断加大的形势下，我国的外国直接投资也逐年上升，尤其在2000年以后外国来华的直接投资增长速度惊人，促使我国国际收支出现双顺差的局面。其原因在于我国的贸易结构有一定的不合理性，我国将重点先放在商品输出和资本引进阶段，虽然国际收支的失衡状况有些严峻，使人民币升值的预期不断加强，但是随着我国贸易收支结构的变化，我国的海外投资和进口逐渐加大，这种双顺差的局面会逐步改变。在转变的同时要发挥我国汇率的调控作用，人民币实际有效汇率的上升也就是人民币升值将对我国的外国直接投资产生很大的抑制作用，在我国汇率对国际收支的调控配合下实现我国国际收支平衡的基本宏观经济目标，最终促进我国经济长期、持续以及稳定地增长。

参考文献

[1]   纽曼，米尔盖特，伊特韦尔．新帕尔格雷夫货币金融大辞典（第一卷）
       [M]．北京：经济科学出版社，2000.

[2]   毕玉江，朱钟棣．人民币汇率变动的价格传递效应 [J]．财经研究，2006
       (7)：53-62.

[3]   卜永祥．人民币汇率变动对国内物价水平的影响 [J]．金融研究，2001
       (3)：78-88.

[4]   卜永祥，秦宛顺．人民币内外均衡论 [M]．北京：北京大学出版社，2006.

[5]   曹阳，李剑武．人民币实际汇率水平与波动对进出口贸易的影响 [J]．世
       界经济研究，2006 (8)：56-59.

[6]   曹永福．格兰杰因果性检验评述 [J]．数量经济技术经济研究，2006 (1)：
       155-160.

[7]   陈岱孙，厉以宁．国际金融学说史 [M]．北京：中国金融出版社，1991.

[8]   陈浪南，王瑞锟，林海蒂．汇率变动对外国直接投资影响的实证研究 [J]．
       投资研究，1999 (2)：55-62.

[9]   陈平凡．汇率变动对直接投资吸引力影响的研究 [J]．福建行政学院经济
       管理干部学院学报，2005 (6)：50-53.

[10]   储幼阳．人民币均衡汇率实证研究 [J]．国际金融研究，2004 (5)：
       19-24.

[11] 戴祖祥. 我国贸易收支的弹性分析: 1981—1995 [J]. 经济研究, 1997 (7): 55-62.

[12] 丁剑平, 李菲. 货币升值对不同产业就业的影响 [J]. 河北经贸大学学报, 2006 (7): 27-33.

[13] 杜进朝. 汇率变动与贸易发展 [M]. 上海: 上海财经大学出版社, 2004.

[14] 范从来, 曹丽. 人民币汇率走势的实证分析 [J]. 经济科学, 2004 (1): 73-82.

[15] 范志勇, 向弟海. 汇率和国际市场价格冲击对国内价格波动的影响 [J]. 金融研究, 2006 (2): 36-43.

[16] 甘道尔夫. 国际经济学 (第二卷): 国际货币理论与开放经济的宏观经济学 [M]. 王小明, 等译. 北京: 中国经济出版社, 2001.

[17] 龚秀国. 人民币汇率与外来直接投资 [J]. 上海财经大学学报, 2004 (2): 34-38.

[18] 辜岚. 人民币双边汇率与我国贸易收支关系的实证研究: 1997—2004 [J]. 经济科学, 2006 (1): 65-73.

[19] 古扎拉蒂. 计量经济学基础 [M]. 费剑平, 等译. 4版. 北京: 中国人民大学出版社, 2005.

[20] 胡宗义, 刘亦文. 统一内外资企业所得税税率的动态 CGE 研究 [J]. 数量经济技术经济研究, 2008 (12): 124-138.

[21] 胡宗义, 刘亦文. 人民币汇率变动对就业影响的动态 CGE 研究 [J]. 湖南大学学报 (自然科学版), 2010 (11): 82-86.

[22] 胡援成, 曾超. 中国汇率制度的现实选择及调控 [J]. 金融研究, 2004 (12): 59-74.

[23] 黄志勇. 汇率变化对我国 FDI 的实证分析 [J]. 南京财经大学学报, 2005 (4): 36-39.

[24] 姜波克. 国际金融学 [M]. 北京: 高等教育出版社, 1999.

[25] 姜波克, 陆前进. 汇率理论和政策研究 [M]. 上海: 复旦大学出版社, 2000.

[26] 姜波克. 国际金融新编 [M]. 3版. 上海: 复旦大学出版社, 2001.

[27] 金雪军, 郭舒萍. 人民币汇率变动对我国就业状况的影响 [J]. 新金融, 2004 (12): 16-19.

[28] 金中夏. 论中国实际汇率管理改革 [J]. 经济研究, 1995 (3): 63-71.

[29] 李广众. 实际汇率错位、汇率波动性及其对制造业出口贸易影响的实证分析 [J]. 管理世界, 2004 (11): 22-28.

[30] 李善同, 翟凡, 徐林. 中国加入世界贸易组织对中国经济的影响——动态

一般均衡分析 [J]. 世界经济，2000 (2): 3-14.

[31] 里维里恩. 国际货币经济学前沿问题 [M]. 赵锡军，应惟伟，译. 北京：中国税务出版社，2000.

[32] 李亚新，余明. 关于人民币实际有效汇率的测算与应用研究 [J]. 国际金融研究，2004 (10): 62-67.

[33] 李子奈，叶阿忠. 高等计量经济学 [M]. 北京：清华大学出版社，2000.

[34] 林伯强. 人民币均衡实际汇率的估计与实际汇率错位的测算 [J]. 经济研究，2002 (12): 60-92.

[35] 卢向前，戴国强. 人民币实际汇率波动对我国进出口的影响 [J]. 经济研究，2005 (5): 31-39.

[36] 麦金农，大野健一. 美元与日元：化解美日两国的经济冲突 [M]. 王信，曹莉，译. 上海：上海远东出版社，1999.

[37] 罗忠洲. 关于汇率对进口价格转嫁率的实证分析 [J]. 金融研究，2004 (11): 54-61.

[38] 罗忠洲. 汇率波动的经济效应研究 [D]. 上海：华东师范大学，2005.

[39] 罗忠洲. 汇率波动与对外直接投资：1971—2002年的日本 [J]. 世界经济研究，2006 (4): 30-35.

[40] 潘国陵. 国际金融理论与数量分析方法 [M]. 上海：上海三联书店，2000.

[41] 秦宛顺，靳云汇，卜永祥. 人民币汇率水平的合理性 [J]. 数量经济技术经济研究，2004 (7): 26-30.

[42] 邱立成，刘文军. 人民币汇率水平的高低与波动对外国直接投资的影响 [J]. 经济科学，2006 (1): 71-84.

[43] 沈国兵，杨毅. 人民币实际有效汇率与中国贸易收支关系 [J]. 中共南京市委党校学报，2005 (5): 11-16.

[44] 施建淮，余海丰. 人民币均衡汇率与汇率失调：1994-2004 [J]. 经济研究，2005 (4): 34-45.

[45] 宋志刚，丁一兵. 新兴市场国家的汇率波动与出口：一个经验分析 [J]. 数量经济技术经济研究，2005 (9): 40-48.

[46] 孙杰. 汇率与国际收支 [M]. 北京：经济科学出版社，1999.

[47] 孙立坚，吴刚，李安心. 国际贸易中的价格传递效应的实证研究 [J]. 世界经济文汇，2003 (4): 3-21.

[48] 孙立坚. 开放经济中的外部冲击效应和汇率安排 [M]. 上海：上海人民出版社，2005.

[49] 唐国兴，徐剑刚. 现代汇率理论及模型研究 [M]. 北京：中国金融出版社，2003.

[50] 万解秋，徐涛. 汇率调整对中国就业的影响 [J]. 经济研究，2004 (2):

39-46.

[51] 万正晓.基于实际有效汇率变动趋势的人民币汇率问题研究 [J].数量经济技术经济研究,2004(2):5-15.

[52] 王光伟.货币、利率与汇率经济学 [M].北京:清华大学出版社,2003.

[53] 王维国,黄万阳.人民币均衡实际汇率研究 [J].数量经济技术经济研究,2005(7):3-13.

[54] 伍德里奇.经济计量学导论 [M].张成惠,李红,译.北京:中国人民大学出版社,2000.

[55] 吴丽华,王锋.人民币实际汇率错位的经济效应实证研究 [J].经济研究,2006(7):15-28.

[56] 谢建国,陈漓高.人民币汇率与贸易收支:协整研究与冲击分解 [J].世界经济,2002(9):27-34.

[57] 谢杰.人民币实际汇率升值对中国经济各产业的影响 [J].河北经贸大学学报,2010(5):26-34.

[58] 邢予青,吴桂英.汇率与日本对华直接投资 [J].世界经济文汇,2003(6):23-33.

[59] 徐明棋.人民币汇率:相关问题与理论思索 [J].世界经济研究,2004(7):15-19.

[60] 徐明棋.美国国际收支经常账户逆差不断扩大对世界经济的影响 [J].国际金融研究,2006(4):38-43.

[61] 许少强,李天栋,姜波克.均衡汇率与人民币汇率政策 [M].上海:复旦大学出版社,2006.

[62] 许少强,马丹,宋兆晗.人民币实际汇率研究 [M].上海:复旦大学出版社,2006.

[63] 杨长江.人民币实际汇率:长期调整趋势研究 [M].上海:上海财经大学出版社,2002.

[64] 杨全发,涂雄悦.汇率变动对FDI及东道国福利的影响 [J].国际金融研究,2005(10):38-42.

[65] 叶永刚,胡利琴,黄斌.人民币实际有效汇率和对外贸易收支的关系 [J].金融研究,2006(4):1-11.

[66] 俞乔.论我国汇率政策与国内目标的冲突及协调 [J].经济研究,1999(7):23-32.

[67] 俞乔.购买力平价、实际汇率与国际竞争力 [J].金融研究,2000(1):57-62.

[68] 威廉森.开放经济和世界经济 [M].马建堂,等译.上海:上海三联书店,

1990.

[69] 翟凡，李善同，冯珊. 一个中国经济的可计算一般均衡模型 [J]. 数量经济技术经济研究，1997 (3)：38-44.

[70] 赵大平. 人民币汇率变动的价格传递及其对中国贸易收支影响的理论和实证研究 [D]. 上海：复旦大学，2006.

[71] 赵登峰. 人民币市场均衡汇率与实际均衡汇率研究 [M]. 北京：社会科学文献出版社，2005：100-216.

[72] 张斌. 人民币真实汇率：概念、测量与解析 [J]. 经济学季刊，2005 (2)：317-334.

[73] 张斌. 人民币均衡汇率：简约一般均衡下的单方程模型研究 [J]. 世界经济，2003 (11)：3-12.

[74] 张纯威. 人民币名义汇率超稳定研究 [M]. 北京：经济管理出版社，2005.

[75] 张静，汪寿阳. 人民币均衡汇率与中国外贸 [M]. 北京：高等教育出版社，2005.

[76] 张庆君. 人民币汇率与外来直接投资关系的实证研究 [J]. 软科学，2006 (4)：42-48.

[77] 张文，杨泽文. 汇率波动对我国外国直接投资的影响 [J]. 新金融，2006 (2)：23-25.

[78] 张晓朴. 均衡与失调：1978—1999人民币汇率合理性评估 [J]. 金融研究，2000 (8)：13-24.

[79] 张晓朴. 人民币均衡汇率研究 [M]. 北京：中国金融出版社，2001：1-67.

[80] 张晓朴. 人民币均衡汇率的理论与模型 [J]. 经济研究，1999 (2)：70-77.

[81] 张友国，郑玉歆. 中国排污收费征收标准改革的一般均衡分析 [J]. 数量经济技术经济研究，2005 (5)：3-16.

[82] 张谊浩. 现行人民币汇率有利于引进外国直接投资 [J]. 财经科学，2003 (6)：57-60.

[83] 周建，李子奈. Granger因果关系检验的适用性 [J]. 清华大学学报（自然科学版），2004 (3)：358-361.

[84] 周建军，王韬. 金融CGE模型研究与应用 [J]. 金融教学与研究，2003 (1)：2-12.

[85] 周建军，王韬. CGE模型的方程类型选择及其构建 [J]. 决策借鉴，2002 (10)：69-74.

[86] 中国经济的社会核算矩阵研究小组. 中国经济的社会核算矩阵 [J]. 数量经济技术研究，1996 (1)：42-48.

[87] AIZENMAN J. Exchange rate flexibility, volatility and the patterns of domestic and foreign direct investment [J]. NBER Working Paper, 1993, 21 (2): 253-272.

[88] AMUEDO-DORANES, POZO. Foreign exchange rates and foreign direct investment in the United States [J]. The International Trade Journal, 1999, 44 (3): 623-647.

[89] ASSEERY, PEEL. The effects of exchange rate volatility on exports [J]. Economic Letters, 1991, 37 (2): 175-187.

[90] BACCHETTA, WINCOOP. A theory of currency denomination of international trade [J]. Mimeo, 2001 (11): 145-177.

[91] BORGES A M. Applied general equilibrium models: an assessment of their usefulness for policy analysis [J]. OECD Economic Studies, 1986, 13 (7) 8-43.

[92] BALLARD, FULLERTON, SHOVEN, et al. A general equilibrium for tax policy evaluation [R]. Chicago: University of Chicago Press for NBER, 1985.

[93] BAEK, OKAWA. Exchange rates and Japanese foreign direct investment in Asia [J]. Journal of Economics and Business, 2001, 53 (2): 112-117.

[94] BAHMANI-OSKOOEE. Nominal and real effective exchange rates of Middle Eastern countries and their trade performance [J]. Applied Economics, 2001, 33 (1): 313-350.

[95] BLONIGEN B A. Firm-specific assets and the link between exchange rates and foreign direct investment [J]. American Economic Review, 1997, 87 (3): 546-589.

[96] BALDWIN R, KRUGMAN. Persistent trade effects of large exchange rate shocks [J]. Quarterly Journal of Economics, 1989, 104 (3): 83-102.

[97] BELKE, GROS. Designing EU-US Atlantic monetary relations exchange rate variability and labor markets [J]. World Economics, 2002.

[98] CONSEQUENCES. Exchange rate variability and foreign direct investment consequences of EMU enlargement [R]. Warsaw: Center for Social and Economic Research, 2003.

[99] BARRELL A. The impact of exchange rate strategies on trade and foreign direct investment in China [J]. Quarterly Journal of Economics, 2004, 104 (3): 83-102.

[100] BENASSY-QUERE, FONTAGNE, LAHRECHE-REVIL. Exchange rate strategies

in the competition for attracting FDI [J]. Journal of Japanese and
In ternational Economics, 2001, 26 (1): 39-57.

[101] BOLLERSLEV T. Generalized autoregressive conditional heteroscedasticity
[J]. Journal of Econometrics, 1986, 31 (2): 307-327.

[102] CAMPA, GOLDBERG. Exchange-rate pass-through to import prices in
Euro area [R]. Cambridge: NBER Working Paper No.1632, 2005.

[103] CAMPA, GOLDBERG. Employment versus wage adjustment and the U.S.
dollar [J]. Review of Economics and Statistics, 2001, 91 (4):
814-831.

[104] CAMPA. Entry by foreign firms in the United States under exchange
rate uncertainty [J]. Review of Economics and Statistics, 1993, 75
(4): 513-539.

[105] CASSEL. Abnormal deviations in international exchanges [J]. Economic
Journal, 1919, 28 (2).

[106] CHOU. Exchange rate variability and China's exports [J]. Journal of
Comparative Economics, 2000, 28 (2): 44-56.

[107] CLARK, MACDONALD. Exchange rate and economic fundamentals: a
methodological comparison of BEERs and FEERs [R]. Washington: IMF
Working Papers, No.9867, 1998.

[108] CHOU. Exchange rate uncertainty and foreign direct investment in the
United States [J]. Weltwirtschaftliches Archiv, 2000, 41 (4):
814-831.

[109] CUSHMAN. Trade flows and exchange risk during the floating period
[J]. Journal of International Economics, 1988, 24 (3): 436-455.

[110] CUSHMA. Real exchange rate risk expectations and the level of direct
investment [J]. Review of Economics and Statistics, 1985, 63 (7):
123-154.

[111] CHAR, KEHOE J. Real exchange rate risk, expectations and the level of
direct investment [J]. Review of Economics and Statistics, 1998, 33
(67): 297-308.

[112] JAIME, TARR. A general equilibrium analysis of US foreign trade policy
[M]. Cambridge: MIT Press, 1992.

[113] DELLMO H. Relationships between Swedish producer and import prices
and the CPI [R]. Stockhilm:Sveriges Riks bank Working Paper, No.29,
1996.

[114] DERVIS, KEMAL. General equilibrium model for development policy [M].
       Cambridge: Cambridge University Press, 1982.

[115] DEWENTER K L.Do exchange rate changes drive foreign direct investment?
       [J]. Journal of Business, 1995, 68 (8): 343-354.

[116] DIXIT. Hysteresis, import penetration, and exchange rate pass-through
       [J]. Quarterly Journal of Economics, 1989, 104 (3): 149-167.

[117] Dornbusch. Exchange rates and prices [J]. American Economic Review,
       1986, 77 (5): 53-68.

[118] DEVARAJIAN, LEWIS, ROBINSON. Exchange rate variability and the level
       of international trade [J]. Journal of International Economics, 1987,
       45 (6): 326-349.

[119] ENGLE. Autoregressive conditional heterokedasticity with estimates of
       the variance of U.K. inflation [J]. Econometrica, 1982, 50: 987-1008.

[120] EINZIG S. Real exchange rates, devaluation, and adjustment exchange
       rate policy in developing countries [M]. Cambridge:The MIT Press,
       1989.

[121] EDWARDS S. Real exchange rates in the developing countries: concept
       and measurement [R]. Cambridge:NBER Working Paper No.2950, 1989.

[122] EDWARDS S, SAVASTANO. Exchange rate in emerging economies: what do
       we know? what do we need to know? [R]. Cambridge:NBER Working
       Paper, No.7228, 1999.

[123] ENGEL C M. Accounting for U. S. real exchange rate changes [J].
       Journal of Political Economy, 1999, 107 (9): 103-124.

[124] ENGLE, Granger. Co-integration and error correction: representation,
       estimation and testing [J]. Econometrica, 1987, 51 (4): 29-62.

[125] FEINBERG R.The interaction of foreign exchange rates and market
       power effects on German domestic prices [J]. The Journal of Industrial
       Economics, 1986, 35 (1): 1-42.

[126] FARUQEE G, MASSON P. Exchange rate volatility and international trade
       [J]. Journal of International Money and Finance, 1996, 10 (2):
       343-352.

[127] FRANKE G. Exchange rate volatility and international trading strategy
       [J]. Journal of International Money and Finance, 1991, 10 (3):
       191-215.

[128] FRASTER, TAYLOR, WEBSTER. An empirical examination of long-run

purchasing power parity as theory of international commodity arbitrage [J]. Applied Economics, 1991, 23 (3): 555-571.

[129] FROOT, STEIN. Exchange rate and foreign direct investment: an imperfect capital markets approach [J]. Quarterly Journal of Economics, 1991, 12 (3): 849-871.

[130] GIOVANNINI A. Exchange rates in the short, medium, and long run [J]. Journal of International Economics, 1988, 24 (2): 45-68.

[131] GAGNON J. Exchange rate variability and the level of international trade [J]. Journal of International Economics, 1993, 34 (5): 52-78.

[132] GHOSH. Imperfect exchange rate pass-through: strategic-pricing and menu cost [R]. Munich: CE-Sifo Working Paper No.436, 2001.

[133] GOLDBERG, TRACY. Exchange rate and local labor markets [R]. Cambridge:NBER Working Paper No.6985, 1999.

[134] GREGORY L. Exchange rate and wages [R]. Cambridge: ANBER Working Paper, No.8137, 2005.

[135] GORG L. Exchange rate and local labor markets [R]. Cambridge:NBER Working Paper, 2001.

[136] GOLDBERG, KLEIN. Foreign direct investment, trade and real exchange rate linkages in Southeast Asia and Latin America [R]. Cambridge: NBER Working Paper, No.6344, 1997.

[137] GOLDBERG, KNETTER. Goods prices and exchange rates: what have we learned? [J]. Journal of Economic Literature, 1997, 35 (3): 107-143.

[138] GOLDFA L. The pass-through from depreciation to inflation: a panel study [R]. Brasilia: Banco Central de Brasil Working Paper, No.5, 2000.

[139] HECKSCHER. Vaxeal kursens grudval pappersmyntfot [J]. Ekonomisk Tidskrift, 1916, 18 (2).

[140] HARGREAVES. A review of methods of estimating cointegrating relationships [M]. Oxford: Oxford University Press, 1994: 309-334.

[141] HENDERSON. Price discrimination by U.S. and German exporters [J]. American Economic Review, 1989, 79 (3): 156-178.

[142] HERTEL. US Inflation and the dollar exchange rate: a vector error correction model [J]. Applied Economics, 1989, 46 (3): 89-107.

[143] HATEMI-J A, IRANDOUST. The Response of industry employment to exchange rate shocks [J]. Evidence from Panel Cointegration, 2006, 38 (3): 294-313.

[144] IHRIG, McIntyre. Foreign direct investment and the real exchange rate: the business cycle link [R]. Virginia: University of Virginia Working Paper, No.291, 1997.

[145] ISARD P. How far can we push the "law of one price"? [J]. American Economic Review, 1997, 67 (6): 814-831.

[146] QIN. Exchange rate risk and two-way foreign direct investment [J]. International Journal of Finance and Economics, 2000, 5 (1): 153-162.

[147] JOHN, WILLIAMSON. Estimating equilibrium exchange rates [M]. Washington, DC: Institute for International Economics, 2000.

[148] KEYNES. The future of foreign exchange [J]. Lloyels Bank Linrited: Monthly Review, 1935 (6).

[149] KIM KI-HO. US Inflation and the dollar exchange rate: a vector error correction model [J]. Applied Economics, 1998, 30 (2): 406-428.

[150] KLAASSEN F. Why is it so difficult to find an effect of exchange rate risk on trade? [R]. Washington: Econometric Society World Congress 2000, Contributed Papers, No.0133, 1999.

[151] KLEIN, ROSENGREN. The real exchange rate and foreign direct investment in the United States: relative wealth vs. relative wage effects [J]. Journal of International Economics, 1994, 36 (3): 136-155.

[152] KLEIN, SCHUH, TRIEST. Job creation, job destruction and the real exchange rate [J]. Journal of International Economics, 2003, 59 (4): 279-295.

[153] KNETTER M M. Price discrimination by U.S.and German exporters [J]. American Economic Review, 1989, 79 (2): 198-210.

[154] KOHLHAGEN S W. Exchange rate changes, profitability and direct foreign investment [J]. Southern Economic Journal, 1977, 68 (2).

[155] KRUGMAN, BALDWIN. The persistence of the U.S.trade deficit [R]. Washington: Brookings Papers on Economic Activity, 1987.

[156] KRUGMAN P R. Pricing to market when the exchange rate changes// Arndt.Real-financial linkages among open economics [M]. Cambridge: MIT Press, 1987.

[157] LANCE. Inflation in open economies [J]. Journal of International Economics, 1977, 42 (2): 327-347.

[158] LANCE. The new open economy macroeconomics: a survey [J]. Journal of International Economics, 2001, 54 (3): 235-266.

[159] LUCAS. Interest rates and currency prices in a two-country world [J]. Journal of Monetary Economic Review, 1982, 10 (3): 335-359.

[160] MCKINNON, OHNO. National borders matter: Canada-U. S. regional trade patterns [J]. American Economic Review, 1997, 85 (3): 615-623.

[161] MACDONALD. What determines real exchange rates: the long and short of it [R]. Washington: IMF Working Papers, No.9721, 1997.

[162] MEESE, ROGOFF. Empirical exchange rate models of the seventies: do they fit out of sample? [J]. Journal of International Economics, 1983, 14 (3): 3-24.

[163] MARK. Exchange rate and fundamentals: evidence on long-horizon predictability [J]. American Economics Review, 1995, 85 (4): 201-218.

[164] MARSTON R. Pricing to market in Japanese manufacturing [J]. Journal of International Economics, 1990, 29 (3): 235-259.

[165] MUSSA M. Nominal exchange rate regimes and the behavior of real exchange rates: evidence and implications [J]. Carnegie-Rochester Conference Series on Public Policy, 1986, 25 (3): 117-213.

[166] MANVAH, KLEIN. Estimation of J-curves: United States and Canada [J]. Canadian Journal of Economics, 1996, 29 (3): 53-72.

[167] NANA, HALL, PHIPOTT. Trans-tasman CGE modelling: some illustrative results from the Joani model [J]. Economic Modelling, 1995, 12 (1): 377-389.

[168] NURKES R. International currency experience: lessons of the interwar period [M]. Geneva: League of Nations, 1944.

[169] NURKES R. Conditions of international monetary equilibrium: essays in international finance 4 [M]. Princeton: Princeton University Press, 1945.

[170] PARSLEY D C. Convergence to the law of one price without trade barriers or fluctuations [J]. Quarterly Journal of Economics, 1996, 111 (5): 1211-1236.

[171] PAGAN A. Econometric issues in the analysis of regressions with generated regressors [J]. International Economic Review, 1984, 25 (2): 221-247.

[172] PUTNAM, WOODBURY. Exchange rate stability and monetary policy [J]. Review of Business and Economic Research, 1980, 15 (3): 1-20.

[173] PAN Y. The inflow of foreign direct investment to China: the impact of country specificators [J]. Journal of Business Research, 2003, 56 (5): 53-72.

[174] ROGOFF K. On the effects of sterilized intervention: an analysis of weekly data [J]. Journal of Monetary Economics, 1984, 15 (2): 133-150.

[175] RICHARDSON JH. Some empirical evidence on commodity arbitrage and the law of one price [J]. Journal of International Economics, 1978, 8 (3): 375-390.

[176] ROSE, YELLEN. Is this a J-curve? [J]. Journal of Monetary Economics, 1989, 24 (3): 377-389.

[177] SHILLER R. Rational expectations and the dynamic structure of macroeconomic models: a critical review [J]. Journal of Monetary Economics, 1978, 4 (2): 1-44.

[178] SMITH , WICKENS. An empirical investigation into the causes of failure of the monetary model of the exchange rate [J]. Journal of Applied Econometrics, 1986, 1 (4): 5-39.

[179] SUNG, LAPAN. Rate uncertainty, international economic strategic foreign direct investment and exchange rate uncertainty [J]. International Economic Review, 2000, 41 (2): 741-789.

[180] SAMUELSON P A. Theoretical notes on trade problems [J]. Review of Economics and Statistics, 1964, 46 (6): 673-698.

[181] STOCKMAN A C. A theory of exchange rate determination [J]. Journal of Political Economy, 1980, 88 (21): 133-150.

[182] STOCKMAN A C. Real exchange rates under alternative nominal exchange-rate systems [J]. Journal of International Money and Finance, 1983, 2 (1): 147-166.

[183] Taylor, Peel. Nonlinear adjustment, long-run equilibrium and exchange rate fundamentals [J]. Journal of International Money and Finance, 2000, 19 (3): 33-53.

[184] Throop. A generalized uncovered interest parity model of exchange rates [J]. Federal Reserve Bank of San Francisco Economic Review, 1993, 59 (4): 56-94.

[185] TOBIN. A general equilibrium approach to monetary theory [J] . Journal of Money, Credit, and Banking, 1969, 26 (3): 15-29.

[186] THURSBY J C. THURSBY M C. Bilateral trade flows, the Linder hypothesis, and exchange risk [J] . Review of Economics and Statistics, 1980, 69 (2): 271-280.

[187] VIAENE, DEVRIES. International trade and exchange rate volatility [J]. European Economics Review, 1992, 36 (3): 56-79.

[188] WILLIAMS, WRIGHT. Storage and commodity markets [M] . Cambridge: Cambridge University Press, 1990.

[189] WILSON J. Estimates of feers in estimating equilibrium exchange rates [J]. Institute for International Economics, 1994, 67 (7): 177-243.

[190] WILSON P. Exchange rate and the trade balance for dynamic Asian economies: does the J-curve exist for Singapore, Malaysia and Korea? [J]. Open Economies Reviews, 2001, 12 (1): 108-130.

[191] CHEN YUFU. Exchange rate uncertainty and labor market adjustment under fixed and flexible exchange rates [J]. Open Economies Reviews, 2002, 21 (3): 34-58.

[192] ZHANG ZHICHAO. Real exchange rate misalignment in China: an empirical investigation [J]. Journal of Comparative Economics, 2001, 29 (2): 156-189.

索引